U0525685

中国金融四十人论坛

CHINA FINANCE 40 FORUM

致力于夯实中国金融学术基础,探究金融领域前沿课题,引领金融理念突破与创新,推动中国金融改革与发展。

增长奇迹之后

总需求管理与结构改革

张斌 朱鹤 — 著

中信出版集团 | 北京

图书在版编目（CIP）数据

增长奇迹之后 / 张斌，朱鹤著 . -- 北京：中信出版社, 2024.9. -- ISBN 978-7-5217-6704-9

Ⅰ . F124

中国国家版本馆 CIP 数据核字第 2024T1A502 号

增长奇迹之后

著者： 张斌 朱鹤
出版发行：中信出版集团股份有限公司
（北京市朝阳区东三环北路 27 号嘉铭中心 邮编 100020）
承印者： 北京通州皇家印刷厂

开本：787mm×1092mm 1/16 印张：19.25 字数：219 千字
版次：2024 年 9 月第 1 版 印次：2024 年 9 月第 1 次印刷
书号：ISBN 978-7-5217-6704-9
定价：78.00 元

版权所有·侵权必究
如有印刷、装订问题，本公司负责调换。
服务热线：400-600-8099
投稿邮箱：author@citicpub.com

中国金融四十人论坛书系
CHINA FINANCE 40 FORUM BOOKS

"中国金融四十人论坛书系"专注于宏观经济和金融领域,着力金融政策研究,力图引领金融理念突破与创新,打造高端、权威、兼具学术品质与政策价值的智库书系品牌。

中国金融四十人论坛是一家非营利性金融专业智库平台,专注于经济金融领域的政策研究与交流。论坛正式成员由40位40岁上下的金融精锐组成。论坛致力于以前瞻视野和探索精神,夯实中国金融学术基础,研究金融领域前沿课题,推动中国金融业改革与发展。

自2009年以来,"中国金融四十人论坛书系"及旗下"新金融书系""浦山书系"已出版190余本专著。凭借深入、严谨、前沿的研究成果,该书系已经在金融业内积累了良好口碑,并形成了广泛的影响力。

目 录

引　言　增长奇迹之后　001

第一章　作为人类知识财富的宏观经济学　015
　　危机拯救者　017
　　自我革命　028
　　主流和非主流的凯恩斯主义　034
　　格格不入　040

第二章　增长奇迹之后的经济政策　052
　　欧洲的大衰退年代　054
　　"日本第一"　061
　　中国台湾和韩国　067
　　小结与启示　072

第三章　理解潜在经济增速下行　077
　　四个假说　078
　　为什么2012年之后中国潜在经济增速持续下降　084
　　结构效应与收敛效应　087
　　来自国际比较的证据　090
　　小结与启示　091

第四章　如何走出总需求不足　094
　　总需求不足是连锁事件　095

需求不足的原因　104

如何走出需求不足　108

小结和启示　121

第五章　宽松货币政策的作用　123

货币政策如何发挥作用　125

降低政策利率如何改善现金流与总需求　138

如何看待宽松货币政策的副作用　149

小结与启示　157

第六章　逆周期财政政策与公共债务负担　159

为什么关注逆周期财政政策　159

理解中国财政的"四本账"　161

如何看待政府债务的可持续性　173

小结与启示　185

第七章　重新认识高通胀　187

美国两次高通胀时期的经济表现对比　188

政府、企业和居民的资产负债表再平衡　193

小结与启示　198

第八章　如何扩大消费　200

居民消费的基本事实　200

居民可支配收入和消费倾向　203

如何扩大消费　213

小结与启示　217

第九章　面向未来的房地产市场　219

高房价　220

高负债　233

高度金融化　241

　　面向未来的房地产市场　245

第 十 章　金融补短板　250

　　经济结构转型与金融服务新需求　251

　　供求失衡与金融服务绕道　262

　　金融补短板　266

第十一章　提高金融业的性价比　269

　　高盈利、高薪酬、高税收的中国金融业　269

　　银行业的高盈利　272

　　利率管制的政策红利　276

　　政府投资项目的政策红利　280

　　金融对实体经济的合理让利　282

第十二章　改革还是刺激　285

　　改革不是随叫随到　285

　　需求不足的伤害　287

　　被误解的"货币"　290

　　结构改革与逆周期政策的选择　296

引言　增长奇迹之后

中国经济告别了高增长阶段，面临着潜在经济增速下降和需求不足的双重挑战。

潜在经济增速下降，是指在经济资源得到充分利用的条件下，经济增速还是会下降。这背后有合理的成分，或者说到了特定发展阶段都难以避免出现经济增速下降的现象；也有令人遗憾的成分，主要是由于外部环境变化或者国内政策设计不够合理，未能有效地推动生产率提高和经济增长。

需求不足，是指经济资源得不到充分利用，经济运行达不到潜在经济增速。这进一步拉低了经济增速。如果说潜在经济增速下降带来的危害主要是经济增速变慢，生活的改善和惊喜减少，那么需求不足的危害更令人不安。

在需求不足的大环境下，劳动力缺乏就业机会，企业不敢新增投资，政府赤字与日俱增，整个社会都缺乏信心。严重的需求不足不仅会带来经济低迷，还会引发社会动荡。无论是大萧条，还是日本失去的二十年，背后的主要原因都是需求不足。需求不足未必都是短期现象，处理不当会持续很长时间

本书讨论对这两个挑战的认识，以及如何应对这两个挑战。本书的大部分章节都是为了回答某一个特定问题，不求面面俱到，

而是更侧重对一些认识模糊或者有争议的观点做出回应。

在进入具体问题以前，第一章先讨论对宏观经济学的认识。经济增长过程是生产率持续提升的过程，这一点很容易理解。经济增长同样离不开需求的支撑，把需求保持在与供给增长相匹配的水平才能保持持续的经济增长，这一点没那么显而易见。古典经济学认为在价格的自发调节下，供求会自动平衡，不存在需求不足这回事。凯恩斯指出，古典经济学在这个问题上犯错了，从社会整体来看，总需求并不必然匹配总供给的增长。大萧条的爆发就是最鲜活的例子。当需求严重不足时，对经济增长是巨大的灾难。

宏观经济学研究的内容，是如何管理总需求，实现供求平衡，让劳动者、资本和各种生产资源得到充分利用。从凯恩斯1936年发表《就业、利息和货币通论》（以下简称《通论》）到现在，宏观经济学的历史还不到一百年。宏观经济学界内部争论不断，正是得益于这种激烈的内部争论，宏观经济学不断发展，在指导如何制定宏观经济政策方面取得了长足进步。2008年全球金融危机爆发和2020年新冠疫情暴发以后，我们看到了非常激进的宏观经济政策出台，这些政策并非突发奇想，背后有着过去几十年宏观经济学研究的积淀和支撑。

宏观经济学的研究对象是亿万个经济主体互动的总量结果，是主要凭借抽象思维和模型展开研究的一门学问。对很多人来说，宏观经济学是一门我们不知道我们不知道的学问，或者说我们以为我们知道但其实不知道的学问。凭借个体的日常生活经验，我们可以对宏观现象发表看法，然而这些看法往往会走偏，现实中的宏观经济决策经常会受到这些走偏看法的误导。宏观经济学并不否认经济困境背后的结构性原因。然而在提出解决问题方案的时候，宏观经济学把需求不足或者需求过度看作一个新的、独立的总量问题，并针对这个问题提供总量解决方案，而不在结构上寻求方案。宏观经济学这么做并非浅薄，而是包含着独特的见解。

第二章借鉴他山之石。二战结束以后，欧洲、东亚的一些经济体先经历了高经济增长奇迹，后经历了奇迹的终结，同时也遇到了潜在经济增速下降和需求不足的双重挑战。这与今天中国经济遇到的挑战有很多类似的地方。这些经济体做了很多改革尝试，走了不少弯路，付出了不菲的代价，才最终把经济拉上了增长轨道，逐步迈入发达国家行列，并稳稳地享受了发达国家的丰裕。它们这些前车之鉴，再加上对其中机制的研究，对今天的中国来说是非常宝贵的知识财富。这些知识财富告诉我们接下来哪些路走不通，哪些路走得通。

在经济增长奇迹阶段，无论是欧洲还是东亚经济体的政府普遍都干预经济，包括但不限于制订经济发展计划、信贷配给和金融管制、支持和鼓励对工业部门的投资、保持相对较高的贸易壁垒，等等。在经济增长奇迹阶段，资本的高速积累非常重要。政府的这些干预政策对资本积累发挥了积极作用，也带来一定的资源配置扭曲。

经济增长奇迹结束以后，投资驱动增长模式终结，投资对提升工业部门生产率的边际贡献下降，对经济增长的边际贡献下降。通过金融管制和产业政策等手段补贴投资和工业部门的经济增长妙方不再适用，而且带来了诸多"后遗症"，包括资源配置效率下降、产能过剩、僵尸企业、环境污染等。

政府干预经济的政策需要做出调整。随着经济复杂程度的提高，人力资本而非资本成为经济增长最稀缺的投入要素，让市场主导资源配置、促进市场公平竞争对经济增长更加重要。政策改革的重点是：鼓励公平市场竞争，反垄断，削减和取消各种政府补贴；对外开放，尤其是贸易和投资领域的市场开放；支持基础科研和教育事业；健全社会保障系统。20世纪80年代以后，德国、法国、意大利、日本、韩国和中国台湾都做出了类似的政策调整，这些调整更有利于人力资本积累，更适合知识和技术密集型的经济增长。这些经济体在增长奇迹以后，稳定保持在高收入经济体行列。

经济增长奇迹结束以后的另一个挑战是市场自发的总需求不足。经济增长奇迹的结束也宣告了高资本回报率的结束，持续下降的资本回报率使企业部门的信贷扩张偃旗息鼓，市场自发的信贷扩张大幅下降，市场自发的总需求不足频繁出现。

总需求管理的标准政策工具是扩张性的货币政策和财政政策。然而在实践中，这些标准的总需求管理政策往往会遇到认知上的不理解、政治上的阻力和制度设计上的掣肘，比如财政政策经常受制于政治决定，货币政策又往往被汇率制度牵绊。面临失业和经济不景气，难以拒绝的诱惑是采取结构性手段解决问题，比如国有企业兼并重组、补贴低收入群体、提高最低工资、贸易保护等。事后来看，这些政策的效果往往事与愿违，有时候甚至加剧了经济面临的困境。

第三章回到对中国问题的讨论。这里讨论的问题是中国经济潜在增速的变化。对于中国经济潜在增速有两种代表性观点，一种是以刘世锦及其研究团队为代表的观点，可以称之为"绝对收入假说"，其核心内容是当人均绝对收入达到一定水平以后经济增速会出现台阶式的自然下降。另一种是以林毅夫、张军为代表的观点，可以称之为"相对收入假说"，其核心内容是中国人均收入还只有前沿国家（以美国为代表）人均收入的20%，中国经济仍然有很大的学习空间和很高的增长潜力。白重恩对相对劳动生产率变化的国际比较研究，以及蔡昉对人口因素的研究，也为理解中国经济增速变化提供了非常有参考价值的视角。

这里我们把经济增长分解为两个部分：一部分是"收敛效应"，即林毅夫强调的通过向前沿国家学习带来的部门生产率提高；另一部分是"结构效应"，即经济资源从低生产率部门向高生产率部门转移带来的部门加总生产率提高。中国经济进入2012年以后，尽管人均收入相对前沿国家还很低，但是绝对人均收入水平按照购买力平价计算已经超过1万美元。从产业结构看，当日本、韩国这些经济体人均收入只有美国人均收入20%的时候，还正处于工业化高峰期阶段，可以通过对资本密集型的钢铁、化工、机械等行业大量投资以提高增长率，从而保持很高的经济增速。而当中国人均收入达到美国人均收入20%的时候，即人均收入已经达到1万美元，中国经济已经跨过了资本密集型工业的发展高峰期，进入了从制造到服务的经济结构转型期[①]，通过投资和向发达国家学习获得生产率提高的空间大幅收窄。2012年以后，收敛效应带来的生产率提高开始显著放缓。不仅如此，由于经济活动从制造业转移到服务业，结构效应对生产率提升的贡献也大幅下降。这两股力量同时导致了中国经济的潜在增速下降。

尽管中国经济增速持续放缓，但至少在新冠疫情之前，中国

---

① 对这个问题有兴趣的读者可参见张斌《从制造到服务》，中信出版集团，2021年版。

经济的赶超进程没有脱轨。从日、韩等东亚经济体和部分欧洲经济体的经验看，中国的劳动生产率增速与上述经济体在类似绝对收入水平（或相对收入水平）阶段所对应的劳动生产率相比，可以说差别不大。中国经济仍在赶超轨道上，说明过去做得不错，现在也还可以，但并不能保证未来还会继续赶超。

潜在经济增速下行背后除了发展阶段的原因，各种各样的政策设计不匹配也制约着中国经济下一步的增长。中国经济旧的增长引擎难以为继，新的增长引擎还找不到适宜的成长环境。为适应新的发展阶段，中国需要改变激励机制，适应新的环境变化，补上知识和技术密集型服务业的短板，尽可能地保持较高的潜在经济增速。

从第四章开始，我们重点围绕如何更好地管理总需求展开讨论。相对于有关生产率变化的认识和解决方案而言，人们对总需求问题的认识分歧和对策选择更有争议。中国愈发频繁地面临总需求挑战，总需求不足对经济增长和信心的危害更加突出。

第四章观察了三段历史，分别是大萧条、日本90年代末以来多年的通缩，以及欧元区曾一度面临的通缩挑战。这三段历史揭示了需求不足造成的严重危害，走出需求不足的各种政策尝试和经验教训，特别是如何才能真正走出需求不足。

需求不足与信贷增速下降、投资和消费下降、经济增速下降、失业率上升、股票和房地产价格下降相伴而生，这并非巧合，而是一个事物不同侧面的表现。对持续的需求不足同时需要三个层面的因素才能做出完整解释，一是负面的外部冲击，二是市场机制失灵，三是逆周期政策失灵。无论低通胀的原因如何，程度如何，从以上三段历史经验看，充分的逆周期政策，尤其是宽松货币政策，都可以帮助经济走出需求不足。

大萧条时期，美联储采取的货币政策开错了药方，加剧了萧条。日本通缩时期，宏观经济管理当局一再犹豫，大幅拉长了通缩的时间。欧元区是一个正面的例子，欧洲中央银行"不惜一切代价"的宣誓和随后一系列强有力政策的应对措施止住了需求不足和通胀的进一步下行。从以上三段经历可以看到，货币政策的重大调整成为走出需求不足和通缩的关键。经过大萧条和日本长期通缩的检验，近三十年学术界对应对需求不足和通缩形成了标准药方：降低政策利率，或者在零利率环境下进一步采取量化宽松政策，以此带动真实利率的下降，激发市场自发的投资和消费活力。财政政策在逆周期政策中也能发挥重要作用，但是财政政策发力往往会受到更多政治因素的制约。

第五章讨论货币政策的作用机制和中国实践。历史上对货币政策的质疑非常普遍。有些学派的质疑带有很强的时代背景，比如生活在金本位和金融市场欠发达环境下的古典学派，这些质疑放在当下往往不再适用；有些学派的质疑找到了货币政策操作中存在的不足之处，比如货币主义学派和新古典学派，这些质疑帮助此后的货币政策操作更强调规则和透明度；还有些学派的结论未必可靠，比如实际经济周期（Real Business Cycle）学派，但是在研究方法和视角上拓宽了对货币问题的理解。时至今日，带有异质性特征的新凯恩斯动态随机一般均衡模型成为主流，帮助学术界更完整地理解货币政策的作用机制。金融危机以后，对各种创新货币政策工具的运用更是突破了传统货币政策工具的运用，让货币政策在走出需求不足方面发挥更大的作用。

宽松货币政策通过多个渠道提高总需求，不只是通过降低利率、减少投资成本，还包括改变市场流动性和风险溢价，改变企业、居民和政府的资产负债表进而增加其支出，以及刺激货币贬值提高出口。这里我们结合历史经验，模拟了降低政策利率对我国企业、居民和政府的资产负债表能带来多大改善。这里没有考虑降低利率对资产估值的支撑，是偏保守也不完整的估计，即便这样，降低政策利率100个基点也能带来万亿量级的巨大现金流改善，可显著提升GDP增速1.2个百分点。

货币政策发挥作用，不仅在于怎么做，也在于怎么和市场沟通。当消费者都不愿意花钱，企业都没有盈利的时候，货币当局站出来，非常坚定地表示会采取坚决的宽松货币政策，直到实现既定的通胀目标。这相当于对市场说，你不花钱我就不停地造钱，直到你手里的钱贬值。这个看似不靠谱的承诺会改变预期，有助于摆脱"人人不花钱、人人不能赚钱"的困境，加强宽松货币政策能起到提振总需求的效果。

第六章讨论以逆周期为目标的公共支出政策，这里面既包括放在预算内的公共财政支出，也包括地方政府很多没有纳入预算但具备公共品或者准公共品性质的投资支出。第六章主要回答三个问题：一是我国的公共部门支出是否做到了逆周期；二是以逆周期为目标的公共部门支出是否实现了政策目标，是否挤出非公共部门；三是如何看待公共部门的债务可持续性，是否寅吃卯粮。

我国预算内的公共财政政策没有明显的逆周期特征，但是以基础设施建设（以下简称"基建"）投资为代表的公共部门支出有明显的逆周期特征。这些支出显著提高了当期的收入、消费和经济景气程度，对其他部门产生的更多是挤入效应而非挤出效应。避免逆周期挤出效应的关键在于把握好两个界限：一是把握好支出政策力度，以不引发过高的通胀为界限；二是不涉及非公共部门经营领域，以不与非公共部门竞争为界限。相较而言，基建投资占比可能会影响产品相对价格，产业竞争格局的产业类支出政策更少涉及挤出效应。

我国私人部门储蓄与投资的缺口持续放大，政府举债增加支出不会带来过度需求和高通胀，给政府债务/GDP（即政府债务比）留下了较大的上升空间。保持政府债务的可持续性需要两点支撑：一是合理的经济增速，保持合理的经济增速同时也保持了经济增速大于利率，促使政府债务/GDP向更低水平收敛；二是将基础赤字保持在合理水平，逆周期公共支出和相应的政府债务/GDP有周期性特征。从其他国家的经验看，对基础赤字率和政府债务负担更大的挑战是以社会福利支出为代表的政府支出增长。

根据我们的测算，要维护我国政府债务/GDP的可持续性，可接受的财政赤字率远大于3%。假定未来广义政府债务/GDP目标处于90%~100%，未来我国不仅有10%~20%的债务提升空间，同时使政府债务率稳定在90%~100%所对应的基础赤字率也可以提升至4.5%~6%。在经济下行周期需要采取逆周期政策时，基础赤字率还可显著高于这个平均水平。

逆周期公共支出增长对政府和全社会都不是以牺牲未来利益为代价，不是寅吃卯粮，而是过好当下、服务未来。关注和提高公共部门的支出效率非常有必要，但公共投资不能凭项目自身的商业回报率判断支出项目的效率，公共投资往往有很强的溢出效应和社会效应，这部分好处难以体现为商业回报。

第七章围绕通胀问题展开。持续的高通胀会对经济运行带来很大危害。广大社会民众、政治家对高通胀都深恶痛绝，宏观经济学家时时刻刻对通胀保持警惕。特别是那些经历过恶性通胀的国家，通胀给全社会留下了深刻的长期记忆，防范通胀成为最重要的宏观经济管理任务。

然而在最新一轮的发达国家通胀中，高通胀带来的危害与传统观点并不完全一致。以美国本轮的高通胀为例，通胀上升并没有带来长期通胀预期的大幅上升，通胀期间的经济增长保持在高位，就业和消费者福利得到保护。通胀伴随着收入和财富的再分配效应，帮助美国平衡了政府、企业和居民的资产负债表，增强了整体资产负债表的韧性。

美国这一轮的高通胀说明，每一次通胀背后的成本都不一样，对通胀成本的评价不能一概而论。通胀预期是关键，出现通胀要及时采取措施，维护央行声誉，稳定通胀预期。高通胀好比一次跨部门的资产负债表手术，其影响值得更进一步思考和评估。

第八章讨论如何扩大消费。每当面临需求不足的挑战，刺激消费还是刺激投资都会成为宏观政策讨论的重点，而每次讨论中"让消费在稳增长中发挥更大作用"的观点总是能占据绝对优势。这似乎已经成为各界的共识。但是，消费是收入的函数，总需求不足意味着收入增速低。这就会遇到一个逻辑循环：要刺激消费，得先刺激经济。

我们对疫情暴发以来的消费增速显著放缓进行了分解，半数来自居民可支配收入下降，半数来自消费意愿下降。信贷的大幅放缓导致全社会支出增速和全社会收入增速的放缓。在收入分配没有太大变化的情况下，居民的可支配收入显著下降，这同时又会导致居民消费意愿的下降。

扩大消费最终还需要落实在扩大收入上，扩大收入等价于扩大支出，等价于扩大需求。逆周期的财政和货币政策看似和扩大消费没有非常直接的联系，却是短期内扩大消费的最有效政策手段。

第九章讨论房地产。房地产是改善资源配置格局，改善民生的重要依托，同时还非常紧密地关系到宏观经济稳定。本章从房地产市场的高房价、高负债、高度金融化"三高"现象入手，通过对"三高"现象的认识及其背后原因的分析，辨析房地产市场发展中存在的问题，回应一些普遍关切但存在争议的问题。

中国的房地产行业正在面临趋势性拐点，大量房地产企业面临前所未有的经营困境，房地产市场严重威胁宏观经济稳定。炒房、资金过度流入房地产部门不再是房地产市场的主要矛盾，未来房地产市场会由"易热难冷"转向"易冷难热"。房地产市场当前和未来面临的最突出矛盾，一是都市圈过高的房价制约了大量中低收入群体在其工作的大城市定居，二是房地产行业资产负债表的收缩威胁到当前和未来的宏观经济稳定。针对这两个矛盾，这里提出了面向新市民的都市圈建设方案，以及针对房地产行业的债务重组方案，这两个方案都趋于尽可能地利用市场自发力量解决问题，需要政府在土地、教育和医疗服务、住房金融政策方面做出调整，同时不给政府增加过多财政负担。

第十章和第十一章讨论金融业改革。第十章重点讨论我国金融业可以在哪些方面更好地服务实体经济，第十一章则重点讨论金融行业内部要做出怎样的改变，才能为实体经济提供更具"性价比"的金融服务。

第十章讨论当前中国金融业的短板在哪里，以及如何补上短板。中国实体经济部门正处于转型中，居民、企业和政府的金融服务需求发生了重大变化。居民部门财富快速增长，对金融资产配置提出了新需求；企业经营活动的风险上升，对融资工具提出了新需求；政府收支缺口持续放大，也对融资工具提出了新需求。

面对经济结构转型带来的金融服务新需求，当前金融体系在不断调整适应，但是金融服务供求不匹配现象仍然普遍存在。金融服务"正门不通走后门"的绕道现象凸显。实体经济部门的金融服务需求没有被充分满足，还要为复杂的金融服务绕道付出更高的成本。实体经济活动风险没有被有效分散，仍然集聚在金融中介，一些金融中介通过缺乏监管的金融服务绕道放大杠杆和期限错配，增加了新的风险。

金融补短板需要在金融产品和市场、金融中介以及金融基础设施方面做出调整。当务之急是发展权益类金融产品；以税收优惠推动个人养老金账户的发展；提高政府债务限额，提高国债和地方政府债券在政府总债务中的占比；拓宽和规范基础设施建设融资渠道。这些举措可以满足居民部门对养老保险日益迫切的投资需求，满足企业和政府对长周期、高风险投资的融资需求，有助于分散企业和政府项目投资活动的风险，避免金融风险过度集聚在金融中介部门，还能有效降低融资成本和债务杠杆。

第十一章讨论如何提高中国金融服务业的性价比。我国金融业是高盈利、高薪酬和高税收的"三高"行业，金融业增加值在GDP中的占比远高于同等收入国家和发达国家，金融业高增加值主要来自银行业。银行业高盈利是高薪酬和高税收的支撑，其中有合理的成分，也有不合理成分，这里说的不合理成分主要是指借助政策保护或者在特定扭曲政策环境下获得的超额盈利。

消除银行盈利中不合理成分的改革措施包括住房抵押贷款利

率市场化、存款利率市场化和基建投融资体制改革，这些改革带来银行业对其他部门的让利空间超过1万亿元人民币。需要关注改革带来的风险集中爆发，可以通过在某些区域、某些领域局部试点的方式推进改革，为改革留下时间窗口期，给银行留下充足的时间做内部调整和准备。

作为全书的结尾，我们在第十二章总结性地回应了"改革还是刺激"这一充满争议的话题。讨论这个话题并非把结构性改革和逆周期政策对立起来，而是为了回应一些只强调结构性改革而忽视逆周期政策的观点。结构性改革的重要性毋庸置疑，面临的困难也不容小觑。

从其他国家改革的经验看，一旦面临较大的经济困难，国家干预力量便会蠢蠢欲动。当市场遇到困难的时候，恰当运用逆周期政策增加总需求水平有助于市场走出困境，但如果应对困难的办法不是逆周期政策，而是更多的产业政策、贸易保护甚至是打压竞争对手，经济效率会进一步受损，改革就走了回头路。在社会观念不足以支撑改革的时候，保持政策环境不变，不走回头路也是智慧。

推动改革的务实做法是不断地在局部行业和地区进行试验。局部试验的好处在于：减少认知观念冲突，让改革可以发生；纠错成本低，可以不断探索更加兼容的具体改革措施，让改革可以持续。这也是过去中国改革开放的成功经验。即便是局部试验，也难以避免会挑战过去的观念、政策和利益分配格局，需要非常强有力的信念和政治领导才能真正实施。改革应该本着科学和务实的态度，做好不同类型问题的分类，明确目标，充分理解各种限制条件，力求边际上的突破。

在我国的逆周期政策实施中，占据主导作用的并非预算内财政政策和总量货币政策这些规范的政策工具，而是地方政府、平台公司和金融机构三方合作下的基础设施投资。在反思"四万亿计划"的时候，不能一概而论。要明确究竟是不应该采取"四万亿计划"，是不应该把四万亿做成十万亿，是不应该过度依赖高成本短期限的商业资金为带有明显公共品性质的基建项目融资，还是基建投资的区位布局和设计不够合理。要反思地方政府隐性债务的来源。如果当初主要是中央政府为基建项目融资，还会不会有那么快的地方政府债务积累和那么大的利息负担，还会不会有后来那么多的影子银行和各种金融乱象。

比较而言，逆周期政策比改革更容易实施。逆周期较少受到价值观念和既得利益的影响。但如果诸如"放水""寅吃卯粮"这些焦虑情绪填满了对逆周期政策的讨论，理性的逆周期政策也很难到位。过去几年的经验让我们看到，需求不足对经济带来的危害甚至比结构性问题更严重。

没有改革不能解决结构性问题，但改革缺位不会立刻让经济陷入深渊。力度充分的逆周期政策可以有效地把经济从深渊边上拉回来。不要低估逆周期政策的作用，持续需求不足会让经济陷入持续低迷，慢性病可能会转化为急性病，可能还会有超出预期的新并发症。做好逆周期政策，为观念改变赢得时间，也为改革创造更好的条件。

这本书里面的大部分内容，都是中国金融四十人论坛宏观政策季度报告的研究成果，并在季度报告会上交流讨论过。这里要特别感谢中国金融四十人论坛的组织，感谢每次报告会上评议专家的意见和建议，感谢宏观政策季度报告课题组盛中明、钟益、张佳佳、孙子涵、于飞的研究助理工作。

第一章
作为人类知识财富的宏观经济学

持续改善生活水平需要两个支撑，一个是干得好，一个是卖得好。

干得好，是生产商品和服务的能力越来越高。人类在尝试了各种资源配置方式以后发现，市场经济最善于把人财物用到该用的地方，最善于提高工作和学习积极性。好的市场经济能带来干得好。

经济成长需要干得好，需要市场经济，这一点很多人都明白。经济成长同样离不开卖得好，这一点很少有人明白。宏观经济学诞生以前很少有人明白，没有认真学习过宏观经济学也很难真正明白。古典经济学家认为能干好就能卖好，不存在找不到工作这回事，也不存在卖不掉这回事。

大萧条爆发以后，一边是倾倒牛奶、庄稼烂在地里没人收，另一边是很多人找不到工作、忍饥挨饿。事实说明，干得好并不必然会卖得好。

对比大萧条期间的美国和日本，美国各方面的条件都比日本好，可是美国经济几乎崩溃，而日本经济大致稳定。

用今天的视角看，造成差别的关键在于宏观经济政策选择的不同（当时还没有宏观经济政策这个词）。美国用错了宏观经济政策，把事情搞得越来越糟。当然不只是美国，很多欧洲国家也是越搞越糟。日本选对了宏观经济政策，躲过一劫。

有了大萧条的深刻教训，有了像凯恩斯这样的经济学家的反思，宏观经济学出现了。宏观经济学研究的内容是为什么会卖不好，怎么才能卖得好。用宏观经济学术语说，就是如何实现总供给和总需求的平衡，如何让劳动者、土地和各种生产要素得到充分使用。

宏观经济学从来也不缺用武之地，经济成长受制于卖不好的时候很多。大萧条是非常典型的例子，日本失去的二十年、发达国家在新冠疫情之前连续很多年的增长停滞，这些都是卖不好制约着经济成长的例子，中国最近十多年的多数时候也出现了卖不好制约经济成长的情况。

宏观经济学一直在实践和争论中发展，到今天也说不上非常成熟。尽管如此，宏观经济学还是给经济和社会的发展帮了很大的忙，现代经济治理离不开宏观经济政策。有了宏观经济学的指引，掉进陷阱的时候知道朝哪儿使劲，至少不会越用力陷得越深。

正如前面提到的，宏观经济学是一门抽象的学问，是一门脱离个体生活经验的学问，是一门我们不知道我们不知道的学问，或者说我们以为知道但其实不知道的学问。正因为这样，用宏观经济学给出的解决方案往往得不到决策者和社会公众的理解和支持。这一点在中国尤其突出。

如果凭借个体生活经验，凭借传统智慧解决宏观经济问题，很可能会再次犯下大萧条时期的错误，或者是日本失去的二十年时期的错误。这是巨大的、不必要的损失，是无数个家庭的不幸，是经济和社会发展的严重停滞。

宏观经济学需要得到更多的理解，既包括其他领域经济学家的理解，也包括社会公众的理解。这一章的内容，不是怎么利用宏观经济学分析宏观经济问题，而是如何认识和理解宏观经济学。我们会讨论一些教科书上不涉及的话题，比如宏观经济学究竟能干什么，为什么宏观经济学发展到今天这个样子，宏观经济学家为什么总是和其他人的意见格格不入，等等。

打个比方，这一章的内容不是怎么画画，而是如何理解画作、判别画作、了解画作背后的潜台词。严肃的宏观经济分析很复杂，大部分人也用不到。对大家帮助更大的其实是如何判别和品鉴，找到靠谱的宏观经济分析方式和观点。

危机拯救者

20 世纪 20 年代末到 30 年代初，当时的工业强国无一例外地遇到了严重经济困难。美国、英国、德国、法国、意大利、日本的经济增长突然踩了急刹车，眼见着要掉进悬崖。在日本，因为有了高桥是清的宏观经济政策组合，经济基本没有衰退。在美国，因为胡佛总统和美联储的错误药方，美国经济几乎瘫痪，后来在罗斯福总统的强力政策转向下才逐渐走出谷底。

1. 高桥是清救了日本

高桥是清是个传奇人物。[①] 他父亲是御用画师，好酒好色。高桥是清是他父亲和女佣生下来的孩子。年轻时候的高桥是清继承

[①] 对高桥是清生平更详细的介绍可参见艾伦·博拉尔德《战争中的经济学家》，中信出版集团，2023 年版。

了他父亲的好酒好色、爱赌博，还是个欺诈妓女的混混。他第一次到美国的时候，被卖给农场主做仆人。他与农场的中国厨师争吵，被那位厨师举着斧子扬言要劈死他。

经历了美国的探险之旅后，高桥是清回到了日本。他先是在学校里教授英语，他的语言能力、交际能力、思维和学习能力很快就引起了一些东京官员的注意。他得到了新的工作机会，每次都能非常出色地完成任务。随后他成了无比精明的管理者，日本经济发展的卓越贡献者。他是国际市场的融资高手，是日本银行行长、七任大藏大臣、不愿意做政客的首相，还有其他数不完的头衔。

大萧条刚开始的时候，日本经济也受到牵连，出口和工业生产大幅下降，日本经济遇到了很大困难。高桥是清三管齐下帮助日本经济走出萧条。

第一个举措是切断日元与黄金的挂钩，让日元大幅贬值。在他之前，上一任日本银行行长热衷于金本位，当时的世界强国都还在迷恋金本位，在这样的氛围下高桥是清的做法算是非常之举。一年之内，日元对英镑贬值了44%，对美元贬值了60%，日本的出口成倍增加，出现了第一次世界大战以来的第一次贸易盈余。

第二个举措是宽松的货币政策。高桥是清大幅增加货币供应量，满足市场的流动性需求。他把基准利率从5.8%下降到3.6%，以更低的利率支持政府发行债券，鼓励企业信贷扩张。

第三个举措是增加政府债务和财政支出。高桥是清认为，在面临经济萧条和财政缺口的时候，政府应该通过发债而不是增加税收和其他财政收入来弥补财政缺口。他对政府债务可持续性的看法，是观察通胀压力、汇率压力以及对政府债券的购买意愿得出的。为了应对经济萧条，高桥是清领导下的大藏省发行了大量政府债券，并以此支持日本政府支出增长了50%。

高桥是清的三项政策让日本经济没有陷入严重的经济衰退。日本经济从大萧条中恢复的时间，比美国快了五年，比德国和当时的其他世界强国也都快。日本成功地运用了货币政策、财政政策和汇率政策的组合，如有神助。

用现在的眼光来看，货币贬值、宽松的货币政策和宽松的财政政策，是宏观经济学应对需求不足的标准药方，但是在当时并非如此。当时无论是学术界还是社会公众，对这些政策并不理解，其实到现在很多人也还是不理解。高桥是清的前一任日本银行行长，还在拼尽全力实现金本位，他其实是站在了前任行长的对立面。高桥是清是如何做到的呢？

高桥是清没有受过正规的高等教育。他更看重现实，不被陈旧的理论束缚，正如他说的，"现实世界中，对症下药是最好的方法，理论是为学者而不是为我们这些人准备的"。对症下药，说起来容易，但做起来很难。

高桥是清睿智并富有洞察力，而且有着丰富的金融市场工作经验，曾经的重要工作任务是担任银行行长以及为日本政府在海外融资，他对金融市场如何运作比较熟悉。但这些还远远不够。他一直在学习最新的宏观经济学知识，对凯恩斯在那个时期的著作非常感兴趣，每天阅读英文版的《泰晤士报》，这份报纸里面有很多凯恩斯理论的文章。他引用凯恩斯的论点支持自己放弃金本位的观点。他引用欧文·费雪关于预算平衡的文章支持自己不需要每年保持公共预算平衡的做法。

高桥是清举例说："如果一个人到艺伎馆玩，招来艺伎并吃奢侈的食物，我们从道德上不会认可。但是，如果从钱的流向上分析，食物消费中的一部分帮助支付了大厨的工资，而购买鱼肉蔬菜以及支付运输成本的另外一部分则付给了供应商，其中的一部分又进了农场主和渔民的口袋。农场主、渔民、供应商可以用收到的钱买衣服、食物和住房。艺伎也会用收到的钱买食物、衣服、化妆品和纳税。"

听上去不怎么靠谱的艺伎经济，在高桥是清这里如庖丁解牛一般，生动阐述了收入循环和乘数效应的秘密。而关于乘数的正式学术论文发表是在高桥是清这个发言几年以后的事情了。

高桥是清所处的时代还没有现代意义上的宏观经济学。高桥是清凭借他洞察到的宏观经济学思维，面对众多的争议和反对之声，从众多政策选项中神奇地选择了应对大萧条最恰当的政策组合。高桥是清做到的这些，当时其他深陷大萧条的国家都没能做到，至少没能及时做到。

最后说个小八卦，高桥是清是日本军方极右势力的敌人，他说"满洲"是中国的一部分，不是日本的。他支持日本的对外贸易和对外投资，但是强烈反对针对中国和俄国的战争。他不遗余力地用各种金融政策手段支持产业发展，成功地帮助日本经济走出了大萧条，但最终在家里被日本军方的极右势力刺杀身亡。

2. 胡佛的传统价值观

和小时候不学无术的高桥是清不同，胡佛从小就是艰苦奋斗的好学生。他出身普通家庭，自幼丧失双亲，自己攒下学费，读完了斯坦福大学，学的是地质专业。不过毕业以后的胡佛并没有太好的出路，先是去金矿做挖矿工人，然后做了打字员，后来做了工程师。

胡佛在中国发了家，他帮助英国公司得到了开平矿务局，被任命为开平矿务局总经理，还获得了不少公司股份。之后他在全世界从事矿业、铁路和冶金业务。短短十几年里，他从一文不名的穷小子成为身家百万的矿业大亨。胡佛和他的夫人都懂中文，斯坦福大学的胡佛研究所是收藏中国近代史料最多的机构之一。

发家致富以后，胡佛转向了政坛。他受威尔逊总统所托组建了美国救济署，因为资助大量在欧洲的难民而广受赞誉。胡佛1928年当选为美国总统，1929年正式就任。到这里，胡佛是妥妥的浓眉大眼的人生赢家，美国梦的杰出代表，全身上下都是主角光环。

不幸的是，胡佛总统刚上台不久，美国就遇到了严重的经济困难。

胡佛总统相信个人奋斗，相信市场的自发修复，政府做不了什么，也不应该做太多。这也是当时美国的主流价值观。

他反对直接救济，宣称如果联邦政府直接向公民提供援助，美国民众就有"落入社会主义和集体主义圈套"的风险。他反对扩大联邦工程的立法，宣称联邦政府应该最少地介入经济领域，即使介入也是暂时的和迫不得已的。他像当时的很多美国人一样，认为个人不应该借钱度日，政府也应该保持预算平衡，他更情愿削减政府支出，以便向全国和世界展示政府的美德。

胡佛总统开出的药方是民间互助。他宣称志愿组织和社区精神从未在美国民众身上消失。"每个人都应该设法帮助比他不幸的邻居，每个企业都应该帮助它的雇员，每个社区和每个州都应该负起组织就业和救济活动的责任。"

胡佛总统相信语言的力量，相信世界靠语言生存，政府发挥的重要作用是做好鼓舞士气的啦啦队队长。他对劳工统计局关于失业率概念的界定和测算的糟糕失业率数据表示不满，认为这样不利于鼓舞士气，勒令其局长退休。他反对用经济危机这个词，认为危机是在夸大其词，用萧条更好。

胡佛总统采取严格措施落实反移民法案，宣称为了缓解就业形势，把近十万本被接纳进入美国的外国人挡在国门之外。他还批准了《斯穆特-霍利关税法案》，大幅提高进口品关税，这一贸易保护政策遭到了贸易伙伴的报复，打击了美国的出口。贸易保护政策破坏了当时的国际合作氛围，刺激了"全世界的民族主义情绪"。

后来研究大萧条的经济学家把当时的经济政策口号称作"在洪水中高呼救火"。大萧条不能都归咎于胡佛总统，以现在的眼光来看，他只是没有发挥应有的作用，有些政策甚至加剧了矛盾。对大萧条更有解释力的原因是货币政策失误。

纽约联储主席本杰明·斯特朗（Benjamin Strong）在1928年去世，随后的美联储陷入了领导力真空和认知真空。研究大萧条的著名学者弗里德曼指出，1929—1931年，尽管美国经济有严重下滑，但是与斯特朗在任时相比，美联储的应对措施很有限，贴现率下降幅度和公开市场购买数量都很有限。美联储做得远远不够。

美联储当时流行的是"真实票据理论"，它把商业银行的贴现贷款数量和市场利率变化作为政策风向标。当商业银行贴现贷款数量下降、市场利率下降的时候，美联储认为这是宽松货币政策环境。反之，当商业银行贴现贷款数量下降、市场利率上升时，则被视为紧缩货币政策环境。美联储认为，它的政策没有办法促使商业银行增加信贷。1929—1931年危机爆发以后，商业银行贴现贷款大幅下降，市场利率下降，美联储认为货币政策环境已然非常宽松，货币当局没什么进一步能做的，应该坐等经济恢复。

更糟糕的还在后面。1931年欧洲大陆爆发了多场危机，一些欧洲国家放弃了金本位，英国在1931年9月放弃了金本位，市场预期美国也会放弃金本位，于是黄金大量流出美国，这同时也带来了商业银行的黄金储备大量下降。1931年10月，美联储将贴现利率从1.5%大幅提高到3.5%，没有通过公开市场业务操作补充商业银行准备金。在经济已经非常糟糕的情况下选择加息，这么做不仅加剧了经济困境，最终也守不住金本位。

美国经济大萧条从1929年中期到1933年初历时四年，持续衰退。大萧条期间，有四分之一的劳动者失业，失业人数高达1 150万人，1932年超过半数的美国工人无法全职工作，劳动时间和报酬不到全职工作的60%。不仅低收入群体难以度日，大量的中产阶级也食不果腹。有轨电车上每天都有人晕倒，多数都是饿晕的。还有很多学者认为，大萧条给世界大战埋下了种子。

后来研究大萧条的学者认为，当时的美国经济即便遇到资产价格泡沫破灭，存在资本和劳动分配之间的严重不平衡等诸多结构问题，也没有必要为此付出大萧条的代价。

凯恩斯认为，大萧条是因为惊人的愚蠢。美联储前主席伯南克说，大萧条是因为我们做错了，我们不会再犯。这里的"我们"指的是中央银行，即美联储。经济历史学家巴里·埃肯格林（Barry Eichengreen）说，大萧条时期的中央银行政策是把经济按在地上摩擦，直到经济没有知觉为止。

胡佛总统和美联储为什么做错了？面对典型的宏观经济问题，

宏观经济学还没正式出场。胡佛总统希望从他自己和美国大众社会都喜欢的价值观里找到出路，美联储觉得责任不在自己身上。没有宏观经济学的指引，求解宏观经济困境像是在茫茫黑夜里寻找钥匙，找不到并不奇怪。美国做错了，但它不是最惨的，还有一些坚守金本位时间更长的国家经济衰退更严重。

3. 直升机撒钱的伯南克

如果说高桥是清选对了宏观经济政策靠的是聪明和运气。伯南克在应对危机的时候，靠的是宏观经济学几十年的发展和积累。有了主心骨，伯南克做得非常坚决。

伯南克出生在美国南部的一个犹太家庭[①]。他年轻时性格腼腆，喜欢智力游戏，不爱社交。伯南克的学习成绩很好，顺利考上了哈佛大学。收到录取通知书以后，他为了大学期间的生活费，到建筑工地打工，干的是搬水泥的体力活，几个月下来，伯南克健壮了很多。

大学放暑假时，伯南克回老家一个叫作"边境之南"的镇上当服务员。这份兼职给伯南克带来的除了收入，还有额外收获。若想通过这份工作赚很多钱，就得和客人多聊天，给人留下好印象才能多得小费。伯南克说这份工作能帮助他改变害羞的性格。

让伯南克在几十年以后仍记忆犹新的是，有次很晚时来了一对黑人夫妇，那个餐饮区的女服务员已经下班回家。由于时间太晚，伯南克也想回家，没有为他们提供服务。这对黑人夫妇在那里等了将近20分钟，最后黑人男子把菜单甩在桌子上，转身就带

[①] 对伯南克生平更详细的介绍可参见本·伯南克《行动的勇气》，中信出版集团，2016年版。

着妻子走了。伯南克回想起来说，这对黑人夫妇肯定感觉受到了种族歧视，但这其实和种族歧视没关系，时隔几十年以后伯南克想当面向他们道歉。

伯南克获得了哈佛大学优秀经济学学士论文奖，还得到了美国国家科学基金会的奖学金。有了这份奖学金，就有了研究生前三年的学费和生活费。伯南克选择在麻省理工学院攻读经济学博士，其间他阅读了弗里德曼的《美国货币史：1867—1960》，迷上了对大萧条的研究。伯南克读完博士以后，先是去了斯坦福大学任教，后来去了普林斯顿大学，31岁就拿到了正教授聘书。

伯南克在大学教书期间，依然对大萧条的研究感兴趣，他利用当时经济学研究的新进展，比如信息不对称理论和各种新的实证研究工具，把大萧条的原因搞得更透彻。伯南克在一篇论文里提到，在一个信息不对称的世界里，想要找到替代性的融资渠道并不容易。一家银行崩溃以后，它积累的经验、信息和网络关系会不复存在，从而使这家银行服务的社区和企业付出沉重代价。可以想象一下，如果9 700多家银行纷纷倒闭，会产生多大的破坏作用。

伯南克与一位历史学家的合作研究还发现，大萧条期间，有两个因素决定了经济衰退的严重程度：一个是金本位坚持的时间长短，另一个是银行业危机的严重程度。这两个因素都与货币和信贷紧密相关。如果能早些放弃金本位，就能及时增加货币供应；如果银行业危机没那么严重，信贷不会下降那么多。伯南克与另一位合作者的研究发现，经济衰退会吞噬信贷流量，信贷流量下降又会加剧经济衰退。他们把这个现象称为"金融加速器"。

2002年，伯南克被小布什提名为美联储理事，2006年担任美联储主席。伯南克不仅智商高,情商也高,很懂得怎么和人打交道。他说就任美联储主席初期,优先工作是建立与其他部门之间的关系,也包括与其他国家政策制定者的友好关系。如果不是爆发次贷危机,伯南克可能就平平淡淡地完成美联储主席任期,不会被推到风口浪尖。

伯南克在刚上任美联储副主席之后的一次活动上说,总会有办法治理通缩和需求不足,直升机撒钱就可以。很多人都不理解,一位学术造诣高深的严肃学者,加上美联储副主席的身份,居然在公开场合这么说。他们认为伯南克在不负责任地乱说。

事实上,了解了大萧条和宏观经济学过去几十年的进展,了解了各种学说之间的不同解释和实证研究的结论,伯南克是想清楚了才敢这么说的。作为严肃学者的伯南克,是在很负责任地说,而不是在开玩笑。

谁也没想到,2008年爆发了次贷危机,这是大萧条以来最大的一场全球金融危机。伯南克对大萧条和银行业危机的研究终于派上了用场。因为有过去研究积淀的支撑,无论是在防止金融危机扩散方面,还是在帮助经济走出低迷局面方面,伯南克都很有主见,在层层阻力下,宽松货币政策实施得非常坚决,他还推出了很多创新的宽松货币政策操作方式。更难得的是,伯南克得到了总统和其他同僚的高度支持和配合。

伯南克的有些做法遭到了社会公众的严厉批评。对伯南克及其同僚们的批判集中在两个方面。一是金融机构的贪婪和不负责任造成了金融危机,现在却要拿社会公众的钱救它们。二是只会用放水的方式救经济,利率降到零还不够,还要实行量化宽松政策。用放水拯救经济会带来严重的通胀,会严重侵蚀美国消费者的利益，是极度不负责任的，危害也极大。除此之外，还有不少批评意见，比如伯南克在次贷危机之前没能及时预见到危机的发生，伯南克的政策会让财富分配和收入分配更加恶化等。

时任得克萨斯州州长里克·佩里说，伯南克的行为"几乎等于叛国"。

距离全球金融危机已经过去十多年。回头看伯南克当初的政策选择，虽然不能说没有缺憾，但也堪称非常出色。无论是在防止金融危机的进一步扩散，还是在帮助美国经济走出经济衰退方面，伯南克非常有勇气的政策选择起到了很大作用。全球金融危机以后，尽管美国是危机的发源地，但是在发达国家中美国经济恢复得最好，美国没有出现严重的失业和大面积的企业破产。批评者们担心的通胀没有出现，担心的财政巨大亏空没有出现，担心的收入和财富分配进一步恶化也没有出现。

如果站在1928年比较日本和美国，预测未来哪个国家的经济发展更好，那么我们能看到的是：日本经济相对落后，国内政局动荡，好战的日本军方势力一直在威胁政府，拼命扩大军费开支还发动对外战争；美国经济相对先进，各种新发明不断涌现，国内政局稳定，没有扩大军费和对外战争。于是得出结论，美国会更好。

然而答案恰恰相反。接下来的1929—1934年的五年时间里，两个国家都面临全球范围的大萧条，日本在此期间的GDP有3%的增长。美国面对的是GDP下降33%，还有无数金融机构和企业破产、几千万人失业。

造成这些区别的关键是选择了什么样的宏观经济政策。高桥是清选对了，扮演了成功的危机拯救者。胡佛和美联储选错了，加剧了危机。高桥是清和胡佛的政策选择背后，是如何理解和解决宏观经济问题。

时间到了2008年，再次面临百年一遇的全球性金融危机。决策者虽然也面临着巨大挑战，但是心里没那么慌了。有了宏观经济学的指引，决策者知道该往哪个方向使劲才能减少金融危机的破坏，才能尽快走出经济萧条。

自我革命

问一位宏观经济学家，行业会不会发展，企业能不能盈利，个人的工资会不会上涨，投资能不能获利，这些都不是宏观经济问题，你问错了人。这好比问一位骨科大夫，我的肠胃病怎么治，我的头痛怎么治，我的抑郁症怎么治。这些是病，但不是骨科大夫治的病。

怎么提高生产率，怎么改善资源配置呢？这些问题听起来更抽象更宏观了，其实这些也不是标准的宏观经济问题。

宏观经济学之父是凯恩斯，他的成名作是《就业、利息和货币通论》。从这本书的题目能看到，凯恩斯关心的是就业、利率、货币数量如何决定，相互之间的关系如何。这些是典型的宏观经济问题。

标准宏观经济问题具备几个特点。第一，是站在宏观经济管理者角度提出的问题，不是站在企业或者个人角度提出的问题。宏观经济学不关心行业或者企业的盈利，不关心个体投资能否赚到钱。

第二，是总量问题，不是结构问题。具体来说就是总产出、总收入、总就业、通胀、利率、货币和信贷总量这样的问题。总量研究是宏观经济学区别于经济学其他分支的独特定位，正是这个定位使得宏观经济学发展出一套特有的分析框架。

第三，是研究如何让劳动、资本和其他各种生产要素得到充分利用的问题。宏观经济学的核心问题是如何通过需求管理让各种生产要素得到充分利用。至于如何提高各种生产要素的生产率，当代宏观经济学里面的经济增长理论会涉及一些，经济学的其他分支，比如制度经济学、发展经济学则更专注于改善资源配置和提高生产率的研究。

大萧条催生了现代宏观经济学的诞生。宏观经济学从诞生那天起就在"吵架"。是不是真的存在总需求不足？为什么会存在总需求不足？怎么才能管理好总需求？宏观经济学家在这些问题上吵了快一百年，每大吵一次，都让宏观经济学上一个新台阶。

1. 古典的信条

亚当·斯密一辈子大部分时间都在学校度过，不是上学，就是教学。他不曾经商，也没有在政府的经济部门任过职，谈不上有实际的经济工作经验。但亚当·斯密写出了迄今为止最有影响力的经济学著作《国富论》。

在亚当·斯密看来，通过市场经济这只看不见的手，全社会资源得到优化配置，每个人的生活都从中得到好处。《国富论》不仅语言通俗易懂，思想非常深刻，而且里面藏着大智慧。这本书对后世经济政策制定的影响力，无论怎么强调都不过分。我们现在讲的市场经济，其背后少不了亚当·斯密的智慧。

亚当·斯密的拥趸很多，其中包括身在法国的萨伊。萨伊做过秘书、记者、研究员，还做过拿破仑政府的金融官员、棉纺厂老板,最终在大学任教。让萨伊成名的是"萨伊定律",或者说是凯恩斯,因为凯恩斯经常把"萨伊定律"作为批判对象,这让很多人知道了萨伊,知道了"萨伊定律"。

萨伊定律认为,决定需求的不是货币。当你能够生产有价值的商品,把商品卖了以后,你才会产生对其他商品的需求,因此是供给决定需求。萨伊定律反对当时占主流的重商主义。重商主义认为货币是财富,有了货币才有购买力,才有需求。而萨伊认为,货币只是表象,能够生产商品换取货币,才能具有购买力。因此真正的财富是生产商品的能力,不是货币。决定需求的是生产能力,不是货币。

按照凯恩斯的解读(也有人认为是凯恩斯不正确的解读),萨伊定律讲的是"供给创造需求"。既然供给自动创造需求,那就不存在总量意义上的需求不足,不存在供求不平衡这回事。

古典经济学家普遍认同萨伊定律。古典经济学的共识是,通过市场自发的价格调整,总会让供求平衡。既然市场价格可以自发调整供求,让供求平衡,那就不需要政府干预,自由市场竞争就是最好的。古典经济学还认为,货币只不过是一层神秘的面纱,货币多了少了,对应的不过是名义价格高了或者低了,货币对实体经济没有影响。

亚当·斯密和萨伊的经济学思想都很了不起,然而再伟大的思想也有考虑不周的地方。一边是生活困难没钱吃饭,一边是好好的牛奶被倒掉,长好的庄稼烂在地里不收割。一边是新发明的生产技术不断涌现和快速进步,一边是大量的企业破产、失业和愤怒的人群嚷嚷着要革命。凯恩斯和其他同时代的经济学家不得不反思,古典经济学有些地方搞错了,就算没搞错至少也有重大遗漏。

有了新发明，生产率提高，经济并不一定会好。商品不一定都卖得出去，劳动力不一定被雇用。如果没有足够的需求支撑，即便拥有强大的生产能力，经济同样会陷入沉重的灾难，生活水平也会显著下降。在现实世界里，并没有像古典经济学宣称的那样，供求可以通过价格调整自动恢复平衡。货币也绝不仅仅是一层神秘的面纱。

2. 凯恩斯的批判

对古典经济学批评声音最大，且在西方世界影响力最大的是凯恩斯。凯恩斯有很多身份，政府官员、记者、评论员、财务主管、数学家、经济学教授、各种形式的顾问身份，等等，他拥有享誉世界的名声。他至少有三个特别之处，即特别善于思考、特别善于沟通、特别有影响力。

凯恩斯被称为那个时代最聪明的人，为这个名声背书的是他超常的洞察力。他强烈反对第一次世界大战以后对德国过于苛刻的赔款要求，并预言会遭到德国的强力报复。他强烈批判丘吉尔领导下的回归金本位，成功预测到了之后会发生的经济灾难。

凯恩斯身材高大，讲话音调很高，言辞优雅，语句简短，逻辑清晰，不容置疑，总能给人留下深刻的印象。他非常勤奋，长期坚持在《泰晤士报》《每日邮报》《曼彻斯特卫报》上发表评论和文章，在《经济学杂志》发表学术观点。他的文章一直都是问题导向，而且选取的问题总能直指重大事件的中心。

凯恩斯是一个国际主义者，他的影响力也远不只在英国。20世纪20—40年代，欧洲各国的内部矛盾和国家之间矛盾叠加，像一个随时都会爆炸的火药桶。凯恩斯一直都在寻求立足于经济手段的、合作的、和平的解决方案。他在媒体上呼吁建设性的和平主义，给世界很多国家的元首和经济管理者提供解决经济问题的方案。

凯恩斯被誉为宏观经济学之父，给他带来这一名声的主要著作是1936年正式出版的《通论》。这本名著究竟在讲什么呢？

按照凯恩斯自己的说法，《通论》是一本写给经济学家同行的书，是批判古典经济学的书。从亚当·斯密到李嘉图，再到马歇尔和庇古，古典经济学可以说能人辈出，既有深刻思想，又有形式逻辑支撑。以严肃的学术态度批评古典经济学并不容易。凯恩斯自己接受的是古典经济学教育，他说古典经济学的上层建筑没问题，问题出在了底座，出在了最初的假设上。他认为，古典经济学中关于就业和产出决定的观点只是特殊情形下的个例。《通论》这本书里讲的才是符合现实情况的更一般性理论，所以叫作"通论"。

《通论》提出了流动性偏好概念，创立了立足于需求的就业和产出决定理论以及利率决定理论。后世经济学家对《通论》做出了很多解读，侧重点不一样，结论也不尽相同。这里给出《通论》的几个主要观点，这些观点大致是经济学界的共识。

（1）凭借市场自发力量，经济并不能自动调整到充分就业水平。决定就业的是需求，即消费需求和投资需求。消费需求和投资需求恰恰能够创造出足够的就业是特殊情况，而不是一般情况。

（2）经济发展水平越高，可能会让边际消费倾向和预期的投资回报率越低，消费需求和投资需求越低，越是不足以创造出足够的需求和就业。需求不足成为经济繁荣的敌人。凯恩斯并没有把需求不足看作短期的周期性现象。

（3）对未来预期的不确定性和动物精神导致投资的预期收益率和投资需求发生波动，投资波动在乘数作用下带来就业和产出的更大波动。

（4）自发的市场利率调整不能创造出足以吸纳全部储蓄的投资，因而也不能创造出足够的就业。要想使货币成功地增加总需求，刺激经济，至少要同时满足两个条件：一是货币的增加要大于流动性偏好的上升，以此降低利率；二是利率的下降要足够大，要大过投资的预期回报率的下降。

这里要补充一点。经常有人用流动性陷阱这个概念，很多时候其实用得并不明白。究竟什么是流动性陷阱？理解流动性陷阱首先要明白流动性偏好。流动性偏好讲的是由于对未来的看空预期，投资者更愿意持有高流动性的货币，而不愿意持有长期的、流动性弱的金融资产，比如长期债券。如果看空预期很强，流动性偏好很强，或者利率水平本身已经非常低，即便货币当局发行更多货币，投资者也会把增发的货币都拿在手里，而不会投资证券类的长期金融资产，这样就不会带来利率的下降，不能起到刺激投资的目的。换言之，所谓流动性陷阱，是指即便增加了货币供应，对流动性的偏好也使得利率无法进一步下降，或者利率本身已经太低以致无法进一步下降。

（5）政府扩大财政支出在增加总需求方面更加直接有效。凯恩斯去世了，但凯恩斯主义留了下来。几十年以后，一位记者采访当时最著名的宏观经济学家萨缪尔森，问及"凯恩斯死了吗？"萨缪尔森回答："凯恩斯死了，牛顿和爱因斯坦也死了。"萨缪尔森答得很妙，这是对凯恩斯经济学思想很高的赞誉。

主流和非主流的凯恩斯主义

20世纪40—60年代，凯恩斯主义成为宏观经济学的主流思想。凯恩斯的思想有着不同方向的继承者，有些思想成为主流，有些则被淡化。

主流的凯恩斯主义，包括了希克斯、汉森、莫迪利亚尼、克莱因、萨缪尔森等人做的工作。他们把凯恩斯的需求决定理论做出了更直观的模型化表述，最具代表性的就是IS-LM模型。

主流的凯恩斯主义把凯恩斯思想的侧重点放在了价格黏性上，也就是价格不能根据市场供求的变化灵活调整。按照我个人未必正确的理解，这么做的主要原因有两个。

原因之一是逻辑上直观，可以更好地回应古典经济学。古典经济学强调灵活的价格调整可以让市场供求平衡，实现充分就业。如果价格保持黏性，不能对供求变化做出及时调整呢？那就不能实现供求平衡和充分就业了。有了价格黏性，一切都在逻辑上说得通了。

原因之二是便于模型化，可以通过简单的方式把价格黏性引入模型，把凯恩斯的其他重要思想放在正规模型里面很难。主流凯恩斯主义之所以成为主流，逻辑清晰和能够模型化可能是主要原因。

有一些没有纳入主流的凯恩斯主义，认为主流凯恩斯主义的做法避重就轻，没有抓住凯恩斯思想的精髓。琼·罗宾逊、沙克尔（Shackle）等人认为，主流凯恩斯主义对凯恩斯思想的解释是"私生子"，凯恩斯思想的真正精髓不是价格黏性，而是不确定预期条件下的决策。对未来的不确定预期才是需求不足的根源，是经济波动的根源。

帕廷金、克罗尔（和莱永胡武德）也不认同把重点都放在价格黏性上面。他们认为，当面临需求冲击的时候，比如突然的货币下降，消费者和企业都面临着不完全信息，并且缺乏协调，这样经济就不能顺利过渡到新的均衡点。凯恩斯的核心贡献恰恰在于对这个过程的分析，在这个过程中会出现非自愿失业，古典经济学只是凯恩斯经济学的一个特例。

如何看待这些主流和非主流的凯恩斯观点呢？我个人的理解，罗宾逊的解释强调需求不足的最初来源，比如投资者预期的突然恶化。而主流凯恩斯主义者和帕廷金等人的解释强调需求不足的内在机制，比如价格黏性或者信息不对称不能让供求恢复平衡。这两种解释都有道理。打个比方，有个人得病了，对此有两种解释，一是被病毒感染了，二是自身抵抗力有问题。

这两种解释从不同的角度出发，都有道理。不着急，宏观经济学才刚刚起步，后来的宏观经济学会把病人得病的故事讲得更科学、更完整。

1. 货币主义和新古典

进入 20 世纪 60 年代中期以后，凯恩斯主义开始遇到对手，对凯恩斯主义的批判一直持续到 90 年代。宏观经济学的发展一直都是由事件驱动的。大萧条催生了凯恩斯主义的流行。20 世纪五六十年代凯恩斯主义大行其道，各国政府财政扩张力度很大，经济增长也不错。到了 60 年代中后期，特别是进入 70 年代以后，通胀和经济增长停滞成为发达国家普遍的烦恼，对凯恩斯主义的批判越来越流行。

凯恩斯主义面临的第一个强有力的对手是货币主义学派，代表人物是弗里德曼。凯恩斯之后，名气最大的宏观经济学家可能是弗里德曼，也可能是萨缪尔森。

弗里德曼是货币主义的代表人物，也是新自由主义的代表人物。他的很多著作都是向世人揭示市场在资源配置方面的神奇力量。他是讲故事的高手，也是实证研究方面的高手。很多我们以为需要政府才能做的事情，通过弗里德曼抽丝剥茧的分析会让你看到，其实市场能做得更好。

货币主义认为，市场经济天生是稳定的，受到扰动会很快恢复到正常状态。之所以会出现大萧条或者类似的严重经济衰退，主要是因为货币增长出了问题，不稳定的货币增长带来了经济的不稳定。货币主义更多强调货币的作用，弗里德曼用实证研究发现凯恩斯所说的流动性陷阱在现实中并不成立，通过利率调整总能刺激需求的增加。

货币主义反对政府相机抉择的宏观经济政策。他们认为政府把握不好政策的力度，也不能充分考虑政策的滞后效应，因此最好的政策应该受到规则约束，比如货币按照既定的规则增长，而不应该由政府随意决定。货币主义还提出了附加预期的菲利普斯曲线，提出了国际收支的货币分析法，总之货币主义对宏观经济学的发展做出了很多贡献。

凯恩斯主义面临的第二个强有力的对手是新古典宏观经济学，这是一个比货币主义更厉害也更持久的对手。新古典宏观经济学的代表人物有卢卡斯、萨金特、巴罗等。当时的主流凯恩斯主义模型都是基于一些事前的假定展开分析，新古典宏观经济学认为这样的做法太不科学了，在逻辑上有很大漏洞。

新古典宏观经济学把单个的代表性消费者和企业作为分析起

点，从个人效用最大化和企业利润最大化推演出代表个人和企业的行为，进而找到宏观问题上的解。这给宏观经济分析带来了微观基础。仅从这一点上看，新古典宏观经济学相比当时的凯恩斯模型至少在形式上看起来更科学，更优美，也受到了新一代宏观经济学家的普遍认可。

新古典宏观经济学把理性预期引入宏观经济学，这为宏观经济的逆周期政策带来了新视角。卢卡斯批判了政府的宏观经济政策。如果个人和企业预期到政府的政策，并为此采取了对冲措施，那么政策将起不到最初的效果。卢卡斯反对政策上的相机抉择，赞成规则，这一点和弗里德曼一样。他还认为，市场本身具有很强的自发恢复功能，相机抉择的宏观经济政策会影响真实产出，增加经济的不稳定性。

走得更远的是实际经济周期学派，代表人物是基德兰德、普雷斯科特、普洛瑟等人。实际经济周期学派很有趣，他们超级有洞察力，也超级偏执。他们对经济波动提出了新的解释。他们认为经济波动主要来自诸如技术、偏好这样的真实冲击，而不是弗里德曼或者早期新古典经济学家强调的货币冲击。

实际经济周期学派认为经济波动不是坏事，技术进步的速度变化导致了相对价格波动，理性行为人也会因此改变劳动供给和消费，而产出和就业波动恰恰是帕累托最优的反应。那些减少经济不稳定的政策，恰恰使经济偏离了最优水平。实际经济周期学派试图用他们的理论回答为什么大萧条会发生，做了很多研究，但不是很成功。

用一个简单的例子能帮助我们理解实际经济周期学派。假定有一位叫克鲁索的人，他一个人住在荒岛上。克鲁索在天气好的时候多干活少休息，生产率高，天气不好的时候少干活多休息，生产率低。对克鲁索来说，产出和就业会因为天气自然波动，这些波动不是坏事，而恰恰是合理的资源配置方式。阻碍这种波动的做法才不合理。

如何看待货币主义、新古典宏观经济学和实际经济周期理论对传统凯恩斯主义的批判？我们的看法是这些批判里面有些并没有真正理解凯恩斯，批判不能成立。但是，无论是从认识经济波动的来源方面，还是从政策应对工具选择方面，当然还有如何让宏观经济模型在逻辑上更完整等方面，这些批判对宏观经济学发展都做出了很大的贡献。没有这些批判，宏观经济学不会有进一步的发展。

2. 新凯恩斯主义再度一统江湖

凯恩斯主义毕竟是有底蕴的。进入20世纪80年代中后期以后，凯恩斯主义经济学家在充分吸收各种批评意见的基础上，提出了新凯恩斯主义。

新凯恩斯主义的代表人物很多，比如阿克洛夫、曼昆、耶伦、菲尔普斯、斯蒂格利茨、布兰查德、伯南克等。新凯恩斯主义经济学家除了担任教授，很多还在政府担任高官，麻省理工学院和哈佛大学是新凯恩斯主义学派的大本营。因为吸取了货币主义、新古典宏观经济学和实际经济周期理论对凯恩斯批判的有益成分，新凯恩斯主义博采众长，成为目前宏观经济学的主流。

新凯恩斯主义学派有哪些主要观点呢？这里简单总结了几条供大家参考。

（1）需求冲击，比如货币和信贷的突然下降；或者供给冲击，比如重大的技术变化，都可能带来宏观经济不稳定。正如实际经济周期指出的，经济波动未必都是不好的，但是过多的失业和产出下降是资源配置损失，过高的通胀对资源配置也不利。

（2）由于普遍存在的各种价格黏性和金融市场摩擦，市场受到冲击后未必能自发地恢复到合理就业水平，有些时候市场甚至会放大波动，经历持久的失业。新凯恩斯主义经济学家从微观机制上证明了为什么会存在价格黏性，为凯恩斯经济学奠定了微观基础。他们还看到由于信息不对称的普遍存在，信贷市场和金融市场可能会成为经济波动的放大器。

（3）需要采取逆周期政策应对经济过热或者过冷。逆周期政策工具应该按照规则行事，应该尽可能地透明，做好与市场的沟通。在逆周期政策工具选择方面，传统的凯恩斯主义更看重财政政策，而新凯恩斯主义则把更多的研究放在了货币政策上。随着浮动汇率体制的建立、金融市场的快速发展以及货币政策工具的创新，货币政策的空间和影响力更大了，货币政策在逆周期政策中的地位也更加突出。

新凯恩斯主义一统江湖已有多年，然而随着新问题的不断出现，新凯恩斯主义一直在忙着回答新问题，并没有停滞不前。对债务和金融市场风险问题的研究、对零利率下限（Zero Low Bond）的货币政策研究、用异质性个体代替代表性个体的新一代宏观经济模型研究等都是新的进展。宏观经济学的内部革命并没有结束。

从凯恩斯1936年出版《通论》到现在，宏观经济学的发展还不到一百年。宏观经济学家看似吵得一塌糊涂，缺少共识，其实不然。有激烈的竞争才会有进步，宏观经济学正是在激烈的内部竞争中不断发展、不断进步的，这恰恰是一个学科有生命力的表现。至少对处于相同时代的宏观经济学家来说，他们并不像看起来的那样缺少共识。

回到凯恩斯最初的问题，为什么会有严重的失业和经济萧条，如何通过经济政策手段而不是革命的方式解决严重的失业和经济萧条。在不断的自我革命过程中，宏观经济学取得了很大进步，不仅能够从逻辑上更完整、更科学地回答凯恩斯的问题，而且提出了更符合当代经济环境、更合理的政策应对工具。

格格不入

宏观经济关系到千家万户的生活，人人都能谈体会。最受社会公众欢迎的，往往是有个体生活经验支撑，能满足某种主流价值观或者某些情绪的宏观经济观点，特别是满足焦虑情绪的观点。用别人的嘴讲出了你心中的担心和焦虑，很有共鸣，很接地气，很受追捧。

宏观经济是亿万个体之间相互作用而形成的结果，非常复杂。研究这样的复杂问题，宏观经济学要用到抽象的研究框架，经常会得到与个体生活经验相违背的结论。用宏观经济学得出的解决方案与充满情绪价值的解决方案往往不一致，有时候是侧重点不同，有时候甚至是完全相反的政策建议。

与理工科相同的是，宏观经济学也是一门很抽象的学问。与理工科不同的地方是，宏观经济学不会凭借日常生活经验去求解理工科题目，多数情况下也求解不了；但是我们总以为可以凭借日常生活经验去求解宏观经济问题，最终也求解不了，而且会南辕北辙。

对于绝大部分的社会公众甚至是经济决策者而言，宏观经济学是一门我们不知道我们不知道的学问，或者说我们以为知道但其实不知道的学问。正因为这个特性，社会公众不理解，企业家不理解，政治家有自己的考虑，宏观经济学要突破重重障碍，影响或指导宏观经济政策，任重道远。

1. 宏观经济学的方法论

站在家门口看地球，和站在太空看地球，对地球的看法完全不同。这和你的眼神好不好没关系，也和你有没有仔细看没关系，而是和你看待事物的角度有关系。

根据脑科学和认知心理学的研究，人类思考和认识世界，都是基于大脑里已有的认知框架，展开联想，寻找答案。我们习惯并且擅长回答个体的、身边的问题，比如米饭有没有做熟，孩子有没有认真学习，喝多少酒会醉，衣服是不是洗干净了。我们的大脑早已积累了对这类问题的认知框架，有了经验积累，只要稍加记忆和联想就能回答这些问题。

某家企业为什么裁员，某家企业为什么破产。只要有点阅历，我们大脑中就不乏对这些问题的认知框架，可以顺藤摸瓜找到答案。比如稍加观察就能发现，这家企业的老板管理能力不行，或者是更有能力的企业把这家企业"卷"死了。基于我们的个体生活经验，类似这样对企业裁员或者企业破产的解释往往也很有说服力。

如果要回答的问题不是某家企业为什么裁员，不是某家企业为什么破产，而是某个国家为什么有很多人失业，有很多企业破产，这该怎么回答呢？

在没有经过训练之前，我们大脑里没有对抽象问题的认知框架，没办法回答。问一个国家为什么有很多人失业，有很多企业破产，这些其实也是我们在生活中接触不到的抽象问题，不好回答。

但在很多时候，我们并不知道我们没办法回答这类问题。如果问微分方程组该怎么求解，这明显是个抽象问题，若是没学过，我们会很干脆地说不知道。但是，如果问全社会为什么有很多人失业，有很多企业破产，我们往往认识不到这也是个抽象问题，其中的复杂程度一点也不比求解微分方程组简单，却还想当然地认为可以用生活经验找到答案。

哪怕没有认知框架训练，很多人也笃定地说出来许多理由解释全社会的失业，比如经济大环境不好、企业缺乏竞争力、大学里培养的学生和市场需求不匹配、对民营企业保护不够，等等。这些答案往往能获得广泛的共鸣，因为这些答案背后经常有着共同的个体生活经验支撑，能得到很多基于情绪或者基于价值观的共鸣。

然而认识总量问题，必须脱离个体生活经验，要换个角度看才行。

宏观经济学就是换个角度看问题。宏观经济学看的不是个体行为，而是亿万个体的互动过程和最终带来的结果。看待这么复杂的现象，再多的眼睛也不够用，再多的生活经验也不够用。

宏观经济学的方法是闭上眼睛，不看，用脑子想。不看个体案例，而是借助高度的抽象和逻辑演绎，提出各种假说和模型，然后用数据验证这些假说和模型是否正确。通过这样的过程，假说和模型不断地竞争，不断逼近事物之间关系的真相。所以你打开宏观经济学教科书或者宏观经济研究的论文以后，看到的都是模型。

用闭上眼睛的办法看问题和想问题，看到的都是抽象的符号和数据，想到的都是逻辑关系。这么做有时候会得出与个体生活经验大概一致的结论，有时候会得出很不一样的违反直觉的结论。

举个例子。如果你找我借钱，你账上的钱多了，我账上的钱少了，我们两个加在一起的钱没有变。但是，如果是一个国家的政府找私人部门借钱呢，比如政府发行国债，私人部门买了国债，结论会变成政府钱多了，私人部门钱少了，那么政府挤占了私人部门吗？

让我们捋一下这个过程。政府发行10亿元的国债，私人部门买了这10亿元的国债，准确地说是私人部门拿着10亿元的银行存款，换了10亿元的国债。私人部门持有的钱的总数没有变，银行存款和国债加在一起的总金融资产并没有变。只不过是金融资产结构有了变化，银行存款少了，债券多了。

再进一步，如果政府把借来的10亿元存款花掉了，那这10亿元存款形成的支出，就会形成私人部门的收入。私人部门的收入增加，私人部门的钱更多了。

最终的结论是什么？政府向私人部门借钱支出，结果反而是私人部门钱更多了，全社会的钱也更多了。这与我们直接得出的结论完全不同。

当商品和服务卖不出去，经济低迷的时候，如果政府举债花钱，这会让私人部门的钱也更多，会带动全社会的购买力上涨，帮助走出需求不足。这是宏观经济学给出的解决需求不足的方法。这个方法现在看起来不稀奇，但是在过去很长的时间里，举债被看作是缺乏纪律的表现，储蓄才是美德。政府举债花钱，更是被看作与民争利，破坏市场竞争，会把经济搞得更糟。

2. 人人都爱谈宏观

网上有个段子，讲如何在媒体上做一名著名经济学家，"出言必称高杠杆，汇率一定会贬值，房价总是有泡沫，坏账一定烂成堆，创新几乎不可能，经济可能要崩溃"。

前段时间很流行一个喜欢用数据说话的大V，文章通篇都是讲数据，文章的观点不是这里要垮，就是那里要垮，凭着臆想而不是以宏观经济学的方法使用这些数据，其实输出的还是焦虑情绪。像这样满足人们焦虑情绪的观点往往是传播最广、共鸣最多的。

这位大V最喜欢讲财政数据，特别是难以持续的地方债务。从局部来看数据没错，观点也未必不对。但是中国的地方政府债务从来也不只是地方问题，政府债务从最初产生的逻辑到面临的约束条件和私人部门债务完全不是一回事。用个人或者企业的体验讨论政府债务能不能持续，评价债务的可持续性，就好比凭借直觉在大海航行，哪怕是费了很大力气最终也找不到方向，剩下的只有叹息和无奈。

有位知名学者，非经济学专业，也很喜欢谈论宏观经济问题，观点广受欢迎。该学者问，中国经济快速发展了几十年，按说创造了不少的财富，为什么现在企业是一身债，政府是一身债，老百姓也一身债？创造的财富哪儿去了？

该学者的解释是，中国用大量的政府债务创造了不能带来现金流和收入的项目，比如公园、入不敷出的高铁和地铁、豪华的商场等，是不是我们这个收入水平还不能够享受这样的现代化和高档消费？

这位学者不了解的是，名义债务和名义金融资产本身就是一个硬币的两面，去银行贷一笔款，产生一笔债务的同时也产生了一笔银行存款，创造债务的同时也是在创造金融资产。这个问题本身就错了。债务多了，同时也意味着金融资产多了，名义财富多了。

后面的解释，好像是说中国在超前投资和超前消费，中国在当前收入水平上还不配享有太好的公园、交通基础设施和豪华商场。这么解释很能满足某些朴素的、以苦为乐的心理需要。但是，如果中国真的超前投资和超前消费，把今天的资源和明天的资源都用了，那应该是消费和投资需求相对于供给能力来说太多，应该通胀、贸易逆差才对，而事实恰恰相反。

中国过去十年中的多数时间里面临的挑战不是过多投资、过多消费，而是需求不足，是需求不足使人力和物力得不到充分利用。宁可人力和物力闲置，也不能让这些人力和物力去建设更好的绿化和基础设施，因为这些基础设施还不配我们这个收入水平的社会公众享受。这听起来合理吗？

这位学者不是经济学专业的，不必苛求。举这个例子的目的是想说明一定要用宏观经济分析框架讨论宏观经济问题，用日常生活经验和传统朴素的智慧讨论宏观经济问题往往会南辕北辙。

即便是经济学家，如果不是从宏观经济学的视角看问题，对宏观经济问题的看法也会有很大分歧。

比如对于中国近年来的需求不足和经济低迷，流行的解释大多显得很"深刻"。

一是信心不足，对未来预期不好。信心不足和预期不好往往是某些深层次原因造成的，比如对民营企业保护不够、法治不健全、不合理的管制政策，或者是大国博弈等。

二是收入和财富分配差距过大。钱都在富人手里，自然就需求不足了。

三是前期经历了很大的泡沫和过度投资,所以才会有今天的低迷。欠了债是要还的。

对于上面各种原因带来的经济低迷,解决问题的办法要么是深层次的体制性改革,要么是默默忍受,没有捷径。

上面的这些分析,无论是对于需求不足的解释,还是解决问题的方案,听起来都有道理,有深刻的见解在里面。这些解释和解决方案在决策层、媒体和市场上很流行。然而奇怪的是,在主流的宏观经济学中,丝毫看不到类似这样的解释,看不到与此相应的解决方案。

宏观经济学没错,也完全适合中国国情,问题主要出在不理解宏观经济学,不习惯用宏观经济学的分析工具来研究宏观经济问题。宏观经济学不仅要依靠抽象的模型去想问题、理解问题,在解决问题的思路上也很特别,简单地说就是不问因果,重在对冲。

3. 不问因果,重在对冲

在很多人看来,包括经济学其他分支的同行看来,宏观经济学就是和稀泥的。

经济遇到困难的时候,宏观经济学家的药方里面不提改革,不提如何提高效率,也不提如何改善收入分配。在很多人看来,只有改革才能稳增长,只有改变收入分配才能提高消费。宏观经济学给出的这些逆周期的经济政策药方没有立足长远,是在回避真正的问题。

宏观经济学真的这么目光短浅吗?

举个例子。一位身患慢性病的人发高烧,身体状况很差。这时候遇到了改革医生和宏观医生。下面是他们的对话。

改革医生:"根子是慢性病,要做手术根治,要锻炼身体提高抵抗力。"

宏观医生:"我先帮病人退烧吧,有现成的办法,保证退烧。"

改革医生:"你们啊,总是想着退烧、退烧。退烧药没有后遗症吗?过去难道没有教训吗?"

宏观医生:"放心,退烧药已经用过无数次了,全世界都在用。过去是有教训,教训不是不该用退烧药,而是要规范地用退烧药,不规范地用退烧药确实后遗症很多。让专业医生用药,用对药,用对时机和剂量,没啥后遗症。不仅没有后遗症,退了烧,对治好慢性病、锻炼身体也有好处啊。"

改革医生:"你这是在避重就轻,不解决根本问题。"

宏观医生:"有些慢性病根本就治不好,可以伴随人一生,不发病就行了,不是非得做手术。再说了,谁知道现在是不是最好的做手术时机,手术能不能成功。从过去的经验看,这类手术成功率不高,万一手术不成功就更难救治了。"

改革医生:"反正我是不相信你那些退烧药。不改革,就不解决根本问题。"

宏观经济学不谈结构改革,聚焦于逆周期政策。这背后其实还有一些没有拿出来说的潜台词。不理解这些潜台词,就难以理解宏观经济政策。

第一个潜台词:"能改好吗?"

凯恩斯说,"从长期看我们都死了"。凯恩斯这句话的意思是活在当下,延伸来看是在发展中解决问题。加尔布雷斯说,在货币问题上激进的人,通常在社会改革方面比较保守,他们致力于维护现存的结构,相信存在一种非结构性的经济疗法。从凯恩斯的著作来看,他和货币问题上激进的人有着类似的想法。

宏观经济学家并不反对改革,但是对改革持更慎重的态度。他们把需求不足看作是一个与结构性问题有关但又是独立于结构性问题的新的总量问题。他们倾向于在现有的经济结构下,通过总量办法找到这个新问题的解决方案。

凯恩斯和在货币问题上激进的人,其实都在担心短期内的结构难以改变,或者是短期内的巨大结构变革可能会导致更差的结果。从历史经验来看,实现重大利益调整并能维持下去的改革离不开三个条件:一是过去的模式难以为继,吃了大亏;二是新的观念和认知变革;三是强有力的政治推动。改革是一场对未知的探索和试验,结果可能很好,也可能不尽如人意,往往与之前改革者想象的相去甚远。

第二个潜台词:"能改好当然好,但是改革不能包打天下。"

改革关注的是结构,是生产要素的使用效率。宏观关注的是总量,是生产要素的利用率。

改革要改变激励机制,目的是实现更合理的资源配置,以提高效率,更加公平。即便改革的这些目的都能实现,也还是会出现严重的经济萧条和失业,还是需要总需求管理政策。发达经济体也是如此。

改革和总需求管理,有不同的目标,不同的政策手段。解决经济困境,改革做不到包打天下。

当经济萧条失业和破产企业很多时,受欢迎的往往是结构性的解释。比如收入分配的恶化、贪污腐败、某些行业或者企业面临着不当的管制政策、老龄化等。这些都是结构性问题,需要通过改革的手段来解决。

这些解释很直观,很受欢迎,但未必是大量失业和企业破产的最主要原因。结构性问题往往是中长期的,一直存在,为什么失业和企业破产突然在短期内大量增加呢?结构性问题虽然在发挥作用,但并非罪魁祸首。

大萧条就是典型的例子。大萧条爆发以前,美国经济面临着收入分配恶化、劳资冲突、资产价格泡沫等问题,经济结构脆弱。这时候突然遭遇了资产价格泡沫破灭,私人部门的资产价值受到很大损失。私人部门不得不降低消费和投资,这会带动信贷下降,而信贷下降又会加剧流动性紧缩和资产价格下跌,造成消费和投资进一步下降。这样就形成消费、投资、信贷、收入相互加强的螺旋下降的态势,导致恶性循环。

这种恶性循环是一种不同于结构性矛盾的、对经济破坏力量更大的新挑战。与结构性问题对市场经济的危害相比,这种恶性循环对市场经济的危害更致命。宏观经济学瞄准的对象就是解决类似这样的矛盾,而不是最初的结构性问题。

所以在宏观经济学的菜单里,重点不是去追究最初的结构性问题是什么、深层次的矛盾是什么,而是总量政策工具,重在对冲,通过逆周期政策工具走出恶性循环。宏观经济学并不追求解决所有问题,而只是解决一个关键部分的问题。不管是应付经济过热还是经济萧条,不管过热和萧条最初的结构性原因是什么,总有非结构性的、见效很快也易于操作的总量问题解决方案。

4. 宏观经济学越来越难以与外界沟通

宏观经济学家的观点不受欢迎，与宏观经济学本身也有关系。

宏观经济学很难讲因果。在日常叙事中，我们习惯了讲因果关系。但是在宏观经济分析中，即便是最简单的宏观经济模型，也是一个二元一次联立方程组，方程组里面有两个内生变量，还有若干外生变量。内生变量之间，都是联动关系，没办法讲因果关系。

宏观经济学家只能说在怎样的设定下，如果外生变量有了哪些变化，整个系统会怎么变化。这样一来，宏观经济学家与社会公众沟通很困难，严格的表述很难说清楚，不严格的表述又容易出漏洞。那些既能兼顾逻辑，又能把事情说明白的宏观经济学家，少之又少。

宏观经济学的门槛越来越高。主流的新凯恩斯宏观经济模型必备的三要素是动态优化、垄断竞争的生产商和黏性价格，哪怕是基本的模型也要几十个等式和行为方程才能刻画出来。这还仅仅是基础，要想写出更有针对性的模型，那又要复杂很多。博士生的宏观经济学课堂上，文字越来越少，符号越来越多。有次一位经济学学生不小心走错了教室，看到教室的板书，满满一黑板都是数学符号，仔细一看是求解微分方程，心想这不是我们一年级的内容嘛，后来一打听才知道这是物理课的课堂。

目前的宏观经济学研究，往好处说是高度专业化，内部有非常细致的分工和越来越高深的技术手段，往坏处说是高度碎片化。有不少在顶级宏观经济学学术刊物发表论文的优秀宏观经济学者，你要是问他所在国家的宏观经济问题，他可能一无所知。了解之后会发现，他其实在很多年的时间里只专注宏观经济模型里几个模块的技术细节，确实没花时间和精力了解别的东西。

专业化也是有代价的，专业化程度越高，不同专业之间的沟通和协调成本就越高，能够完整掌握一门学科的难度就越大，与外界沟通的难度也越高。毕竟，宏观经济学是一门应用学科，安身立命的东西是服务于宏观经济决策。如果宏观经济学研究与社会公众和决策者的沟通越来越难，那宏观经济学研究可能就难以发挥应有的作用。时间长了，就成了自说自话，越来越缺少应用价值。

宏观经济学的研究对象是亿万个经济主体互动的总量后果，是主要凭借抽象思维和模型展开研究的一门学问。凭借个体的日常生活经验，我们也能对宏观现象发表看法，但这些看法往往会走偏，现实中的宏观经济决策也经常受到这些走偏看法的误导。

宏观经济学在提出解决方案的时候，不深究问题背后的结构性原因，更侧重如何利用逆周期政策对冲，避免经济陷入需求不足或者需求过度的恶性循环。需求不足或者需求过度是一个新的、独立的问题。相比结构性问题对经济造成的危害，严重的需求不足或者需求过度更有破坏性。

第二章
增长奇迹之后的经济政策

二战以后，人类经历了前所未有的高速经济增长奇迹。经济增长奇迹主要集中在欧洲和东亚两个区域，区域内的部分经济体经历了连续20~30年超过5%的高速经济增长，并在此后一直保持在高收入经济体行列。经济增长奇迹主要来自成功的工业化。大量的农村人口在市场力量的驱使下进入城市，从农业部门进入工业和服务业部门，工业部门经历了从手工业到劳动密集型产业，再到资本和技术密集型产业的持续升级，农业部门得益于工业部门的技术进步实现了农业现代化。这些变化反映在个人层面上是劳动生产率的持续提高，普通家庭的劳动收入从此前的仅能维持温饱，到轻松支付食品和各种制造业产品开支。普通群众的物质生活品质取得前所未有的提高。

高速经济增长奇迹不会一直延续，人均收入1万美元（购买力平价，1990年不变价格）左右是经济发展阶段的分水岭。过了这个分水岭以后，破旧立新的压力大增，维持高速经济增长的传统政策妙方难以应对新挑战，经济和社会领域的各种矛盾凸显。

欧洲在20世纪五六十年代的高速经济增长奇迹以后，于七八十年代陷入萧条和滞胀。著名历史学家托尼·朱特把1971—1989

年称为战后欧洲的大衰退时代。① 联邦德国总理赫尔穆特·施密特认为70年代初布雷顿森林体系的崩溃和石油危机分别是危机的前奏和第一幕场景，他以20世纪30年代的经济大萧条和政治极端化为蓝本推演当时经济演进下去的第二和第三场景。施密特为此获得了"世界经济学家"的美誉。

日本同样是在70年代初结束了高速经济增长奇迹，与欧洲形成对照，日本在增长奇迹以后仍保持了相当长时间的经济繁荣。傅高义教授在1979年出版的《日本第一》中指出，"日本的GDP并非世界第一，政治和文化方面也不处于全球领先地位，但是在处理后工业化社会面临的基本问题上，日本名列第一"。② 韩国和中国台湾在经济奇迹以后经历了相对平缓的经济增速下行，尽管中国台湾出现了严重的股灾，韩国经历了严重的金融危机，但这两个经济体还是牢牢地站在了高收入经济体行列。

欧洲和东亚的高收入经济体具有韧性，尽管不能避免经济衰退和危机，但是它们最终能做到政策纠偏，从衰退和危机中走出来，实现经济的修复，并在此后保持经济的缓慢增长。这是它们保持在高收入经济体的秘诀。俄罗斯、巴西、阿根廷、土耳其的经济缺乏韧性，它们在勉强挤进高收入经济体行列以后很快就出现了经济危机，之后的经济一路下行，未能保持在高收入经济体行列。

以购买力平价衡量，中国在2012年前后人均收入超过购买力平价标准下的1万美元。③ 以名义美元衡量，2023年中国的人均

---

① 托尼·朱特. 战后欧洲史 03：大衰退 1971—1989 [M]. 北京：中信出版社，2014.
② 傅高义. 日本第一 [M]. 上海：上海译文出版社，2016. 此书于1979年在日本出版。
③ 因为计价标准的选择不同会有小的差异，这里选择的是2017年不变价格国际元。按照麦迪逊1990年不变价格国际元，中国在2012年或者2013年人均收入超过1万美元；按照当前不变价格国际元，中国在2011年超过。

GDP超过了1.2万美元，达到了高收入经济体门槛。中国经济增速在2012年以后持续放缓，消费取代投资和出口成为需求增长的主要力量，服务业取代工业成为就业和增加值的主要贡献来源，经济增长的动力引擎发生了转换，经济发展遇到了诸多新问题和新挑战。

回顾和总结高收入经济体在经济增长奇迹之后的经济政策，为当前中国提供了宝贵的经验和警示。我们以法国、德国、意大利等欧洲经济体，以及日本、中国台湾和韩国等东亚经济体为样本，考察它们在经济增长奇迹结束以后遇到的挑战和采取的对策。这里把经济政策分为总需求管理政策、结构性改革政策、再分配和社会福利政策三类，然后分别展开讨论，这种分类来自阿格尼丝·贝纳西-奎里等。[①] 总需求管理的主要政策工具是货币和总量财政政策，政策目标是实现资源充分利用，让经济增速逼近潜在经济增速；结构改革的政策工具包括但不限于贸易政策、产业政策等，政策目标是优化资源配置，提高潜在经济增速；社会福利和再分配的主要政策工具包括但不限于累进税、转移支付等，政策目标是社会公正。

欧洲的大衰退年代

1. 挑战

德国、法国、意大利等经济体在经历了20世纪五六十年代的高速增长时期以后，经济增长奇迹先后画上了句号。三重冲击接

[①] 阿格尼丝·贝纳西-奎里，等. 经济政策：理论与实践[M]. 北京：中国人民大学出版社，2015.

踵而来。一是结构转型，工业化高峰期已然过去，生产率增速显著放慢，传统产业和工人面临巨大的淘汰压力，新的经济增长力量还未成型。二是1971年布雷顿森林体系解体，这对各国的货币政策都是严峻挑战，固定汇率难以持续，然而各国干预外汇市场的意图不会马上消失，肮脏浮动汇率制很容易招致国际资本投机。三是石油危机，持续几十年稳定低廉的能源价格骤然大幅上涨，这对产品相对价格体系带来巨大的调整压力，对经济稳定也是巨大威胁。

失业主要来自传统部门，煤炭、钢铁、纺织、汽车企业大量工人失业。1974—1986年，英国有16.6万名钢铁工人失业，英国西部小工程公司和企业制造业集聚区域有25%工人失业；法国西北部的洛林工业区有28%的制造业工人失业；联邦德国纽伦堡的产业工业失业率高达42%；意大利、荷兰也有大量制造业工人失业。[1] 失业的原因有多个方面，一是产业转型导致的结构性失业，背后的机制是对传统制造业产品的消费需求饱和，机器对劳动力的替代日益加深，以及来自日本的出口竞争压力加剧；二是政治力量作用下的实际工资增长超过生产率增长，企业用工需求下降，过高的实际工资难以让劳动力市场出清。

2. 总需求管理政策

政府在治理失业的同时，发现不断上升的通胀成为更大的威胁。石油价格上涨是通胀的重要诱因，但还不足以解释通胀或者滞胀。通胀最初的原因，一是布雷顿森林体系解体以后，欧洲各国面临货币升值以及由此带来的经济增长压力，各国货币当局在

---

[1] 托尼·朱特. 战后欧洲史03：大衰退1971—1989 [M]. 北京：中信出版社，2014.

20 世纪 70 年代初为了对冲货币升值压力而采取宽松货币政策；二是采取货币政策宽松的同时，财政支出也保持了快速增长；三是将工资与通胀挂钩的做法促成了工资上涨和物价上涨之间形成了相互强化螺旋上升的通胀。

失业的药方是扩张政策，通胀的药方是紧缩政策。失业和通胀的同时出现对总需求管理政策提出了相反的指向，加大了总需求管理政策的难度。不同时间段的失业和通胀的压力程度不同，总需求管理政策据此有所侧重。经济增长奇迹结束以后，首先面临的是失业和经济下行压力，政府采取了降低利率和增加公共部门投资等刺激政策，经济有所恢复。随后通胀成为总需求管理更大的压力，各国不得已采取持续的财政紧缩政策。直至 20 世纪 80 年代中期以后，通胀回落到较低水平。

无论是财政政策还是货币政策的政策空间都受到了很大的限制。20 世纪 60 年代的经济高增长时期，政府对各种社会福利保障支出和公共设施建设做出了很高的承诺并制订了相应的支出计划，70 年代经济增长开始减速以后，政府支出和收入之间的缺口不断放大，制约了通过增加财政支出缓解失业压力的空间。货币政策方面，布雷顿森林体系解体以后，欧洲各国首先面临的问题是货币升值以及汇率大幅波动的压力，为了保持汇率稳定并以此稳定国内物价。1972 年欧共体六国开始构筑"蛇形浮动汇率制"。1978 年在联邦德国总理施密特的呼吁下建立了欧洲货币体系（EMS），每个成员国的货币都通过钉住欧洲货币单位（ECU）形成相互间的固定汇率，共同对美元浮动。欧洲的货币联盟给成员国之间带来了稳定的汇率，为此付出的是大部分弱势成员国的货币政策独立性，限制了弱势成员国利用货币政策对抗通胀或者失业压力的能力。

欧洲并没有充分利用货币政策和财政政策这些总量政策工具应对失业和通胀压力,反而是在政治压力下采取了大量保护传统产业和工人的结构类政策以缓解压力。这些结构类的政策成为滞胀的根源所在。滞的原因可能是需求不足,或者是供给端效率受损;胀的原因可能是供给端效率受损,或者是诸如石油价格冲击这样的外部冲击。欧洲采取的结构类政策破坏了市场机制,使得供给端效率受损。供给端效率受损再加上石油价格冲击,胀的压力大增,总需求管理政策不得不收紧,滞的压力进一步增加。其中尤其重要的机制是将工资与物价绑定的做法带来了工资-物价螺旋上升,高通胀预期难以去除,必须采取严重紧缩总需求的政策,牺牲产出才能稳住通胀。

3. 结构性改革政策

进入20世纪70年代以后,面对突如其来的失业和经济衰退压力,运用国家力量克服困难成为大部分欧洲国家的选择,危机强化了公共部门。与此相关的支持措施包括但不限于:

(1) 国有化和政府出面鼓励的重组。法国1978年取消了两大钢铁巨头齐诺尔公司和萨西洛尔公司的债务,取得两家公司85%的股权并由政府指定公司领导人;法国对12家大型工业集团、2家金融公司和36家银行实现部分或全部国有化;法国还确定了各行业的"国家龙头企业",给予它们合同、资金和信用担保方面的支持;联邦德国没有采取国家直接控股的方式,而是通过鼓励私人企业兼并的方式帮助企业渡过难关。①

(2) 安慰工人。英国、法国和意大利的工会要求将通胀与工

---

① 让-弗朗索瓦·艾克. 战后法国经济简史 [M]. 北京:中国社会科学出版社,2020.

资挂钩,通过直接的工资补贴要求雇主不解雇多余的工人。

(3) 限制国外产品的进口。英国和法国以此暂时保护了国内纺织业。

(4) 国有化和价格限制。1977年英国采取了《钢铁产业法案》(Iron and Steel Act 1977),该法案旨在保护和调整英国的钢铁产业。该法案对钢铁公司进行国有化,将其合并为一家名为"英国钢铁股份有限公司"(British Steel Corporation)的国有企业。同时,还在某些情况下规定统一的钢铁价格,在一定程度上取消价格竞争。

(5) 通过刺激消费和各种改革降低失业率。法国财长雅克·德洛尔认为失业和社会问题是表象,背后的原因是生产要素使用不当和消费被抑制。法国将家庭津贴、老年人救助津贴、房屋津贴在一年内提高了40%,最低工资提高了7次,还采取了增加公务员数量、降低每周劳动时间至39个小时和5周带薪假期、提前退休年龄等措施。

(6) 赶走国外劳工。德国、法国、英国驱除国外劳工。①

这些缓解失业压力和克服经济萧条的措施效果不佳。失业率在短期内稍有好转以后很快又走向更高的水平,通胀压力更加显著,经济萧条程度也未得到缓解。进入80年代以后,新自由主义思潮开始占上风,英国掀起了"撒切尔主义",法国密特朗总统在演讲中号召实现"美国式"的法国现代化。

---

① 1975年29万移民工人离开了德国,20万西班牙人回国找工作,30多万移居国外的南斯拉夫人回到巴尔干半岛,法国严格限制阿尔及利亚和以前非洲殖民地国家的人们入境,英国也制定了更为严格的规定排斥南亚次大陆有移民倾向的人。

"撒切尔主义"包含了一揽子内容：削减税收、自由市场、自由企业、工业和服务业的私有化、爱国主义、个人至上，等等。"撒切尔主义"的实质是打破国家干预，这种观点与当时在公共事务中占主导地位的知识分子理念不同，与英国一贯坚持的尽可能向政治中间派靠拢的传统治理方式相背离。几乎一切都纳入了"私有化"，政府先是放弃了这些小企业和小团体的股权，紧接着是所谓的自然垄断，诸如电信、能源、航空等行业的私有化，政府还出售了大量战后公共住房股份。私有化给英国政府带来了大量国库收入，减少了政府支出，政府总支出在 GDP 中的比例并没有下降，这主要是因为政府承担了更多的失业救济金。

法国在 80 年代初试图以国有化、汇率控制和其他诸多国家干预措施渡过难关，这些做法有悖于欧共体在市场、关税、流通、货币联盟方面的共识，法国面临着从欧共体中分裂出来的风险。根据密特朗总统顾问的记录，美国官员声称法国和苏联的经济政策之间几乎没有什么不同。[①] 在密特朗领导下，法国最终选择成为"欧洲主义者"。这意味着法国要将法郎维持在欧洲货币体系协商一致的水平上，企业必须遵守国际的公平竞争准则，必须取消对国有企业各种形式的补贴。这也成为法国推进私有化的诱因，私有化不仅可以带来收入巩固财政，也符合单一欧洲市场的要求。促成企业私有化的另一个压力来自技术方面，尤其是电信和金融体系方面的加速发展。这打破了国有企业的垄断局面，政府继续持有这些企业也显得没有必要。

4. 社会福利政策

与美国的自由主义市场经济不同，欧洲有着惨痛的劳资冲突

---

① 让-弗朗索瓦·艾克. 战后法国经济简史［M］. 北京：中国社会科学出版社，2020.

经历，有着对政府干预的普遍认同。在欧洲广泛流行的社会民主主义认为资本主义先天不足，而社会主义无论在道德上还是经济上都更优越。社会民主主义认为其任务是运用国家治理资本主义生产方式带来的社会病态和无制约的市场经济运作。第二次世界大战以后，欧洲各国不断地提升国家福利制度，致力于建设"从摇篮到坟墓"的国家。公共部门快速扩张，战后五六十年代英国和法国一流大学毕业生不去私人部门找工作，也几乎不涉足工商业，而是在教育、医疗、社会服务、公共法律、国家垄断行业或者政府服务部门找工作机会。

欧洲内部的福利制度有着显著区别。斯堪的纳维亚半岛模式强调广泛的社会权利，政府提供的教育、福利、医疗、保险、退休和休闲服务远超其他发达国家；福利支出主要来自差距很大的累进税，例如丹麦最高一级的个人所得税率超过50%；国家尽可能地不控制企业，不干预商品市场和资本市场。德国、法国和意大利是"组合主义"，其主要特点是企业与工人共同缴费，同时配合高税收获得的转移支付。英国和爱尔兰是"英美模式"，偏向自由主义，福利制度的范围较窄，更具目标导向，税率也较低。西班牙、葡萄牙、希腊等南欧国家则是"地中海模式"，保障水平较低，税收水平也低，依赖家庭性的保障。

进入20世纪70年代以后，欧洲的社会福利支出增长遇到较大挑战，欧洲各国不同程度地限制了福利支出增长。为了缩减预算，撒切尔夫人在担任教育部长期间废除了学校免费供应牛奶的政策，这给她带来了"牛奶贼"的称号。受新自由主义的影响，法国、英国、德国等都出台了减税政策，推进了国有企业的私有化。尽管欧洲在80年代推行了私有化，但是公共部门的范围实际上扩大了。1974—1990年在公共服务领域的就业率增加了，德国从13%增加到15%，意大利从13.4%增加到15.5%，丹麦从22.2%增加到30.5%。大多数就业人员从事第三产业中的教育、医疗卫生、金融等行业。

社会福利制度对70年代经济萧条期间大众平民的基本生活起到了保障作用，这明显有别于过去经济萧条期间的经历。社会福利制度有与生俱来的不足，但构成了现代社会不可或缺的组成部分。吉登斯认为，成功的福利体系必须具有充分的灵活性，随时可以因应现实的变化而改革，并不存在一经建成便可万世长存的"圣杯"。[①] 吉登斯举例说，北欧国家的福利制度最完善，得到社会成员的接受程度最高，然而该模式并不是最不利于变革的，反而恰恰是最善于变革的。北欧福利制度一直在主动调整，比如鼓励老年人延迟退休或重新进入劳动力队伍、鼓励生育、说服年轻人增加储蓄等，都取得了良好成效。

"日本第一"

1. 挑战

与德国和法国类似，日本经济在经历了20世纪五六十年代的高增长以后也遇到了经济转型、布雷顿森林体系解体和石油危机的三重冲击。70年代，日本经历了一段时期的经济低迷和高通胀，同时面临着经济下滑、失业和对能源过度依赖等多重压力。失业人数从1972年的73.5万人上升到1974年的85万人，1975年上升

[①] 安东尼·吉登斯. 全球时代的欧洲[M]. 上海：上海译文出版社，2014.

至113万人的峰值，失业人群主要集中在纺织、金融加工等传统制造业行业。进入80年代以后，经济增长和就业方面的压力减轻，美日贸易摩擦加剧，如何平衡经济成为新的挑战。

2. 总需求管理政策

日本在七八十年代的总需求管理政策可以分为两种情景。一种是1973—1975年的高通胀时期，此时克服通胀压力是首要任务，日本政府采取了货币和财政的双紧政策，财政支出从此前两位数的高增长急剧下调至1974年-11.8%的负增长，平均贷款利率从1972年的6.7%提升至1974年的9.4%，通胀率和经济增速也随之大幅下行。这种情景下，日本的通胀水平显著高于主要贸易伙伴美国和欧洲诸国，大幅超出贸易伙伴国的通胀差距带来了日元的真实汇率升值，因此这个情境下日元名义汇率升值的压力并不大。

另一种情景是日本面临巨大的升值压力和国际收支失衡，外汇储备快速积累，以美国为代表的国际社会对日本的大量顺差非常不满。1971—1973年，1975—1978年，1985—1987年都是这种情景。这种情境下日本倾向于采取宽松的货币政策，这样做可以扩大国内支出，减少资本流入，以此缓解货币升值和国际收支失衡的压力。这种情境下的财政政策也相对积极，比如1972年新上台的首相田中角荣提出的"日本列岛改造计划"，1975年以增加公共投资为主体的"萧条对策"，1986年以扩大公共投资为主要内容的"紧急经济对策"，1987年的减税和扩张性财政政策等。这些政策一方面是为了扩大国内支出，降低货币升值对总需求的负面冲击，另一方面带有改变经济结构和社会福利等长期目标。

日本财政赤字和政府债务持续扩大。日本在20世纪五六十年代的高速经济增长中，政府税收和财政支出都保持高增长，收支大致平衡，政府债务规模很低。进入 70 年代以后，政府支出增长远大于收入增长，政府债务/GDP 从 1970 年的 11.5% 上升至 1990 年的 69.3%，平均每年的政府债务/GDP 上升 2.9 个百分点，政府支出增长对需求增长起到了巨大的支撑作用。政府债务的快速增长引起了各方担心，日本政府也多次提出提高财政效率、重建财政的方案，包括控制公共投资、社会保障（养老金和医疗）制度改革、削减补助津贴和公共事业费用、企业民营化等诸多方面的举措。然而一旦开始抑制财政支出和延迟减税，国内需求增长很快就会受到影响，国际收支失衡也随之扩大。政府的支出和债务增长没有带来严重的通胀，没有动摇金融市场信心，日元资产被国际市场广泛接受甚至成为避险资产。日本学者认为，这主要是因为日本民间存在严重的过度储蓄，政府通过发行国债进行公共投资的方式吸收了这些过度储蓄。①

3. 结构改革政策

进入 20 世纪 70 年代以后，日本推进了一系列结构改革政策以缓解传统产业淘汰带来的压力，支持产业转型，政府对经济的干预程度和干预方式发生了明显变化。日本应对传统产业淘汰压力的做法有两个特点，一是不管什么行业，只应对宏观经济萧条，且只采取限时性（有期限）的措施；二是有意识地帮助企业把劳动力、资本等生产要素从该行业退出，重新投到新领域的"事业转换"措施。日本推出了一系列政策针对面临淘汰压力的传统产业。通产省（现改为经济产业省）制定并通过了多部法律，包括

---

① 安场保吉，猪木武德. 日本经济史（8）：高速增长 [M]. 上海：生活·读书·新知三联书店，1997.

《特定萧条产业稳定临时措施法》《特定不况行业离职员工临时措施法》《特定不况地区离职员工临时措施法》《特定不况地区中小企业临时措施法》等。日本政府应对"不况"（即萧条）产业的主要对策是限制产能，包括了限制新增设备投资为主，困难较大时也采取了"设备共同废除"。政策初衷是减少产量或去产能，由此恢复行业的供求平衡。针对失业的增加，日本政府的做法是支持大企业内部解决，把产能过剩行业的员工调配到新兴行业。比如，新日本制铁公司把人员重新调配到那些效益比较好的工厂或者分支机构，三菱重工把造船业务的员工调配到当时快速发展的汽车行业。如果所有可行的方法应用后仍然不能摆脱困境，就借助政府的支持政策。

日本通过限制产能保护传统产业的做法受到非议。这种做法虽有防止产品价格下跌、缓解企业困境等好处，但长期看限制竞争的弊端也很明显。① 往往越是限制产能的行业越容易带来产能过剩。比如在"设备调整"成为"常态"的纺织产业，曾有过先登记设备量，陷入萧条后把剩余设备买断和拆掉的优惠制度，该制度也不得不允许"拆旧换新"的技术改造，条件是拆换量挂钩，但每次由技术升级导致"拆少换多"的恶性循环，产能越去越多。进入20世纪80年代以后，日本遵循经济合作与发展组织（OECD）倡导的积极性产业调整政策，更加重视竞争，尊重市场经济原则，仅在不救助时产生的经济和社会成本难以接受的情况下才救助企

---

① 参考津上俊哉在2016年3月22日清华大学产业发展与环境治理研究中心（CIDEG）"日本PPP项目和产能过剩·僵尸企业处理经验"专题论坛上的发言《日本如何处理僵尸企业和过剩产能》。

业；稳定就业的措施应避免保护低效产业，重视支持员工改行或职业培训；在经济薄弱地区应支持发展新产业及充实基础设施。

日本政府政策支持从劳动和能耗密集型产业向技术密集型产业的转型。1974年底，日本产业结构审议会发表了《产业结构长期设想》，强调将过去的"资源能源多消耗型产业"转变为"节省资源能源型产业"。通产省主张向"知识集约型"社会转化，降低经济中高能耗产业的比重，将重点发展产业设定为机器人、光学纤维、计算机、软件、激光器、生物工程。1980年日本提出"科技立国"的战略口号。日本通产省发布了《80年代通商产业政策展望》文件，同年10月日本科学技术厅公布的《科学技术创新白皮书》中再次明确了"科技立国"战略，将应用微电子和计算机技术作为通向"科技立国"之路，是70年代产业结构政策调整的延续。受政府支持的行业会得到政府在税收、研发补贴等多方面的政策优惠。

海外直接投资缓解了日本国内的产能过剩压力和对外贸易摩擦压力。日本70年代以后海外投资大幅增加，政府采取了多方面措施支持日本企业在海外的投资。这些支出措施包括但不限于：为海外投融资提供帮助的日本海外经济协力基金、日本进出口银行（JEXIM）等政策性金融机构，专门服务于企业海外直接投资；帮助企业应对海外投资风险的海外投资信用保险制度；以及为海外企业提供咨询支援服务的日本贸易振兴会等。

日本政府在20世纪七八十年代对经济的干预程度下降，面向"小政府"的趋势加强。日本从战后到70年代，政府对经济运行仍保持较强的影响力，主要政策手段包括各种管制政策以及对信贷配置的影响。与美国的贸易摩擦迫使日本在贸易自由化、金融自由化以及减少补贴方面做出了较大调整。日本在80年代也经历了一轮私有化浪潮，这一方面是为了减少财政支出压力；另一方面也迎合了当时流行的新自由主义观念，鼓励市场竞争。1985年日本专卖公社和日本电信电话公社、1987年国有铁道公社等都进行了民营化改革。为了促进竞争，日本1977年修订了《禁止垄断法》，实现了对通过卡特尔获取的不正当利润课税，还包括了寡头垄断的垄断状况和垄断性提价调查。

"金融自由化"大大推进了日本金融体系的市场化进程，同时也带来了诸多挑战。金融市场自由化的主要内容包括：（1）利率自由化，从1978年开始，在1985年基本实现；（2）取消银行经营业务范围限制，从1984年开始日本金融走向"混业经营"阶段；（3）金融产品逐渐自由化；（4）国内外资金流动自由化。金融自由化加剧了金融业的竞争，低利率环境下信贷配给现象减少，日本学者认为金融业的过度竞争和不当竞争成为后来金融危机的主要诱因。

4. 社会福利政策

吉田茂政府在1950年建立了战后日本社会保障的政策体系框架，包含社会保险、政府救助、公共卫生和社会福利这四个制度层面。以1958年《新国民健康保险法》和1959年《国民年金法》的颁布为标志，日本政府开始将国民医疗保险和退休金的覆盖范围推向了全国。到1961年，日本基本建成了一个以社会保险为支柱的全民社会保障体系。这个体系的资金来源以国民缴纳的社保金为主，以政府财政的补贴为辅，通过对基础设施的投资确保增值。

进入70年代以后，尽管经济增速下行，财政收入下降，政府以举债的方式支持社会福利保障支出。1973年国民医疗保险的负担比例从50%增加到了70%，这个标准一直维持到今天。社会保障的相关支出在日本财政支出中的比例持续扩大，日本财政重建过程中涉及对医疗保险、公共养老金等方面的改革，这些改革总体而言并没有减少社会福利保障水平。

日本采取累进税制，对股市投资的资本利得、银行存款利息、各种债券的收益等征税，对土地和房产征税。日本对富人还征收高达55%的遗产税以及10%~50%不等的赠予税。日本政府对低收入家庭的转移支付包括最低生活补贴、住房补贴、医疗补贴和教育补贴等。这些制度再加上全民医疗和养老保险制度，实现了收入的相对平等。

中国台湾和韩国

1. 挑战

中国台湾和韩国分别在20世纪80年代末和90年代中期结束了高速经济增长阶段，经济增速持续放缓。中国台湾在高速经济增长奇迹过程中，政府的干预力度相对较弱，民营经济相对发达。经济奇迹结束以后面临的主要挑战是产业转型升级，进一步提升竞争力。韩国则面临更艰巨的挑战。韩国的高速经济增长奇迹发生在朴正熙、全斗焕和卢泰愚主政的"威权时代"，韩国政府制定"五年计划"，经济企划院统辖各个经济职能部门实施发展计划，尤其是支持工业部门发展。韩国经济在获得高速经济增长的同时也带来了诸多问题：一是产业结构高度重型化，1980年韩国重化工业增加值所占比例已经超过GDP的50%，出口所占比例上升至48%；二是腐败严重，政商勾结严重；三是财阀控制着韩国经济命脉，中小微企业发展缓慢；四是房地产投机热，实业投资冷。①

2. 总需求管理政策

伴随经济增速持续下行的是通胀中枢（即在一段时间内的平均通胀水平）的下行，1985—1995年中国台湾的平均消费价格指数（CPI）保持在2.7%，1995—2020年的20多年时间中平均通胀只有1%且多个年份陷入通货紧缩。失业率中枢也有所上升，经济奇迹结束之前失业率中枢在2%左右，结束后抬升至4%~5%。失业率中枢上行同时伴随通胀中枢下行，表明台湾地区经济奇迹结束以后总需求管理的主要挑战是需求不足。在1985年经济显著下行的背景下，1986年台湾地区行政管理机构负责人报告提出"岛内需求和外部市场并重"，并主动实施赤字。1987年台湾当局将过去长期执行的公债上限余额比率从25%上调到40%，从平衡预算向功能预算转型。总体而言，台湾地区的财政扩张力度不大，公共债务占GDP的比率在发达经济体中处于偏低水平。货币政策主管机关不断降低利率刺激经济，80年代银行间市场拆借平均利率6.8%，90年代6.1%，进入2000年以后的20年里下降到0.89%。即便是利率持续下行和扩大财政债务的环境下，通胀仍在下行，失业率难以下降，总需求不足仍成为困扰。

韩国经济奇迹结束以后，在1997年金融危机中曾一度陷入衰退，在其他时期保持了相对平稳的经济运行。通胀中枢下行，在1990—2000年、2001—2010年和2011—2020年期间，平均CPI从

---

① 冯立果. 韩国的产业政策：形成、转型及启示［J］. 经济研究参考，2019（5）：27-47，57.

5.5%下降到3.1%，再下降到1.6%。失业率相对稳定，但是劳动力市场仍有压力，非正规就业占比提高。2001年对非正规劳动者数量的首次官方记录显示，他们占工资和工薪收入者总数的26.8%（364万），在2016年达到32.0%（616万）。韩国的工会组织认为这个数字被低估了，据其估计，2001年非正规劳动者的比例为55.7%（737万），2016年为43.6%（839万）。[①] 韩国总需求管理政策的主要任务是扩大内需，韩国无担保拆借利率从90年代12.6%的均值下降到2000—2010年期间的3.9%，2010—2020年的1.9%。政府债务在90年代以后持续增长，政府债务率从90年代初的13.2%上升到2000年的16.7%，2010年上升至29.5%，2020年上升至41.9%。

3. 结构改革政策

经济奇迹结束以后，旧的经济增长模式难以为继，台湾地区面临着工业发达地区设限[②]，以及韩国、新加坡、中国香港和大陆产品的竞争。为了提振经济活力，尤其是促进工业部门的发展，台湾当局提出了"自由化、国际化、制度化"的解决方案，方案的主要内容包括：利率市场化与放松外汇管制；放松进出口管制，推行自由贸易；引进境外技术和资金等。

在韩国第一位民选文人总统金泳三及其后任金大中总统任上，韩国掀起了新一轮市场化改革。改革的主要内容包括废弃五年经济计划和撤销经济企划院[③]，政府对产业干预的力量大大弱化；推进利

---

① Kim Yoo Sun. The Number and Working Conditions of Non-regular Workers [P]. KLSI Issue Paper, 2016, No. 4.
② 闵国安. 台湾经济"自由化国际化"初析 [J]. 亚太经济, 1985（2）：35-39.
③ 冯立果. 韩国的产业政策：形成、转型及启示 [J]. 经济研究参考, 2019（5）：27-47, 57.

率和汇率自由化，加强金融监管，摒弃政府指导银行并通过银行指导经济的制度；允许僵尸企业财阀的破产；财阀改革和国有企业的民营化，在11家核心国有企业中，浦项制铁、韩国通信、韩国重工业、韩国烟草人参公社等8家被完全民营化；加强竞争政策执行力度，抑制经济力集中；加强科技政策，金大中政府废弃"经济社会发展五年计划"后制定了《科学技术基本法》，每五年制订"科学技术基本计划"，2003年卢武铉政府提出"科学技术第二次立国"和建立"以科技为中心的社会"两点政策方向，政府把主要精力放在公共性、大规模的基础技术研究开发上，充分发挥民间企业的研究与开发潜力。

中国台湾和韩国进行了大规模境外直接投资。20世纪80年代中后期开始，中国台湾放松了对企业境外投资的限制，1989年大幅修正《对外投资及技术合作审核办法》，大幅改变投资方式、种类、范围的规定，并简化审核流程。1991年台湾又颁布了《对大陆地区从事间接投资或技术合作管理办法》，开放对大陆投资，掀起了一股赴大陆投资的热潮。韩国80年代以后的海外直接投资也开始大幅增加，韩国政府大力支持大型跨国公司的发展，对中小企业对外投资制定特殊优惠政策，在国际人才培养和海外投资信息咨询服务方面采取了众多举措。

美国1986年要求台湾地区放松在汇率政策上的严密管制，让新台币升值以反映经济实力，浮动汇率和利率自由化自此拉开序幕。美国1989年把韩国列为汇率操纵国，韩国的金融自由化也自此开始。浮动汇率保障了货币政策的独立性，起到了利用汇率价格杠杆调节资源配置平衡经济发展的作用，对宏观经济稳定和提升资源配置效率起到了重要作用。拉长时间来看，利率自由化的改革起到了合理反映资金价格、促进金融机构竞争和优化资源配置的效果，但金融自由化也确实带来了金融市场的动荡。台湾股市从1986年的1 000点涨到1990年2月的12 000多点，然后到1991年跌到2 573点。韩国在1997年经历了严重的金融危机。在金融自由化进程中，金融监管缺位造成了大量高杠杆举债和金融资产投机行为，这是造成危机的主要原因。

4. 社会福利政策

中国台湾和韩国在经济高速增长时期并没有大幅增加社会福利保障方面的支出，只是建立了围绕产业工人的社会保险体系，即可实现社会保障目标，剩下的交给家庭部门。其中的原因包括两个方面：一是社会各界认同应该集中资源保障经济发展，社会资源都应仅投资于经济增长，"增长第一，分配第二"；二是高增长时期产生了大量的就业机会和工资增长，大量中低收入群体从中获益。

经济奇迹结束以后，多方面原因促成中国台湾和韩国增加了社会福利保障方面的支出水平。一是就业机会减少，收入分配差距进一步扩大，贫困阶层快速增加，韩国1996年绝对贫困阶层的家庭占比只有3.1%，到2003年占比达到了10.4%。二是老人变多，抚养压力增加，养老保险不足以支持。三是女性要进入劳动力市场，家庭的社保功能被削弱。金渊明（2007）认为，进入后工业社会以后会遇到有别于工业化时代的新问题，这要求社会福利保障制度随之做出调整。[①]

韩国的社保（收入分配）政策出台较晚，公共开支过少是被OECD诟病的重点领域。1998—2007年，金大中和卢武铉政府都

---

① 金渊明.经济社会结构的变化与韩国社会福利政策的回应［J］.社会保障研究（北京），2007，（02）：11-22.

想改变"经济第一,传统第二"的传统模式,达到"经济与福利的良性循环",但随后 2008 年的新政府再次回到保守主义,回到了以大公司为主导的外向型经济战略,分配政策失去了优先地位。2017 年文在寅政府再次采纳了新的观点,强调社会保障的必要性,统称为"收入为主导的增长战略"。新的战略认为韩国社会的可持续性危机是由大公司主导的出口战略固有的局限性导致的,这种战略导致劳动收入减少,进而使得内需减少和家庭消费下降。新战略的改革思路是:(1)改善劳动力市场的初次收入分配;(2)引入最低收入保障,包括提高最低工资,文在寅政府在 2018 年将法定最低工资提高了 16.4%;(3)改善非正规劳动者的工作条件;(4)工资增长与生产力提高相匹配,强调通过社会保障项目加强二次收入分配。

台湾地区在 20 世纪 80 年代初颁布了《社会救助法》和《老人福利法》等,本质上是"济贫"。20 世纪 80 年代后期,台湾民众对社会保障体系的缺失问题愈发不满。台湾地区在 1994 年通过了《社会福利政策纲领》,这是 20 世纪 90 年代后期台湾福利改革的基础。为应对 90 年代后期失业率的增加,1998 年 2 月台湾地区制定了《劳工保险失业认定暨失业给付审核准则》,开始了现代意义上的失业保险。2000 年之前的国民党执政期间,台湾地区的社会保障政策取向始终是"反福利国家"式的,其公共财政支出/GDP 也一直保持在相对较低水平。

小结与启示

1. 结构改革政策

经济增长奇迹阶段,无论是欧洲还是东亚经济体都普遍干预经济运行，包括但不限于制订经济发展计划、信贷配给和金融管制、对上游工业部门企业保持管制、支持和鼓励对工业部门的投资、保持相对较高的贸易壁垒，等等。经济增长奇迹以后，投资驱动增长模式终结，通过金融管制和产业政策等手段补贴投资和工业部门的经济增长妙方不再适用，而且带来了诸多后遗症，包括资源配置效率下降、产能过剩、僵尸企业、环境污染等。

支持经济发展的政策需要做出调整，随着经济复杂程度的提高，让市场主导资源配置更加重要。政策的重点是鼓励公平市场竞争，反垄断，削减和取消各种政府补贴；对外开放，尤其是贸易和投资领域的市场开放；支持基础科研和教育。在20世纪80年代以后，我们样本经济体中的法国、德国、意大利、日本、韩国和中国台湾都做出了类似的选择。这些政策的调整更适合知识和技术密集型的经济增长，使得这些经济体保持在高收入经济体行列。

2. 总需求管理政策

经济增长奇迹结束的关键挑战是市场自发的需求不足。事后的失业率和通胀率不足以反映是否出现了市场自发的需求不足。失业率和通胀率的决定不仅取决于市场自发的总需求水平，还取决于政府的总需求管理政策，取决于供给方受到的扰动以及外部经济环境的变化。在市场自发的总需求不足环境下，如果采取了积极的财政和货币扩张政策以弥补市场自发的需求不足，总需求还能保持在合意水平上，就业和通胀也随之保持在合意水平。在市场自发的总需求不足环境下，如果供给方面临着生产效率提升的停滞或者是能源价格上涨的冲击，会同时出现高通胀和高失业的格局。

反映市场自发需求的一个观察角度是各部门信贷与GDP之比的变化情况对比。在信用货币时代，需求增长来自广义信贷增长，广义信贷增长分别来自家庭、企业和政府三个部门，这三个部门的信贷增长形成了三个部门的债务增长。如果加总的新增信贷中非政府部门（主要包括企业和居民部门）的新增信贷占比下降，政府新增信贷占比上升，则说明市场内生的信贷创造和需求扩张力量下降，需要政府信贷扩张才能保持总信贷和总需求的合理增长。经济增长奇迹结束以后的1970—1980年期间，欧洲的德国、法国和意大利以及东亚的日本都出现了政府新增信贷在全社会新增信贷中占比的持续大幅上升、非政府部门新增信贷占比下降的现象（见表2.1）。非政府部门信贷包括了对非金融企业的信贷和对居民部门的信贷，其中对非金融企业的新增信贷占比下降尤其突出，这与全社会私人部门投资增速的大幅放缓也形成了对应。高速经济增长奇迹的结束同时宣告了高资本回报率的结束，持续下降的资本回报率使得企业部门信贷扩张大幅放缓，市场自发的总需求不足愈发频繁地出现。

表2.1 典型国家经济转型前后各部门信贷/GDP

	信贷/GDP		
	居民	企业	政府
德国（1970—1990）	1.3	1.1	2.3
法国（1978—1990）	1.8	1.1	1.7
日本（1970—1990）	2.6	1.5	5.6
韩国（1990—2010）	1.8	1.2	3.6

资料来源：国际货币基金组织（IMF），国际清算银行（BIS）。

面临市场自发需求不足，标准政策工具是扩张性的货币政策和财政政策。实践当中解决问题的思路可能会偏离总需求管理政策，货币和财政政策工具会遇到掣肘。面对失业和经济不景气压力的时候，欧洲国家在20世纪70年代初期采取了国有化或者支持企业兼并重组、通胀与工资挂钩、通过工资补贴要求雇主不解雇富余的工人、驱除国外劳工、价格管制等措施。事后来看，大部分的政策效果不佳，没有起到提升总需求的作用，也没能缓解失业和经济不景气的压力。更糟糕的是，对传统企业和劳动者的保护阻碍了市场自发的出清，扼杀了新企业和新就业机会，提高了给定供给数量下的价格水平，通胀与工资挂钩政策进一步加剧了通胀压力，这让宏观经济管理处于滞胀的艰难局面。

一种有影响力的观点是收入分配恶化带来了消费不足，并由此带来了全社会的需求不足，解决需求不足的方法应该是补贴低收入群体、提高最低工资等。法国曾采取了大幅补贴低收入群体和提高最低工资的做法，但是效果不佳。这种做法并没有想象中那样显著提高了总需求水平，也无法缓解失业和经济低迷压力。

与法国、德国等欧洲国家相比，日本在20世纪八九十年代仍保持了较高的经济活力，保持合理的总需求水平是不可或缺的条件。与德国、法国、意大利等经济体相比，日本在总需求管理政策方面相对更加独立，更加积极。在放弃钉住美元汇率制度后，日本可以更主动地运用货币政策工具应对市场自发需求不足的压力。日本的财政政策非常积极，1970年以后日本政府债务/GDP经历了非常大幅度的增长，这并没有威胁到日本的政府信用，没有威胁到日元，也没有带来通胀。债务/GDP持续大幅扩张在欠发达国家往往被看作是丧失财政纪律的表现，是国家信用崩溃和通胀的前兆，但是在日本并没有发生这些情况，原因在于日本的财政扩张主要是为了弥补市场自发的需求不足，加入政府财政支出扩张之后的总需求增长并没有超出供给能力，没有带来通胀。用日本学者的观点看，日本民间存在严重的过度储蓄，政府以发行国债进行公共投资的方式吸收了这些过度储蓄，实现了资源的充分利用。

3. 社会福利政策

社会福利政府是高收入经济体的必选项。经济增长奇迹结束以后，经济运行中出现了很多新特点。一是失业率的台阶式上升，或者是诸如韩国那样的非正规就业比例大幅上升。二是收入分配的两极分化，贫困人口占比上升。三是女性工作参与率的提升和平均家庭人数的下降，使得传统上家庭照顾儿童和老人的功能弱化。四是老龄化。这些新特点对社会福利政策提出了新要求。

应对新挑战的策略并非只是增加社会福利支出。过度增加的社会福利支出受到了很多批判，包括过度依赖福利而丧失工作动力、资源浪费等。为了应对后工业时代的新问题，同时也是回应对传统福利政策的批判，欧洲学者提出了社会福利政策的新战略，即社会投资战略。这个新战略不再强调通过收入分配达到平等，而是强调通过对人力资本的投资，在教育与培训方面的救助，提高低收入群体的工作机会和工作能力。具体的案例包括英国减少对青年和失业群体的现金补贴，增加职业培训和终身教育能力的开发项目；英国、新加坡、加拿大等国设立儿童发展账户，支持儿童教育；以及提供合理价格的保育、带薪育儿假、儿童有病时可以休假这三种核心要素构成的女性友好政策。

第三章
理解潜在经济增速下行

在 2012 年之前的十年，中国经济一路狂飙突进，平均增速超过 10%。哪怕是 2008 年的全球金融危机，也没能挫败中国经济快速增长的势头。2012 年之后，中国经济增速从高点一路向下，GDP 增速从保"8"一直讨论到保"5"。如何理解过去中国经济增速的持续下行以及经济结构的转折性变化成为学术界密切关注和热烈讨论的问题。

本章首先回顾了关于中国经济减速的学术研究，然后提出了对中国经济潜在增速下行的理解。这里把经济增速分解为结构效应和收敛效应，把中国正在经历的经济增速下行与高收入经济体类似发展阶段的经验做了对比。主要发现包括：

经济赶超初期，经济活动从农业到工业和服务业转移的结构效应、向前沿经济体学习的收敛效应共同促成了生产率和经济的高增长。

随着人均收入增长达到一定的临界值，经济活动从农业向工业和服务业的转移大幅放缓，结构效应对经济增速的贡献下降；农业、工业和建筑业生产率相对前沿经济体的差距显著收窄，特别是这些行业高投资时期过去以后，收敛效应对经济增速的贡献持续下降。

我们发现，导致中国经济增速下行的原因，与其他赶超经济体在类似发展阶段出现经济下行的原因是一致的。一是中国在农业、工业和建筑业跨过了投资高峰期后，相对前沿经济体的学习空间收窄且学习难度上升，劳动生产率提升放缓，这解释了中国生产率减速原因的七成。二是经济活动从农业向工业和服务业转移放缓，再加上经济活动从工业向服务业转移，这解释了中国生产率增速下行原因的三成。

至少在新冠疫情之前，中国经济的赶超进程没有脱轨。对比日、韩和部分欧洲经济体的经验，尽管中国经历了持续的劳动生产率增速下降，中国的劳动生产率增速与上述经济体在类似收入阶段对应的劳动生产率相比没有很大差异。

四个假说

1. 绝对收入假说

"绝对收入假说"指出，当人均绝对收入达到一定水平以后，经济增速会台阶式下降，产业结构和支出结构也会发生重大变化。"绝对收入假说"的代表性观点是刘世锦及其牵头的国务院发展研究中心课题组做出的一系列研究成果。[①] 核心观点包括：

（1）**经济增长率通常在人均 GDP 达到 11 000 国际元左右下台阶，从高速增长阶段过渡到中速增长阶段，增长率下降幅度为 30%~40%**。日本 1946—1973 年 GDP 年均增长率为 9.4%，战后高速增长保持了 27 年。到 1973 年，人均 GDP 达到 11 434 国际元

---

① 刘世锦. 增长速度下台阶与发展方式转变［J］. 经济学动态，2011（05）：3-9；国务院发展研究中心"中等收入陷阱问题研究"课题组. 中国经济潜在增长速度转折的时间窗口测算［J］. 发展研究，2011（10）：4-9；刘世锦. 经济新常态：从速度到质量［J］. 西部大开发，2014（12）：20-23.

（1990 年国际元，下同），之后增长率下台阶，1974—1992 年 GDP 年均增长率降至 3.7%，中速增长维持了 18 年。韩国 1946—1995 年 GDP 年均增长率为 8%，到 1995 年人均 GDP 达到 11 850 国际元，此后增长率下台阶，1996—2008 年 GDP 年均增长率降为 4.6%。中国台湾的经济保持了 30 余年的高速增长。到 1989 年，中国台湾的人均 GDP 为 9 538 国际元。1990—2000 年经济年均增速为 6.4%，与过去 30 年的平均水平相比下降了约 2.7 个百分点。德国（当时为联邦德国）1947—1969 年 GDP 年均增长率为 7.9%。在 1969 年人均 GDP 达到 10 440 国际元之后开始下台阶，1970—1979 年 GDP 年均增长速度降至 3.1%，进入中低速增长阶段。

（2）**在此过程中还伴随着显著的结构变化。**一是产业结构明显变化。在高速增长期，工业产出比重持续上升并保持在较高水平，而下台阶后则伴随着工业产出比重下降，服务业比重相应上升。二是总需求结构显著变化。高速增长期，投资比重持续上升，而下台阶后投资比重随之下降，消费比重相应上升。其原因从供给方面看，主要是农业人口向非农产业的转移接近完成，劳动年龄人口数量趋于稳定或下降，劳动力、土地、环境等要素成本明显上升等，从需求角度看，大多数工业品的历史需求峰值相继出现。

埃肯格林等人（2011）利用人均收入预测经济增速的变化。[①]他们利用 1957—2007 年的国际数据，构建了经济体快速增长然后放缓的样本。这类经济体需满足三个条件：一是人均 GDP（购买力平

---

① Barry Eichengreen, Donghyun Park, Kwanho Shin. When Fast Growing Economies Slow Down: International Evidence and Implications for China [R]. NBER Working Paper (w16919). 2011.

价，2005 年不变价格）超过 1 万美元，二是某特定时间前 7 年(t-7)平均增长率超过 3.5%，三是某特定时间后 7 年（t+7）平均增长率至少下降 2 个百分点。他们的研究表明，对大多数经济增长放缓的经济体而言，增长放缓集中在一个特定的时间点和人均收入水平，仅有少数经济体的经济增长是逐渐放缓的。当经济体的人均收入达到 1.7 万美元时，经济增长率至少下降 2 个百分点，估计中国将在 2015 年或之后不久达到这一收入水平。通过将经济增长放缓分解为资本存量、劳动力、人力资本以及全要素生产率四个方面，他们发现在经济增长放缓前后，全要素生产率增长的贡献率从 3.04% 下降到 0.09%，这一因素能够解释样本国家 85% 的经济增速放缓。

2. 相对收入假说

"相对收入假说"以一个经济体相对于前沿经济体（以美国为代表）的人均收入差距来确定经济增长潜力，强调跨国增长的"收敛"规律，即当一个经济体人均收入逐渐接近前沿发达经济体时，相对于前沿经济体的学习空间（赶超空间）收窄，经济增速会逐渐下降并收敛至与前沿经济体相近的水平。"相对收入假说"代表性观点由林毅夫、张军等学者提出。核心观点包括：

林毅夫（2013，2014，2021）认为，人均收入的持续增长是劳动生产率在持续不断的技术创新和产业升级的基础上取得的结果。[①] 发

---

① 林毅夫. 解读中国经济 [J]. 南京农业大学学报（社会科学版）. 2013，13（02）：1-10；林毅夫. 我为何预言中国经济未来 20 年还能增长 8% [EB/OL]. https://www.yicai.com/news/5003340.html. 2016-04-16；林毅夫. China's Growth Pattern Poised to Mirror Asian Neighbours [EB/OL]. https://www.ft.com/content/cca29a36-81d1-11e3-87d5-00144feab7de. 2014-01-21；林毅夫. 中国经济的发展潜力、新挑战与应对 [J]. 今日科技，2021（04）：35-37.

展中经济体在追赶过程中可以借鉴学习先发前沿经济体的技术、产业和制度，其相关成本和风险都低得多。他强调，中国过去40多年高速增长的最重要决定性因素是充分利用了与发达经济体的产业技术差距所蕴含的后来者优势。中国未来的发展潜力不是看现在的绝对收入水平，而是要看中国现在跟以美国为代表的发达经济体收入水平之间的差距。中国的人均GDP相对前沿经济体还有很大差距，中国经济下行主要是因为外部因素、周期性因素。不仅是中国，其他国家与金融危机之前比也都有非常显著的经济下滑。林毅夫（2021）最新的研究指出，2019年中国人均GDP为美国同期的22.6%，与美国收入水平的差距，相当于1946年的德国、1956年的日本、1985年的韩国，这些国家在此后16年的平均增速达到9.4%、9.2%、9%，由此推断中国未来16年（从2019年算起）增长潜力也约有9%，考虑到人口老龄化因素，下调至8%增长潜力。[①] 鉴于我们要实现高质量增长，要解决人口老龄化、环境、城乡差距、"卡脖子"等问题，所有增长潜力不一定全部发挥应有的作用。

张军等人（2016，2017）同样基于"收敛假说"，参考日本和"亚洲四小龙"（韩国、中国台湾、中国香港和新加坡）的发展经验，通过中国人均收入与美国的相对差距来推算追赶空间和增长潜力。[②] 具体计算方法是，首先以日本和"亚洲四小龙"的数据估

[①] 林毅夫教授在2021年北京大学国家发展研究院举办的"中国经济观察"第56期报告会上的发言。

[②] 张军. 展望中国经济的潜在增长率与转型升级 [J]. 广西财经学院学报，2017，30 (05)：1-19；张军，徐力恒，刘芳. 鉴往知来：推测中国经济增长潜力与结构演变 [J]. 世界经济，2016，39 (01)：52-74.

算得出经济增长与上一年人均 GDP 占美国人均 GDP 比重的函数关系；假设美国在未来 20 年内（从 2015 年算起）年均增长 2%，通过中国人均 GDP 占美国比重计算下一年人均 GDP 增长率，进而得到下一年中国人均 GDP 占美国的比重，如此迭代计算得到 2015—2035 年中国潜在增长率的估算数据，结果表明中国在 2030 年潜在经济增速仍能维持在 5%~6% 的水平。

3. 相对劳动生产率假说

"相对劳动生产率"假说是相对收入假说的进一步细化，其背后的理念与相对收入假说接近，具有代表性的是白重恩和张琼（2017）的研究。他们研究了包括日本、新加坡、韩国和中国台湾 4 个亚洲经济体和 14 个欧洲经济体的"劳动生产率（劳均 GDP）"而非"人均 GDP"的跨国（地区）增长收敛规律。[①] 这 18 个经济体的劳动生产率都表现出了非常类似的相对于前沿经济体收敛的特征，随着赶超经济体相对于美国劳均 GDP 的提高，赶超经济体的年均增长率持续放慢；扣除人口因素影响后，4 个亚洲经济体与相应阶段的欧洲经济体相对美国的收敛轨迹表现相当，表明并不存在所谓的"亚洲奇迹"，劳动生产率假说相对于人均收入假说的结果也更稳健。

4. 人口红利假说

人口红利假说强调的不仅是劳动力投入本身对经济潜在增长的影响，还包括人口结构变化通过影响储蓄率（资本积累）以及

[①] 白重恩，张琼. 中国经济增长潜力预测：兼顾跨国生产率收敛与中国劳动力特征的供给侧分析 [J]. 经济学报，2017，4（04）：1-27. 其中，14 个欧洲经济体包括爱尔兰、奥地利、比利时、丹麦、芬兰、法国、德国、意大利、荷兰、挪威、瑞典、瑞士、英国、西班牙。

全要素生产率（TFP）从而影响经济潜在增长。蔡昉及其合作者的系列研究颇具代表性。

蔡昉（2016）认为，估计中国经济增长潜力应从人口结构变化角度出发，有两方面理由。一是中国过去 30 多年高速经济增长对人口红利具有高度依赖性，其作用机制是劳动年龄人口增长保证劳动力充分供给，抚养比下降利于形成高储蓄率；劳动力无限供给特征维持了较高的资本边际报酬率。二是与日本、韩国、新加坡等国家相比，相对人均 GDP 水平来说，中国人口结构转变速度格外快，人口红利丧失转折点提早到来。[①] 因此，在判断经济发展阶段从而预测潜在增速时，需要考虑人口转变特征，从劳动年龄人口增长变化趋势做出判断。

陆旸和蔡昉（2016）根据人口转变趋势及其对生产要素供给和全要素生产率的影响，基于增长核算方程估算了中国 1979—2020 年的 GDP 潜在增长率，各时期平均数分别为：1979—1994 年为 9.66%，1995—2010 年为 10.34%，2011—2015 年下降至 7.55%。[②] 预计 2016—2020 年进一步下降至 6.2%。具体原因包括：一是劳动力持续严重短缺导致工资增长超过劳动生产率的增长，单位劳动成本迅速显著上升，资本代替劳动进程加快；二是新成长劳动力逐年减少，导致劳动者人力资本改善速度下降；三是无限劳动供给特征消失，导致资本劳动比的迅速提高，资本回报率显著下降；四是农业劳动力转移速度下降，资源重新配置空间缩小，全要素生产率提高速度响应减慢。

---

① 蔡昉. 认识中国经济减速的供给侧视角 [J]. 经济学动态，2016（04）：14-22.
② 陆旸，蔡昉. 从人口红利到改革红利：基于中国潜在增长率的模拟 [J]. 世界经济，2016，39（01）：3-23.

为什么 2012 年之后中国潜在经济增速持续下降

以上四个假说对于解释中国经济增速下降都提供了很好的观察视角，都有一定的解释力。我们在这些研究的基础上，对中国潜在经济增速下行提出了综合性的解释。我们先回答一个问题：为什么劳动生产率能够快速增长？

1. 劳动生产率高增速从何而来

其一是来自部门生产率的提高。相对于发达国家来说，发展中国家在各个行业和各个层面都有很大的学习空间。例如，发达国家的生产技术会更先进，生产安排更科学，企业管理的效率更高。这些都是发展中国家可以学习和借鉴的地方。正如相对收入假说强调的，两国的收入差距越大，学习空间也就越大，生产率提升的空间也就越大。发展中国家可以通过向发达国家学习现成的经验和技术来实现生产率的快速提高。

我们还要看到，不同行业的学习空间和收敛情况有非常显著的区别。一般情况下，发达国家和发展中国家在工业部门的效率差距往往会非常显著，发展中国家的学习空间会比较大，而且也会容易学，例如引进先进的技术、厂房、人才和生产管理规范等。相比之下，两类国家在服务业部门的效率差距可能没那么大，而且发展中国家学习起来难度也会更高，因为服务业标准化程度低，经常是看不见摸不着，提升服务质量更多强调的是人力资本积累和制度保障等因素，这些因素需要时间的积累，短期内学起来非常不容易，见效没那么快。

有学者（Herrendorf and Valentinyi，2012）利用佩恩表（Penn World Table）计算了发展中国家和发达国家分行业的全要素生产率。① 他们把全部行业分为食品、资本品/设备、建筑、消费品制造和服务五大类行业。他们发现发展中国家在资本品/设备、建筑和食品行业相对美国的全要素生产率差距远大于平均差距，在消费品制造行业与美国的全要素生产率差距与平均差距相当，服务业的全要素生产率差距则远小于平均差距。一个国家在相对前沿国家低收入的时期，在食品、资本品/设备、建筑、消费品制造等行业相对前沿国家的学习空间大（有的学），发展中国家通过在这些部门大规模的资本积累和发挥规模经济效应（容易学），可以实现快速的生产率提升，劳动生产率增速保持在高位。以下我们把这种效应称为收敛效应。

其二是部门之间生产要素转移带来的生产率提高。第一个重要事实是随着发展中国家的收入提高，需求结构会发生变化，对食物的需求占比会逐渐下降，对工业品和服务的需求占比会逐渐增加。农业部门在经济中的占比下降，工业和服务业部门在经济中的比重提高。② 第二个重要事实是工业和服务业的劳动生产率要明显高于农业。在以上两个事实的共同作用下，即便每个部门的劳动生产率增速没有变化，劳动力和资本向工业和服务业的转移会提高这两个部门的份额，提高加总的劳动生产率增速。我们把这种经济资源跨部门转移带来的生产率提高称为结构效应。

---

① Berthold Herrendorf, Ákos Valentinyi. Which Sectors Make Poor Countries So Unproductive? [J]. Journal of the European Economic Association, 2012, 10（2）：323-341.
② Berthold Herrendorf, Richard Rogerson, Ákos Valentinyi. Growth and Structural Transformation [R]. National Bureau of Economic Research, 2013.

2. 劳动生产率增速为何放慢

经济成长到一定阶段以后，无论是收敛效应还是结构效应，其带动经济增长的效果会减弱。

一方面，收敛效应的贡献下降。随着发展中国家在农业、工业和建筑业的生产能力快速提升，学习空间也在收窄，特别是当这些行业的资本积累度过高峰期以后，通过物质资本积累和规模经济实现生产率快速提升的阶段也已经过去，劳动生产率增速会随之下降。简单来说，就是容易学的都学得差不多了之后，剩下的要靠自己探索，自学成才，学习进步的速度会因此放慢，生产率进步的速度也会放慢。

服务业的生产率提升相对困难。服务业中有相当一部分是劳动密集型服务业，比如住宿、餐饮、旅游、批发、零售、运输、一般的居民生活服务业等。这些服务业其实没有太多可以向发达国家学习的空间。发展中国家和发达国家的理发师的理发技术水平，说不好谁更高一点。

还有一些服务业是知识和技术密集型的，比如科研、教育、医疗、金融等行业。这些行业有很大的学习空间，但是发展中国家学习起来比较困难。这类服务业需要更多的知识和技术，但是很难像工业部门那样通过快速的物质资本积累来加速学习过程。这些行业的发展需要的是复杂的制度和政策设计，需要较长时间的人才培养来完成人力资本积累，才能最终实现生产率的提升。这些高端服务业是发达国家经济中的重要部分，也是竞争力的集中体现，但是学起来非常不容易，很费时间，进步也较为缓慢。

另一方面，结构效应的贡献也在下降。对于所有成功迈进高收入的经济体，当人均收入超过8 000—9 000国际元以后，都会出现经济活动从工业向服务业部门转移的情况。[①] 这背后的原因是需求在这个阶段发生了重大调整,对工业品的需求达到高峰,对工业品的需求占比下降,对服务的需求占比进一步提高。举个例子,在电视和手机没有普及的时候,随着人们越来越有钱,能够买手机的人也就越多。但是等到每人都买得起手机的时候,大家不会因为收入翻了3倍就买3个手机。人们可能更需要的是手机 App 服务,愿意为这些 App 支付费用。这就从对工业品的需求转向了对服务的需求。在这个过程中,经济活动从较容易提升生产率的工业部门向较难提升生产率的服务业部门转移,即便各个部门的生产率增速没有变化,加总的劳动生产率增速也会下降。

结构效应与收敛效应

随着收入增长,在结构效应和收敛效应两股力量的共同作用下,劳动生产率增速会呈现单边下降的趋势。这里对劳动生产率增速的变化做出拆分,观察两种力量分别对劳动生产率变化的贡献。

1. 对劳动生产率的拆分

我们将劳动生产率取倒数为劳动人口与总产业增加之比,即单位 GDP 劳动投入。然后将单位 GDP 劳动投入分解为各产业单位增加值劳动投入与产业份额乘积之和,具体如下:

$$劳动生产率 = \frac{1}{\frac{劳动人口}{总产业增加值}}$$

[①] Berthold Herrendorf, Richard Rogerson, Ákos Valentinyi. Growth and Structural Transformation [R]. National Bureau of Economic Research, 2013.

$$= \frac{1}{\sum_{i=1}^{3} \frac{劳动人口^i}{产业增加值^i} \times \frac{产业增加值^i}{总产业增加值}} \quad (1)$$

根据上式（1），我们将**劳动生产率增速拆分为收敛效应和结构效应**。其中，**收敛效应**是假定某年各部门产业份额与上年相同，加总劳动生产率的变化仅仅是因为各产业劳动生产率变化引起的，计算公式如下式（2）；**结构效应**是假定某年各产业劳动生产率与上年相同，加总劳动生产率的变化仅仅是因为各部门产业份额变化引起的，计算公式如下式（3）。其中，i 为某产业，t 为某年份。

$$收敛效应_t = \frac{\left(1 \Big/ \sum_{i=1}^{3} 单位增加值劳动投入_t^i \times 产业份额_{t-1}^i \right)}{\left(1 \Big/ \sum_{i=1}^{3} 单位增加值劳动投入_{t-1}^i \times 产业份额_{t-1}^i \right)} - 1 \quad (2)$$

$$结构效应_t = \frac{\left(1 \Big/ \sum_{i=1}^{3} 单位增加值劳动投入_{t-1}^i \times 产业份额_t^i \right)}{\left(1 \Big/ \sum_{i=1}^{3} 单位增加值劳动投入_{t-1}^i \times 产业份额_{t-1}^i \right)} - 1 \quad (3)$$

根据以上计算方法，对中国劳动生产率增速进行分解，得到收敛效应与结构效应。从数据看，收敛效应与结构效应之和与劳动生产率增速的**绝对误差在0.4个百分点以内**，拆分结果比较可靠。本文使用的数据来自格罗宁根大学（University of Groningen）的经济转型数据库（Economic Transformation Database，简称ETD）。[①] 该数据库提供了关于亚洲、欧洲和拉丁美洲的多个经济体的长期且国际可比的分部门不变价格GDP增加值数据和分部门就业数据。数据库将行业分十个部门，我们按照统计口径，将这些部门重新划分为：①第一产业：农业；②第二产业：采矿业、制造业、城市公共基础设施业、建筑业；③第三产业：贸易旅游与酒店业、

---

① https://www.rug.nl/ggdc/structuralchange/etd/.

交通仓储业、金融与房地产业、政府服务业、社区和个人服务业。

结合上述分解方法，我们发现两个关键现象：（1）中国劳动生产率经历了从高速增长到稳步下行的过程，几何平均增长率从2002—2011年的9.8%下降至2012—2018年的6.1%（见图3.1）。（2）收敛效应，即各部门劳动生产率减速对加总劳动生产率变化的解释力较强，约在70%~80%。

对比中国经济增速高涨和回落两个阶段，即2002—2011年（高增长期）、2012—2018年（增速回落期），中国劳动生产率增速下降了3.7个百分点，其中结构效应贡献了1.1个百分点，解释了劳动生产率增速下降原因的约30%，收敛效应解释了约70%（见表3.1）。

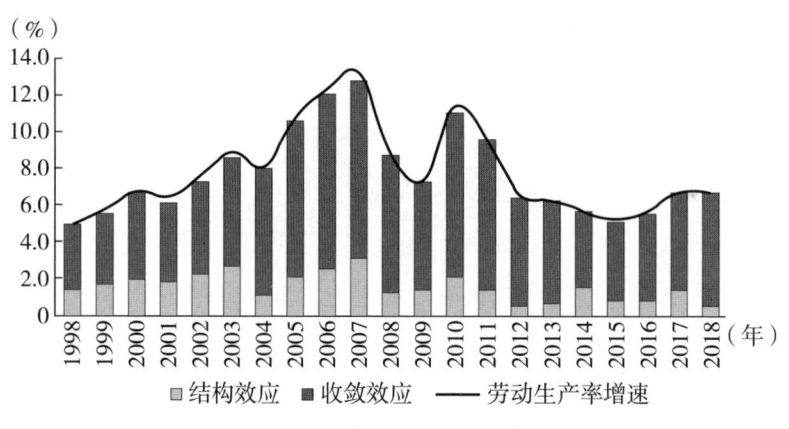

图3.1 中国劳动生产率增速分解

资料来源：ETD，作者计算。

表3.1 经济增速下行期的劳动生产率增速拆解

	劳动生产率增速	结构效应增速	收敛效应增速
2002—2011年	9.8%	2.0%	7.6%
2012—2018年	6.1%	0.9%	5.1%

(续表)

	劳动生产率增速	结构效应增速	收敛效应增速
结构转型前后两个阶段	-3.7%	-1.1%	-2.5%

注：区间内增速为几何平均增长率。
资料来源：ETD，作者计算。

来自国际比较的证据

我们对比了中国和部分高收入经济体的劳动生产率增速变化轨迹。主要发现包括：（1）随着绝对或者相对人均 GDP 水平的提高，劳动生产率增速不断下降，两者呈负相关关系；（2）在相似的绝对或者相对人均收入水平上，中国劳动生产率增速高于高收入经济体类似发展阶段的平均增速；（3）2018 年，中国人均 GDP 为 1.3 万美元（2011 年美元），中国劳动生产率 5 年移动平均增速为 6%，类似收入水平的东亚经济体均值为 6%。

这里的东亚经济体主要包括日本、韩国、中国台湾。欧洲经济体主要包括西班牙、法国、意大利和英国。结合发展时间和数据可得性，起始时间分别选取：日本为 1954 年、中国台湾为 1964 年、韩国为 1964 年、西班牙为 1957 年、法国为 1955 年、意大利为 1952 年、英国为 1950 年，终止时间为 2018 年。我们将劳动生产率增速变化拆分为结构效应和收敛效应，并进行国际对比。主要发现包括：

就收敛效应来说：（1）从国际经验来看，随着人均 GDP 水平的提高，劳动生产率收敛效应不断下降，两者呈负相关关系。（2）中国劳动生产率收敛效应高于高收入经济体类似发展阶段的平均增速。（3）2018 年，中国人均 GDP 为 1.3 万美元（2011 年美元），中国劳动生产率收敛效应 5 年移动平均增速为 4.9%，东亚类似收入水平对应的劳动生产率均值为 4.8%。

就结构效应来说：（1）从国际经验来看，随着人均 GDP 水平的提高，劳动生产率结构效应不断下降。**两者呈负相关关系，且结构效应会逐渐收敛于 0**。（2）中国劳动生产率结构效应高于高收入经济体类似发展阶段的平均增速。（3）2018 年，中国人均 GDP 为 1.3 万美元（购买力平价），中国劳动生产率结构效应平均增速为 1%，东亚类似收入水平对应的劳动生产率均值为 1%。

不难看出，无论是收敛效应还是结构效应，中国在 2012 年之后的表现都是符合国际规律的。中国在过去十年的表现，与那些已经成为发达国家的经济体在同样时期的表现，并没有太大差异。

小结与启示

我们首先回顾了围绕这个问题的学术讨论，梳理出了四个比较常见的"假说"。为了更好理解中国经济的表现，我们把劳动生产率的变化分解为结构效应和收敛效应，试图探寻导致中国经济增速下行的原因。进一步，我们把中国正在经历的经济增速下行与高收入经济体类似发展阶段的经验进行对比。通过研究，我们得出了一些重要的结论。

（1）**经济赶超初期，多重力量促成高增长**。一是结构效应，经济活动从农业向工业和服务业的转移带动加总劳动生产率的提升。二是收敛效应，特别是农业、工业和建筑业相对高收入国家生产率差距大，且可以通过学习前沿国家的技术和管理经验，借助大量物质资本积累和规模经济效应,实现这些行业劳动生产率的快速提升。三是人口红利,在较多赶超成功经济体的发展初期,人口快速增长且人口年龄结构处于有利条件,这也有利于 GDP 增速提升。

(2) **随着收入水平提升,经济增速放缓是规律性现象**。在 2012 年之后,随着人均收入水平达到 8 000—10 000 美元(购买力平价),经济活动从农业向工业和服务业的转移大幅放缓,结构效应对经济增速贡献下降;农业、工业和建筑业生产率相对前沿经济体的差距显著收窄,特别是这些行业高投资时期过去以后,收敛效应对经济增速的贡献持续下降。

(3) **中国经济增速下行的原因与高收入经济体类似**。其原因可以分为人口因素和就业因素带来经济增速下行和劳动生产率增速下行,后者是主因。劳动生产率增速下行的原因主要来自两个方面。一是中国在农业、工业和建筑业(相对于前沿经济体的生产率差距较大,可以通过学习前沿经济体的技术和管理经验,以大量的投资和规模效应实现劳动生产率快速提升)跨过了发展高峰期,中国相对前沿经济体的学习空间收窄且学习难度上升,劳动生产率提升放缓,这解释了中国劳动生产率下行的七成。二是经济活动从农业向工业和服务业的转移放缓,再加上经济活动从工业向服务业的转移,即便是在各部门劳动生产率增速没有变化的情况下,也会带来加总劳动生产率的下降。这解释了中国劳动生产率增速下行的三成。

(4) **中国经济的赶超进程没有脱轨**。从日本、韩国、中国台湾等东亚经济体和部分欧洲经济体的经验看,中国经济的赶超进程没有脱轨。尽管中国经历了持续的劳动生产率增速下降,目前中国的劳动生产率增速与日本、韩国、中国台湾等东亚经济体和部分欧洲经济体在类似收入水平阶段的劳动生产率增速相比，相差并不大。

（5）**生产率提升动力转换**。生产率提升从物质资本积累驱动逐渐转向知识和技术驱动，从标准化的资本品行业转向高端农业和制造业、IT、教育科研、医疗、金融服务业、商务服务等知识和技术密集型行业。来自前沿经济体的标准化学习内容下降，非标准化内容占比提高，需要学习前沿经济体经验并结合本地更加精巧的制度和政策设计才能够实现持续的生产率提升。

第四章
如何走出总需求不足

从这一章开始，我们重点围绕总需求管理展开讨论。总需求不足是一连串事件：总需求不足导致低通胀，同时还伴随着信贷增速下降、投资和消费下降、经济增速下降、失业率上升、股票和房地产价格下降，对经济发展和民生福利造成严重伤害。

对总需求不足的完整解释需要三个层面的因素，一是负面的外部冲击，二是市场机制失灵，三是逆周期政策失灵。从下文提到的三段历史看，通过充分的逆周期政策，尤其是宽松货币政策，可以帮助经济走出困境。大萧条时期，货币政策开错了药方，加剧了萧条。日本通缩时期，货币当局一直犹豫不决，大幅拉长了通缩的时间。欧元区更多是一个正面的例子，欧洲央行"不惜一切代价"（Whatever It Takes）的宣誓和随后一系列强有力的政策应对措施止住了需求不足和通胀的进一步下行。从以上三段历史中，我们都可以看到货币政策的重大调整成为走出需求不足和通缩的关键。经过大萧条和日本长期通缩的检验，近三十年来，学术界对解决需求不足和通缩形成了标准药方：降低政策利率，或者在零利率环境下采取进一步量化宽松政策，以此带动真实利率下降，激发投资和消费活力。

总需求不足是连锁事件

这里我们主要回顾三段"总需求不足"时期，分别是：美国1929—1933年的大萧条时期、日本1998—2012年的通缩时期，以及欧元区2014—2016年的低通胀时期。美国1929—1933年的CPI年同比增速平均值低至-5.3%；日本在1998—2012年大部分年份的CPI和核心CPI同比增速为负，平均分别为-0.22%和-0.23%；欧元区2014—2016年的调和消费者物价指数（HICP）和核心HICP增速平均分别只有0.3%和0.9%。

需求不足并非孤立现象，与需求不足相伴随的，还包括信贷增速下降、投资和消费下降、经济增速下降、失业率上升、股票和房地产价格下降等一系列连锁表现。三个样本经济体在陷入需求不足和走出需求不足的过程中，都表现出了高度的共性。

需求不足时期，经济各方面表现都在显著恶化。一是经济增速大幅下滑和失业率上升。1929—1933年，美国的实际GDP增速平均低至-7.3%，失业率从1929年的3.2%迅速上升至1933年的24.9%，是大萧条最直接的表现。1998—2012年，日本的实际GDP增速平均只有0.57%，失业率平均为4.6%。2014—2016年，欧元区的平均实际GDP增速和失业率分别为1.8%和10.9%。二是信贷大幅收缩。美国1929—1933年非金融私人部门贷款总额和M2平均增速分别低至-9.5%和-6.9%。1998年11月到2005年9月期间，日本连续83个月的银行信贷投放月同比增速为负，1998—2012年平均为-0.8%，同时M2的平均增速也只有2.4%。2014—2016年，欧元区银行部门信贷投放和M2平均增速分别为

2.3%和4.2%。**三是资产价格下跌**。1933年美国标准普尔500指数的年度平均值较1929年下降了65.3%；1929—1933年美国房价指数增速年均低至-4.4%。1998—2012年，日经225指数的均值为12 506点，年均增速为-3.1%；在此15年间，东京房价指数的增速有10年为负值，平均增速为-2.3%。2014—2016年欧元区股市也在低位运行，房价指数增速年均1.9%。

需求不足时期企业投资和盈利大幅下降。美国企业在1929—1933年的投资和利润遭受了断崖式下跌，非金融企业固定资产投资同比增速平均跌至-17.1%，企业税前利润年均增速低至-62.3%。日本1998—2012年企业投资停滞、利润下降、经营持续不景气：其间私人企业设备投资增速年均只有0.1%；全行业利润率也从1991年之前4.5%以上的水平跌至1998—2012年的平均3.1%；反映日本企业经营景气程度的短观指数（正值代表环比扩张），1998—2012年平均只有-18.4%，持续处于收缩状态。欧元区企业的投资和利润表现不够强劲，较之美国和日本的低通胀时期表现更为温和：固定资本形成总额同比增速从全球金融危机前8%左右的水平跌至2014—2016年平均的4.4%；非金融企业营业盈余总额和混合收入增速也从全球金融危机前9%左右的水平跌至2014—2016年平均的5.4%。

需求不足时期居民收入和消费显著下降。美国1929—1933年间工资及薪金同比和不变价个人消费支出平均增速分别低至-10.1%和-4.9%，下降幅度很大。日本1998—2012年居民收入、消费整体持续下降：两人及以上劳动者家庭的可支配收入实际增速大部分时间为负，平均为-0.8%；家庭消费支出的实际平均增速也仅为-0.6%。家庭收入和消费基本处于长期的收缩状态。欧元区工资收入指数同比增速从全球金融危机前3.5%以上的水平跌至2014—2016年的平均2.3%；2014—2016年的人均消费平均增速也只有1.2%。

需求不足时期政府部门收入显著下降。美国1929—1933年政府税收平均每年下降4.7%，政府杠杆率从1929年的16.2%提高至1933年的39.4%。1998—2012年，15年间日本税收收入有9年增速为负，平均增速为-1.1%；政府部门杠杆率从1998年的93.2%提高至2012年的189.8%。欧元区政府税收增速从国际金融危机前7%左右的水平跌至2014—2016年平均的2.9%；2014—2016年的政府部门杠杆率均值为104.8%，较此前提高约15个百分点。

低通胀和其他诸多宏观经济指标恶化都是需求不足环境下的各种关联表现（见图4.1）。更糟糕的是，在缺乏强有力的外部干预下，低通胀预期、信贷紧缩和经济下行之间有相互强化的机制，使得经济形势不断恶化。在这个过程中，企业投资、居民收入和消费、政府收入都会蒙受严重损失。

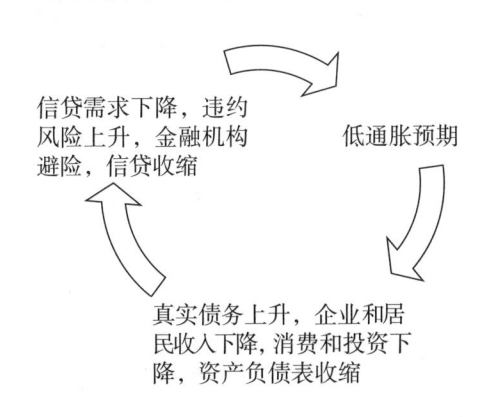

图4.1 低通胀、信贷紧缩和经济低迷之间的恶性循环

走出需求不足以后，宏观经济指标有了全面改善。 作为对比，我们可以观察美国1934—1937年、日本2013—2019年和欧元区2017—2019年的经济表现（见图4.2）。其间，美国的CPI平均增速回升至2.6%；2013—2019年日本平均CPI增速回升到了0.83%，核心CPI增速也回升到了0.74%；欧元区的HICP和核心HICP平均增速则分别回升至1.5%和1%。三个经济体大部分的经济指标都可见较为明显的改善。

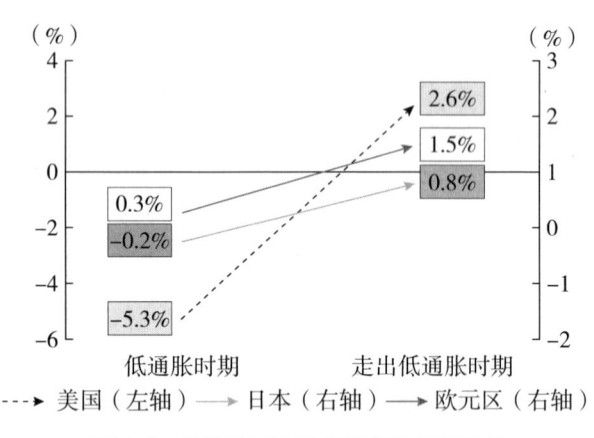

图4.2 美日欧两阶段CPI同比增速比较

注：美国低通胀时期为1929—1933年，走出低通胀时期定义为1934—1937年；日本低通胀时期为1998—2012年，走出低通胀时期定义为2013—2019年；欧元区低通胀时期为2014—2016年，走出低通胀时期定义为2017—2019年。

资料来源：Wind。

走出需求不足，伴随着货币和信贷增速显著回升。 美国1934—1937年的M2平均增速升至9.2%，较低通胀时期提高了16.1个百分点；非金融私营部门的信贷增速在1936年转正，1937年达到7.7%，相比较1934—1937年的平均增速-1.3%大幅提高（见图4.3）。日本在2013—2019年的M2增速平均为3.3%，较低通胀时期提高了0.9个百分点；银行部门信贷余额平均增速较低通胀时期提高3.6个百分点，达到2.8%。欧元区2017—2019年的M2平均增速为5%，高于低通胀时期的4.2%，信贷增速也较低通胀时期略有提高。

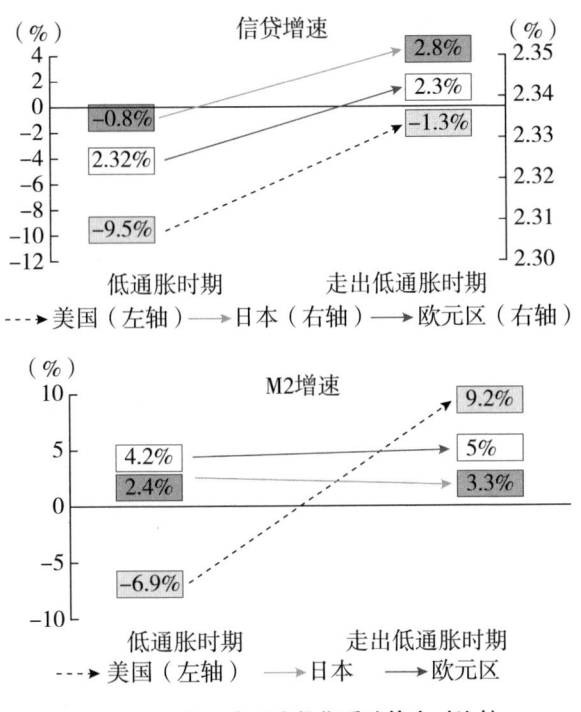

图4.3 美日欧两阶段货币政策应对比较

资料来源：Wind，JST宏观金融历史数据。

走出需求不足，伴随着资产价格显著回升。1934—1937年，美国股市走出暴跌后的谷底，标准普尔500指数年度均值平均每年提高15.4%；美国房价指数平均增速同期也达到3.4%，比低通胀期高出7.8个百分点（见图4.4）。日本的日经225指数2013—2019年的平均增速为14.6%，平均值为18 483点，较1998—2012年的平均值高出了47.8%；东京的房价指数增速在2013—2019年平均为1.6%，走出了房价整体下跌的趋势，较1998—2012年的平均水平高出3.9个百分点。欧洲证券交易所100指数2017—2019年平均为2 754点,较低通胀时期提高了23.9%;欧元区房价指数增速平均也升至4.5%,较低通胀时期高出2.6个百分点。

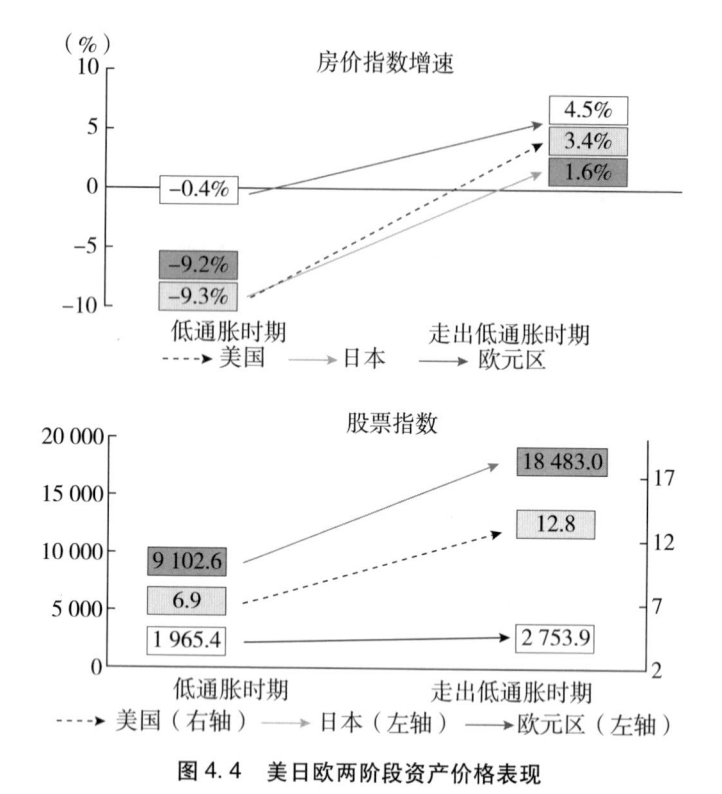

图4.4 美日欧两阶段资产价格表现

注:美国股票指数为标准普尔500指数,日本为日经225指数,欧元区为欧洲证券交易所100指数。这里对比的是低通胀时期的低点和走出低通胀时期的平均值。

资料来源:Wind,JST宏观金融历史数据。

走出需求不足,伴随着企业投资显著提高。美国1934—1937年非金融企业固定资产投资同比增速和企业税前利润同比增速平均升至24.3%和45.3%,分别较大萧条时期提高了41.4和107.7个百分点。日本2013—2019年私人企业设备投资平均同比增速较通缩时期提高了2.1个百分点至2.2%;与此同时,日本企业的盈利能力也有所改善：日本全行业营业利润率增速季度均值为4.4%，相较低通胀时期均值提高了1.3个百分点（见图4.5）。走出低通胀时期后，2017—2019年，欧元区固定资产投资增速平均为6.7%，比低通胀时期提高了2.3个百分点，欧元区企业的盈利在走出低通胀后没有改善。

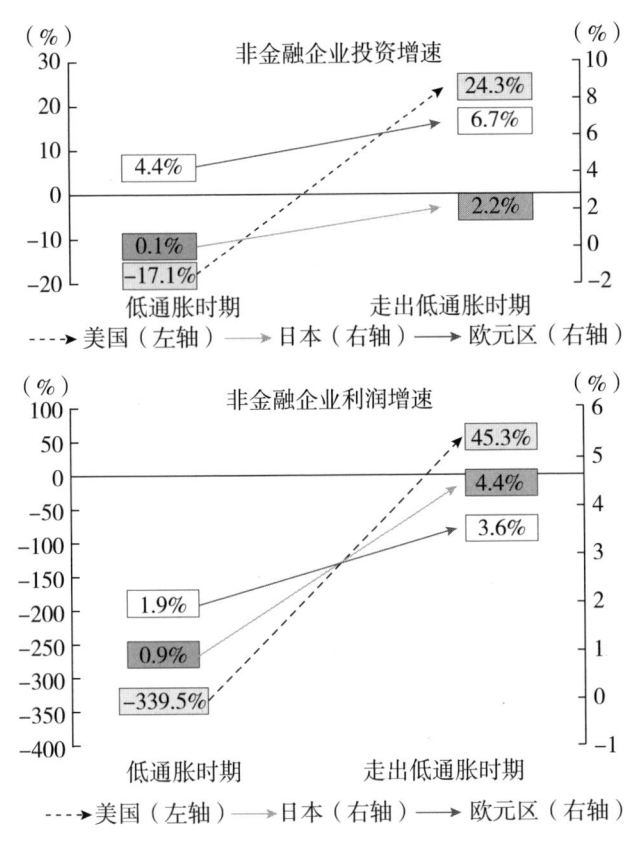

图 4.5 美日欧两阶段企业经济表现比较

注：非金融企业投资增速，美国为非金融企业固定资产投资同比增速均值，日本为私人企业设备投资同比增速均值，欧元区为固定资本形成总额同比增速均值，这里对比的是两个时期的均值。非金融企业利润增速，美国为企业税前利润同比增速均值，日本为全行业营业利润率均值，欧元区为非金融企业营业盈余总额和混合收入增速均值，这里对比的是低通胀时期的低点和走出低通胀时期的均值。

资料来源：Wind，JST宏观金融历史数据，欧洲中央银行。

走出需求不足，伴随着经济增速上升，居民收入和就业市场改善。美国1934—1937年的GDP实际增速平均为9.4%，较大萧条时期提高了16.7个百分点；失业率也持续下降，1937年较1933年下降了10.6个百分点至14.3%；美国工资及薪金同比增速以及不变价个人消费支出同比增速分别提高至12.3%和6.8%，分别较大萧条时期高出22.5和11.7个百分点（见图4.6和图4.7）。日本2013—2019年的平均GDP增速小幅提高至1%，平均失业率较通缩时期下降1.5个百分点至3.1%；2015年以后，日本有两个劳动者以上的居民家庭的收入情况大为改观，实际收入增速逐年提高，

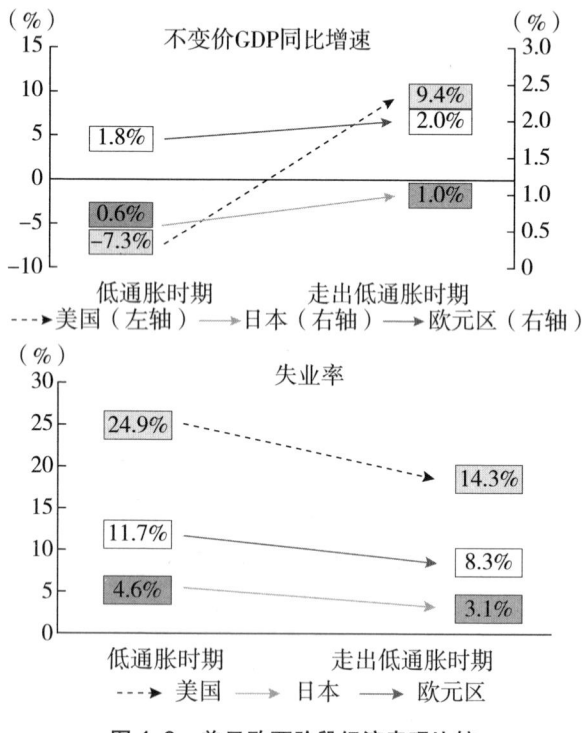

图4.6 美日欧两阶段经济表现比较

注：失业率对比的是低通胀时期的低点和走出低通胀时期的均值。
资料来源：Wind，JST宏观金融历史数据。

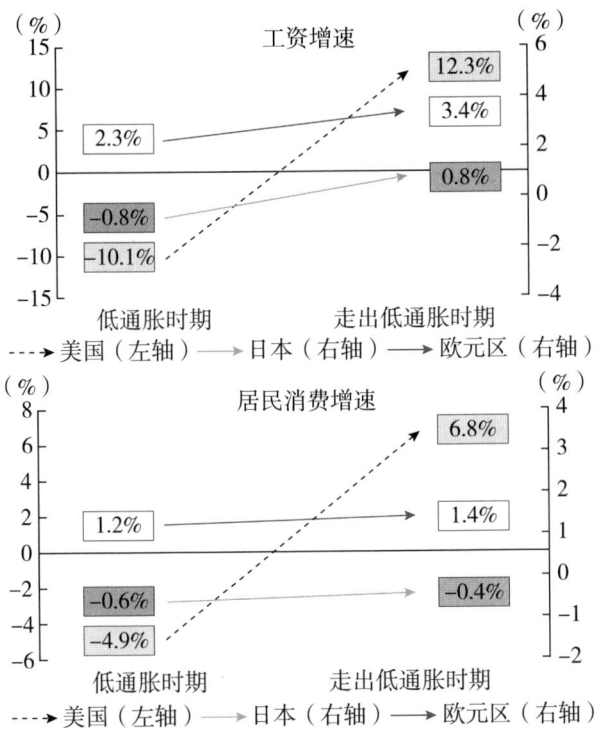

图 4.7 美日欧两阶段居民部门表现比较

注：工资增速均值，美国为工资及薪金同比增速，日本为人均可支配收入增速，欧元区为工资收入指数同比增速。

资料来源：Wind，JST 宏观金融历史数据。

在 2019 年达到了 4.2%，2013—2019 年平均也有 0.8% 的增速。欧元区 2017—2019 年的工资收入指数增速平均为 3.4%，比低通胀时期提高了 1.1 个百分点，消费增速也略有回升。

走出需求不足，伴随着政府收入的显著改善。美国、日本和欧元区走出低通胀时期的政府税收年平均增速分别为 13.6%、4.4% 和 3.5%，分别比低通胀时期提高了 18.3、5.5 和 1.1 个百分点（见图 4.8）。

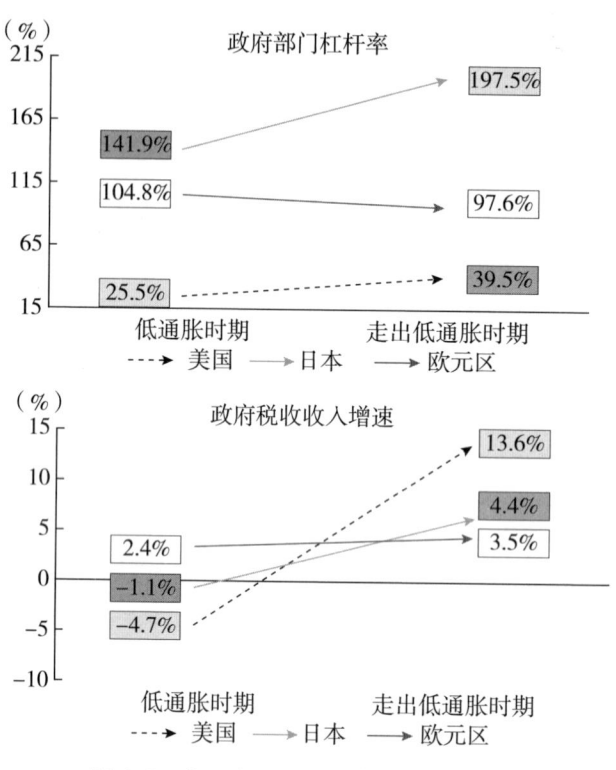

图 4.8 美日欧两阶段政府部门表现比较

资料来源：Wind，JST 宏观金融历史数据。

需求不足的原因

对需求不足非常流行的一种解释是收入分配恶化。穷人边际消费倾向高，富人边际消费倾向低，如果收入和财富越来越多地集聚在富人手中，会造成需求不足。这种解释看起来很直观，却很难经得起国际和国内经验的检验。在发达国家中，日本是收入分配相对平等的国家，美国的收入分配不平等情况比日本严重，但是需求不足和低通胀在日本的严重程度远高于美国。从大萧条、日本和欧元区需求不足的经验看，难以用收入分配的巨大变化解释需求突然的大幅下降，走出需求不足的政策手段也并非改善收入分配政策。

从国内经验看，2003—2009年我国居民收入分配差距拉大，居民收入基尼系数从0.479上升到0.491，此期间我国并不存在需求不足现象，反而是经常受到需求过热的困扰。2009年以后，得益于农民工收入快速提升，我国居民收入分配差距缩小，居民收入基尼系数从0.491下降到2019年的0.465，之后两年也大概维持在这个水平。在此期间，我国更频繁地出现需求不足现象，平均的通胀水平也较前一个时期下了一个明显的台阶。

收入和财富分配是决定总需求的一个因素，但是这个因素本身的变化比较缓慢，对总需求短期内变化的边际影响力并不特别突出。仅凭这个因素远不足以充分解释需求不足，解决需求不足的办法也未必主要依靠改变收入和财富分配的政策。

对需求不足的解释，可以归纳为三个层次的叠加：负面冲击+市场失灵+逆周期政策失灵。第一个层次是强调需求不足最初面临的负面冲击。需求不足往往始于突然爆发的某种负面冲击，诸如房地产危机、股市危机、银行业危机、全球金融危机或者是公共卫生事件危机。正如我们在三段历史中看到的，大萧条始于股市泡沫破灭，日本的通缩始于银行业危机，欧元区的低通胀始于欧债危机。危机的爆发对投资者、金融中介或者消费者的资产负债表带来破坏，投资者缺乏能力和信心不敢投资，消费者不愿意消费，或者是金融机构难以正常履行金融中介职能，不能为投资和消费融资。这些负面冲击带来了第一轮的需求冲击，但仅是第一轮负面需求冲击不足以完整解释持续的需求不足和低通胀。

第二个层次是市场机制缺乏自发修复能力。市场失灵是宏观经济学对需求不足现象的主流解释。在古典经济学世界里，即便是面临各种形式的负面冲击，价格调整会重新平衡供给和需求。古典经济学世界里的市场有非常强的自发修复能力，不存在需求不足现象。大萧条的爆发打破了古典经济学的信念。凯恩斯及其之后的宏观经济学家强调，面临需求下降，商品和服务的市场价格并不会充分调整，商品、服务和工资普遍存在市场失灵。新凯恩斯主义经济学对市场失灵的存在做了大量的微观基础解释。如果不能通过充分灵活调整的价格机制让市场恢复均衡，经济运行就不能充分让各种资源发挥作用，会存在持续的非自愿失业和物价低迷。

市场难以自发修复的原因不仅是不能充分灵活调整价格，还包括金融中介难以正常发挥职能，以及经济个体和企业经常面临的流动性约束。无论是大萧条，还是日本持续多年的通缩，或者是2008年全球金融危机和随后的欧债危机，都能看到如果金融市场出现了流动性危机，或者是金融中介不能正常行使职能，全社会信贷增长会大幅下降，与之联系在一起的是全社会总需求水平的下降。

第三层次强调政策应对不得当。宏观经济学诞生以前，还没有总需求管理的理念和政策工具，政府不知道如何应对需求不足的局面。宏观经济学诞生以后，即便面临负面冲击，市场难以自发修复，通过充分的逆周期政策可以应对需求不足。

对逆周期政策工具的使用一直处于批判、完善和创新过程当中。20世纪五六十年代，逆周期政策工具强调逆风而动，政策工具选择中更加侧重财政政策。这与当时仍处于布雷顿森林体系有关，相对固定的汇率水平限制了各国的货币政策空间，财政政策工具成为主要的逆周期政策工具选择。

进入20世纪七八十年代，随着布雷顿森林体系的解体和浮动汇率制度的日益盛行，货币政策的独立性上升，货币政策工具得到更多重视和运用。货币主义学派和理性预期学派提出了附加预期的菲利普斯曲线、理性预期、动态不一致等概念，对逆风而动的逆周期政策工具提出批评，无论是财政还是货币政策都更加强调逆周期政策规则。

进入 90 年代以后，随着金融市场的进一步发展，以及新凯恩斯主义经济学的发展，逆周期政策工具选择中更偏重货币政策，对短期利率的调控成为逆周期政策工具的头号选择。传统的货币政策研究强调的主要机制是通过压低政策利率引导市场融资利率下行，降低投资成本，进而刺激投资。随着债券市场、股票市场和房地产市场的快速成长，以及住房抵押贷款规模的扩张，利率对经济的影响更复杂，也更重要。降低利率（不仅是降低贷款利率），也会显著影响债券利率和资产价格，引起风险溢价的变化；压低利率不仅影响投资，还会通过家庭、政府资产负债表和汇率，影响家庭消费、政府支出和出口。

宽松货币政策并非没有边界，一个普遍的担心是零利率下限。正如经济长期停滞理论强调的，需求不足的根本原因在于实现充分就业和潜在产出水平所对应的自然真实利率水平很低（通常是负利率水平），现实中各国央行即便把名义利率降到零，在物价水平不高的情况下，真实利率水平还是不足以低到自然真实利率水平，不能起到充分恢复储蓄和平衡投资的作用，也不能实现充分就业。

在零利率下限环境下，日本、美国、欧洲等货币当局在进一步放松货币政策方面做出了大量创新。这些货币政策的创新工具包括帮助金融中介恢复正常工作，以及降低中长期利率水平和风险溢价等。目标指向都是进一步降低真实利率水平，以此让市场自发修复，扩大总需求。

从各国货币政策的实践看，即便是在巨大的外部冲击下，市场也难以通过自身的力量自发修复，充分的逆周期政策工具也能够帮助经济走出需求不足。正因如此，逆周期政策工具的选择失误或者使用不充分，也可以看作是需求不足的原因。

很多学者对未来的悲观预期造成了投资和消费的低迷，这种悲观预期不会凭空而来。悲观预期往往是以上三个层次原因叠加的结果，是需求不足持续得不到解决的结果。需求不足的后果是失业增加和居民收入难以增长，企业收入和盈利下降，这种局面持续时间越长，对未来的悲观预期越会不断累积，这种悲观预期又会进一步加剧需求不足。

如何走出需求不足

1. 大萧条期间

大萧条始于股市价格泡沫破灭。1929年美联储提高利率遏制股票价格泡沫，此后不久，股票市场开始自由落体式下滑。标准普尔500指数从1929年8月的高点31.7持续下降到1932年5月的4.5。股市下跌以后，农产品和原材料价格也大幅下降。查尔斯·金德尔伯格认为，农矿产品的价格下降是通缩传播的主要渠道，价格下降从股价到农矿产品，再到进口商品价格，1930年6月相较1929年底的批发价格下降了7%。[1]

---

[1] Charles P. Kindleberger. The World in Depression, 1929-1939 [M]. Berkeley: University of California Press, 1973.

伴随着商品价格和资产价格下行，银行破产接踵而至。1929—1933 年，美国破产银行数量分别达到了 659 家、1 350 家、2 293 家、1 453 家和 4 000 家。[1] 弗里德曼和施瓦茨认为，大萧条的主要传播机制是对银行破产的恐慌。[2] 银行破产增加了银行对存款准备金的需求，增加了公众对现金的需求，影响了信贷和消费开支。伯南克认为，银行破产造成的主要影响是信贷收缩。银行破产就不能提供贷款，没有破产的银行也会提高贷款成本。全社会的信贷紧缩造成了严重需求不足。

资产泡沫破灭、价格下跌、银行破产和经济结构矛盾这些问题并不鲜见，美国研究大萧条的主流意见认为，出现大萧条更主要的原因是错误的政策应对。一场大的病毒传播开始了，大萧条期间采取的应对办法不仅没有控制传播，反而加剧了传播。凯恩斯认为大萧条期间的应对政策极其愚蠢。弗里德曼强调大萧条的主要原因是货币当局政策失误。伯南克认同弗里德曼将大萧条归因为货币政策失误，同时强调在债务通缩环境下，债务人的净资产下降和资产价格下降加剧了银行信贷紧缩，加剧了大萧条。[3]

伯南克认为，对大萧条的研究可以分为两个阶段。[4] 第一个阶段以弗里德曼和施瓦茨为代表，对大萧条提出了货币主义的解释，

---

[1] David C. Wheelock. Monetary Policy in the Great Depression and Beyond: the Sources of the Fed's Inflation Bias [R]. Federal Reserve Bank of St. Louis. Handle，1997-011.

[2] 米尔顿·弗里德曼，安娜·雅各布森·施瓦茨. 大衰退：1929～1933 [M]. 北京：中信出版社，2008.

[3] Ben S. Bernanke. Nonmonetary Effects of the Financial Crisis in the Propagation of the Great Depression [J]. The American Economic Review，1983（6），vol. 73（3），257-276.

[4] Ben S. Bernanke. The Macroeconomics of the Great Depression: A Comparative Approach [J]. Journal of Money, Credit and Banking，1995（1），vol. 27（1），1-28.

即大萧条来自 1929 年末至 1933 年的货币大收缩（Great Contraction）。与货币主义解释相竞争的是另一位研究大萧条的学者特明（Temin，1976），他强调非货币因素发挥的作用，货币下降来自对产出下降的被动反应，比如 1930 年消费的自主下降。① 戈登和威尔科克斯（Gorden and Wilcox，1981）指出，非货币因素主要在大萧条的前期（1930 年）发挥作用，货币因素则在中后期（1931—1933 年）发挥作用。

第二个阶段，进入 20 世纪 80 年代以后，关于大萧条的研究转向了两次世界大战之间的金本位。对金本位的研究更进一步确定了货币因素是大萧条最重要的诱因。大萧条并非某一个国家的孤立事件，而是普遍发生在全球范围内的众多国家，对此需要做出更一般性的解释。大量研究表明，1930 年全球范围的货币大幅收缩，并非来自产出下降带来的被动货币反应，而是来自制度设计缺陷、决策者的短视以及不利的政治和经济环境。② 较早放弃了金本位的国家，能够重新提升其货币供应和价格水平；持续停留在金本位的国家，一直难以走出通缩。货币和产出同时下降，但并

---

① Peter Temin. Did Monetary Forces Cause the Great Depression? [M]. New York: W. W. Norton, 1976.

② Ehsan U. Choudhri, Levis A. Kochin. The Exchange Rate and the International Transmission of Business Cycle Disturbances: Some Evidence from the Great Depression [J]. Journal of Money, Credit, and Banking. 1980 (12), 565-74.

Barry Eichengreen. Central Bank Cooperation under the Interwar Gold Standard [J]. Explorations in Economic History. 1984 (21), 64-87.

Barry Eichengreen, Jeffrey Sachs. Exchange Rates and Economic Recovery in the 1930s [J]. Journal of Economic History. 1985 (45), 925-46.

James D. Hamilton. The Role of the International Gold Standard in Propagating the Great Depression [J]. Contemporary Policy Issues. 1988 (6), 67-89.

非产出下降带动货币下降，而是货币下降带动产出下降。

弗里德曼和施瓦茨指出，纽约联储主席本杰明·斯特朗 1928 年去世以后，给联储带来了领导力和认知的双重空白。① 1924 年和 1927 年两次衰退期间，美联储采取降低贴现率和公开市场购买政府债券进行应对。然而在 1929—1931 年，尽管经济有更严重的下降，但是美联储的应对措施大幅弱化，贴现率下降幅度和公开市场购买数量都很有限。当时美联储信奉的是"真实票据理论"，它把商业银行的贴现贷款数量和市场利率变化作为政策风向标。当商业银行贴现贷款数量下降、市场利率下降的时候，美联储认为这是宽松货币政策环境；反之，当商业银行贴现贷款数量上升和市场利率上升时，则被视为紧缩货币政策环境。1929—1931 年危机爆发以后，商业银行贴现贷款大幅下降，市场利率下降，美联储认为货币政策环境已经非常宽松了，没什么能进一步做的，应该坐等经济恢复。

1931 年欧洲大陆爆发了多场危机，多数欧洲国家陆续放弃了金本位。市场预期美国会放弃金本位，这导致黄金大量流出美国，同时也带来了商业银行储备金的大量下降。1931 年 10 月，美联储将贴现利率从 1.5% 大幅提高到 3.5%，但同时并未通过公开市场业务操作补充商业银行准备金。没有守住对金本位的信心，社会公众还在大量增持黄金，商业银行储备金面临巨大压力，不得不以更高的利率大量从美联储借款，以弥补储备金的损失。

美联储对不进行公开市场操作的解释是它自身的储备也处于

---

① Milton Friedman, Anna J. Schwartz. A Monetary History of the United States, 1867–1960 [M]. Princeton: Princeton University Press, 1963.

危险当中。它要保持对 40% 的未承兑票据发行、35% 的负债（主要会员银行的存款准备金）的黄金支撑；还要以黄金或者合格证券作为抵押品。这里的合格证券包括美联储从商业银行购买或者贴现的商业银行票据，不包括政府债券。美联储购买政府债券需要额外增加储备。

1931 年 7 月至 10 月，美联储的黄金储备从占其债务的 84% 下降到 63%。尽管美联储还有足够的"自由黄金"支撑黄金储备要求，但这些变化还是引发了它的担心。公开市场购买会加剧黄金外流，容易动摇市场对美联储保持黄金本位的决心。尽管有所谓的抵押品要求，事实上美联储有权停止准备金要求，但并没有这么做。

1932 年以后，美国开启了一系列制度改革，对后来的货币政策制度环境也带来了极大影响。1932 年的《格拉斯-斯蒂格尔法案》允许美联储使用政府债券作为支持其货币发行的合格抵押品。1934 年的《黄金储备法案》，允许总统重新调整美元与黄金之间的比价，并成立了外汇稳定基金。1933 年 3 月，罗斯福总统暂停了金本位，1934 年 1 月将美元与黄金比价从 1 盎司黄金兑换 20.67 美元调整为 1 盎司黄金兑换 35 美元。1935 年的《银行法案》，调整了美联储体系并扩展了它调整准备金率的权力。经过一系列政策调整以后，美国经济终于不再继续下跌，1934 年后的物价水平、货币增速和经济增长都有了显著增长，银行破产数量大幅下降。

大萧条不仅发生在美国，欧洲大陆、英国和其他很多经济体也不同程度地陷入萧条。埃肯格林的研究发现，检验各国在大萧条中的衰退严重程度，唯一最佳标准是它们坚持实施金本位的时间长度。① 1931年英国放弃金本位，避免了大萧条的最坏局面。西班牙从未采取金本位，避免了经济衰退。日本1932年货币大幅贬值，避免了经济衰退。以法国为首的金本位集团承受着经济衰退的痛苦，一直持续到1935—1936年。

2. 日本经验

日本经济在1998年以后经历了两次时间较长的通缩。第一次是1998—2003年；第二次是2008—2012年。2003—2008年期间，尽管通胀不高，但多数时间保持了增长，经济也在恢复。吉川洋指出，日本经济不能用简单的通缩来描述，即使加入了金融体系功能恶化的描述也不够。② 资产价格下降、债务通缩③、信贷紧缩和结构性变化导致的信心缺失组合在一起才是日本的现状。

日本在1997—1998年经历了多家大型金融机构倒闭，爆发了银行业危机，同时还遭遇了东南亚金融危机，随后进入历时多年的通缩，持续时间从1998年到2003年。为了恢复银行业秩序，日本政府采取了大量注资的措施，1999年3月以后逐渐稳定了金融秩序，但是经济依然低迷。1999年2月，日本央行将政策利率降至零，持续时间一年半。尽管还在通缩，但日本央行在2000年8月还是取消了零利率政策，随后日本经济再次陷入衰退。日本央

---

① Barry Eichengreen. Golden Fetters: The Gold Standard and the Great Depression, 1919-1939 [M]. New York: Oxford University Press, 1992.
② 参见日本内阁府经济社会综合研究所《通缩经济与货币政策》。
③ "债务通缩"是指由于债务水平下降或债务负担增加而导致经济中的总体价格水平下降或经历通缩的情况。这个术语通常在经济学领域中使用，用来描述由于高水平的债务影响，资产价格下降和经济衰退相互加剧的情形。在大萧条期间，经济学家欧文·费雪特地讨论了这个概念，以解释陷入恶性循环的原因，即价格下跌、债务负担增加和经济萎缩之间的相互影响。

行不得不再次下调政策利率。2001年2月，日本央行将再贴现率从0.5%降低至0.35%。2001年3月，货币政策工具由同业拆借利率调整为准备金账户余额，通过将准备金账户余额目标设定为高于法定准备金，日本央行可以向商业银行提供超过法定准备金的资金，银行间市场利率必须为零，以诱使商业银行将资金存入日本央行的零利率准备金账户。这标志着量化宽松政策的启动。该举动意味着：（1）市场流动性增加，有效恢复了零利率，银行同业拆借利率立刻降至0.15%；（2）该举动暗示会进一步扩大基础货币；（3）政策委员会宣布，新的货币宽松政策将一直持续，直至核心CPI稳定在零以上或每年同比上涨的水平。

货币当局如何治理通缩有两种代表性看法。一种是克鲁格曼（1998）的观点，这个观点当时在日本引起了广泛关注和讨论，并得到众多日本学者和国际知名宏观经济学家的认同。克鲁格曼认为，无论通胀还是通缩，都是货币现象，走出通缩的关键是提高通胀预期，降低真实利率。[1] 当日本名义利率到零的时候，日本央行应该通过明确宣布未来的通胀目标，并配合量化宽松政策走出通缩。伯南克（2000）、布兰查德等人（2000）也都强调，即便在零利率下，货币当局也能够影响真实利率，进而影响总需求和产出水平。[2][3] 滨田

---

[1] 真实利率等于名义利率减去通胀预期。
[2] Ben S. Bernanke. Japanese Monetary Policy：A Case of Self-Induced Paralysis？Japanese Monetary Policy：A Case of Self-Induced Paralysis？［M］// Japan's Financial Crisis and Its Parallels to U. S. Experience, Institute for International Economics, Washington, D. C., 2000, 149-166.
[3] Olivier Blanchard, Mikitani, R. & Adam, S. P. Discussions of the Monetary Response-Bubbles, Liquidity Traps and Monetary Policy ［M］//Japan's Financial Crisis and Its Parallels to U. S. Experience. 2020, 185-193.

宏一和崛内昭仪在2002年日本央行的货币政策会议上也提出了通胀目标值和量化宽松的政策建议。

另一种观点主要来自日本国内,很大程度上也是对克鲁格曼观点的质疑,他们质疑货币政策能够发挥的作用,强调其他因素的影响。2001年3月,日本负责经济财政政策的国务大臣麻生太郎在新闻发布会上表示,"只考虑货币政策是不可取的……全球还没有哪个国家采用通胀目标制是为了使通缩转为通胀"。日本央行行长速水优在2002年12月的货币政策会议上指出,"我认为我是一名通缩斗士,在目前利率为零,且存在不良债权的情况下,通胀目标制不能使物价上升,通胀目标制是对政府和日本央行的盲目押注,只会降低对两者的信心"。日本央行并不认同通缩会伤害经济,而更多地把通缩看作是经济下行的结果。速水优行长对宽松货币政策表示了两点担心,一是宽松货币政策能否改善实体经济部门,二是宽松货币政策会对长期利率带来不利影响。

速水优行长治下的日本央行对宽松货币政策深有戒心,对当时日本央行留下深刻记忆的是1973—1975年的通胀、1985—1989年的资产价格泡沫、1985—1989年使用货币政策抑制日元升值的不良后果等。日本央行为了争取独立性一直与政府抗争。[①] 正是在这样的环境下,日本央行向市场传递的宽松货币政策信息令人困惑。伊藤隆敏和米什金认为,日本央行未能在对抗通缩中发挥应有的作用,特别是2000年的加息是个严重失误。[②] 在零利率已经

[①] 伊藤隆敏,星岳雄. 繁荣与停滞:日本经济发展和转型 [M]. 郭兴金 译. 北京:中信出版集团,2022.

[②] Takatoshi Ito, Frederic S. Mishkin. Two Decades of Japanese Monetary Policy and the Deflation Problem [A] // Monetary Policy with Very Low Inflation in the Pacific Rim,2006,131-202.

不足以对抗通缩的环境下，日本央行需要做好通胀预期管理，设定明确的通胀目标并采取非常规的货币政策工具，但是日本央行一直未能做到这些。

2003—2008年，日本经济曾一度有所好转。2003年福井俊彦就任日本央行行长，他任内的日本央行不再执着于提高利率，与政府的抗争也在淡化。2005年和2006年经济持续复苏，2006年春季通胀转为正数，日本央行准备退出量化宽松和零利率政策。2006年3月，日本央行将货币政策工具由准备金账户余额调整为同业拆借利率。2006年7月，日本央行将政策利率上调至0.25%，结束了零利率政策。

2008年全球金融危机爆发，日本于2009—2012年再度陷入通缩。在此期间，日本央行基本无所作为，经济衰退情况较为严重。得益于前期关于通缩和货币政策的各种争论意见，安倍上台以后，认为日本经济必须采取通胀目标制和量化宽松政策，以实现通胀目标（见表4.1）。2013年1月，日本央行将2%的通胀率作为政策

表4.1 2013年后日本央行创新货币政策工具

货币政策工具	政策措施
量化质化宽松政策（QQE）	2013年4月开始，主要内容： 1. 以2%的通胀率作为政策目标。 2. 数量操作：将金融市场操作目标从无担保隔夜拆借利率调整为基础货币，大幅增加央行的长期国债持有量。 3. 质量操作：将长期国债购买对象从以往的最长3年期扩充至包括40年期在内的所有期限的长期国债。增加实物资产保有量，增加交易所交易基金（ETF）和不动产投资信托基金（J-REIT）。 4. 废除2010年10月设立的资产购买基金，统一日本银行购买长期国债的方式，并且新增长期国债购买规模可以超过纸币发行量上限。

(续表)

货币政策工具	政策措施
负利率政策	2006年开始对金融机构新增超额准备金实施-0.1%的利率。
收益率曲线控制策略（YCC）	日本央行于2016年9月在量化质化宽松和负利率的基础上推出收益率曲线控制策略，旨在把10年期国债收益率维持在零上下。一旦10年期国债收益率超出以0为中心的±0.25%的目标区间，日本银行就会从国债市场购买10年期国债，使之回到目标区间之内。收益率曲线控制政策可以强化扩张性财政和货币政策对经济增长的刺激作用。例如，如果经济增长导致通胀率上升，但（名义）收益率不变，实际收益率就下降了。实际收益率下降意味着融资成本的下降，有利于经济增长和通胀率提高，从而形成良性循环。

目标。仅仅是谈话和预期就让日元贬值了11%，日经225指数上升了24%。2013年3月黑田东彦出任日本央行行长，推出了量化质化宽松政策（QQE），日元大幅贬值，日经指数大涨，日本走出了通缩，经济持续复苏。

与之前的零利率和量化宽松政策相比，新一轮货币宽松政策更加看重与市场的沟通，如向市场明确宣布2%的通胀目标，并采取了负利率和多种量化宽松政策手段支撑货币政策的目标。

3. 欧元区经验

欧元区2014—2016年曾一度面临通缩风险，HICP和核心HICP一直在1%以下的水平徘徊，持续低于欧洲央行"低于但接近2%"的通胀目标。直到2017年，欧元区才正式走出低通胀环境。与大萧条和日本长期通缩相比，欧元区处在通缩的边缘，还没有完全陷入通缩。欧洲央行的应对措施更像是一场针对需求不足和通缩的预防针。

欧元区这一轮通胀走低的起点可追溯到2011年底欧洲央行过

早地退出宽松货币政策。2011年4月13日和7月13日，欧洲央行行长让-克洛德·特里谢（Jean-Claude Trichet）为应对当时的通胀压力以及推动货币政策正常化，开启了自2008年宽松货币政策以来的两次加息，将主要再融资利率从1.0%上调至1.5%。欧洲央行给出的加息理由是："要让HICP通胀率的上升不会导致价格和工资设定行为的第二轮效应，从而避免在中期造成广泛的通胀压力。"但是，当时的各项需求指标显示，欧洲经济已经有走弱的迹象。欧元区制造业PMI（采购经理指数）快速下行，零售指数同比在2010年见顶后快速回落，出口增速在2011年上半年依然在快速下降，失业率在2011年4月之后见底反弹。这些数据都表明复苏动力在减弱。再加上当时欧元区银行体系仍然在消化欧债危机带来的冲击，资产负债表修复尚未完成。欧盟对主权债务危机成员国的救助也将其推到了崩溃的边缘，各成员国国债收益率飙升，欧元区面临分裂的危机。**事后看，这次加息直接阻断了欧元区经济的改善，让欧洲银行业再次陷入困境，导致欧元区经济的进一步放缓**。

2012年欧洲央行货币政策果断转向，为经济和金融系统的修复提供了重要支撑。在马里奥·德拉吉（Mario Draghi）接任欧洲央行行长后，于2012年7月26日发表了一场"不惜一切代价"的讲话。这成为欧洲央行货币政策的分水岭。欧洲央行行长隐含地承诺向欧元区的金融机构、市场和国家提供无限支持，通过购买国债和其他金融资产来注入流动性和稳定金融市场，解决了2011年和2012年初金融和经济状况严重恶化的问题。自那以后相当长的时间里，这些政策为稳定金融市场、提振市场信心发挥了关键作用。由于其规模和非预期性，该声明对银行和主权国家的股票价格和信用利差产生了巨大的有利影响，为结束欧元危机和经济复苏创造了条件。

进入2013年，伴随着通胀持续低位运行，**欧元区信贷紧缩的现象没有缓解，这些现象引起了欧洲央行的警惕**。从2013年第二季度开始，欧元区信贷同比增速开始转负，一直持续到2014年底。德拉吉明确指出，欧元区面临着陷入通缩的风险。此后，欧洲央行连续数次降低基准利率，直至把基准利率降到了零附近，并配合多种形式的宽松货币政策。具体看，这一时期欧洲央行实施了超低利率、定向长期再融资操作（TLTRO）、证券市场计划（SMP）、直接货币交易计划（OMT）以及资产负债表策略等非传统货币政策（见表4.2）。

表4.2　欧洲央行应对欧债危机的非传统货币政策

货币政策工具	政策措施
降息	2011—2016年欧洲央行八次（2011年11月9日、2011年12月14日、2012年7月11日、2013年5月8日、2013年11月13日、2014年6月11日、2014年9月10日、2016年3月16日）下调基准利率，将主要再融资利率从2011年的1.5%调降至0%。
定向长期再融资操作（TLTRO）	第一轮：2011年12月21日，欧洲央行推出三年期再融资操作计划，向523家欧元区银行提供了总额4 890亿欧元的三年期低息贷款。 第二轮：2012年2月29日，欧洲央行再推出三年期再融资操作，并放宽了7个国家合格抵押品级别，向800家银行提供了总额5 295亿欧元的三年期低息贷款。
证券市场计划（SMP）	2010年5月14日，欧洲央行推出SMP，允许欧洲央行根据规定直接从一二级市场购买债券。2011年8月份之后，SMP规模快速增长。由于连续推出两轮TLTRO，2012年2至3月份，欧洲央行暂停扩大SMP规模。

（续表）

货币政策工具	政策措施
直接货币交易计划（OMT）	2012年9月6日，欧洲央行推出OMT，并暂停SMP。OMT是欧洲央行为"不惜一切代价保护欧元区"，以购买欧元区重债国国债的方式帮助其降低国债收益率，特点为： 购债规模无上限。欧洲央行可以无限制地在二级市场购买欧元区成员国的政府证券，因此也被称为无限量债券购买计划。 二级市场操作。为避免OMT成为主权债务危机国家变相融资的工具，欧洲央行OMT计划是在二级市场上操作，即从投资者手中购买欧元区成员国的政府债券。OMT计划针对1—3年的短期政府债券，而非长期债券。 启动条件较为严格。为避免"道德风险"和可能存在的金融风险，欧洲央行规定OMT启动的一个必要条件是，成员国与欧洲金融稳定基金（EFSF）及欧洲稳定机制（ESM）达成救助协议。
资产负债表策略	金融危机后，资产负债表便成为各国央行非常重要的货币政策工具，通过扩大资产负债表规模和调整资产负债表结构以实现为市场提供流动性等目标。 资产负债表规模大幅扩张。 资产负债表结构也发生明显变化。"对欧元区金融机构的欧元贷款""为货币政策目的持有的证券"急剧扩张。

得益于欧洲央行坚定的宽松政策，欧元区的长期通胀预期在此期间始终被央行2%的通胀目标牢牢锚定，这是欧元区能够成功走出低通胀的关键。从2014年欧元区HICP持续走低开始，欧洲央行每次发布月报时都会强调，"尽管通胀在低位运行，但长期通胀预期依然保持在2%左右的水平"，原因是只要长期通胀预期保持稳定，经济主体就不会因为预期未来价格更低而推迟当期消费，从而避免经济陷入低通胀陷阱。例如，2015年第一季度欧元区连续三个月HICP同比增速转为负值，为此欧洲央行在发布的月报中专门考察了居民的消费行为，并得出"低通胀并没有导致居民推迟消费的现象"的结论。

小结和启示

本章我们主要回顾了美国 1929—1933 年大萧条时期、日本 1998—2012 年、欧元区 2014—2016 年三个时段的需求不足和低通胀历史，当时围绕如何应对需求不足的学术讨论，总结需求不足和低通胀的原因，以及采取什么样的政策才能成功走出这种困境。简单概括上面三段历史可以发现：在大萧条时期，美联储的货币政策开错了药方，加剧了萧条；在日本通缩时期，日本央行一直犹豫，大幅拉长了通缩的时间；欧元区更多是一个正面的例子，欧洲央行"不惜一切代价"的宣誓和随后一系列强有力的应对措施止住了需求不足和通胀的进一步下行。

通过这些分析，我们得到了三个结论：

第一，有好的低通胀也有坏的低通胀。好的低通胀来自供给方的生产率提高，低通胀同时伴随着高增长和高就业。坏的低通胀来自需求不足，它从来不是孤立事件。低通胀往往与信贷增速下降、投资和消费下降、经济增速下降、失业率上升、股票和房地产价格下降相伴而生，对经济发展和民生福利造成严重伤害。

第二，低通胀不会无缘无故出现，也不会自然而然消失。对低通胀需要三个层面的因素才能做出完整解释，一是负面的外部冲击，二是市场机制失灵，三是逆周期政策失灵。这三点，缺了哪一点都不会有持续的低通胀。而如果没有逆周期政策，低通胀也不会自动消失。

第三，无论导致低通胀的原因是什么，程度如何，宽松的货币政策都是帮助经济走出低通胀的重要手段。从以上三段历史中，都可以看到货币政策的重大调整成为走出需求不足和通缩的关键。

经过大萧条和日本长期通缩的检验,学术界近30年来对解决需求不足和通缩形成了标准的货币政策药方:降低政策利率,或者在零利率环境下进一步的量化宽松政策,以此带动真实利率下降,激发投资和消费活力。

第五章
宽松货币政策的作用

近年来的实践中，我国对货币政策的使用非常谨慎，即便在核心 CPI 连续多年低于 1%、经济增速明显低于潜在增速的环境下[①]，还是沿用了"稳健货币政策"的表述。

宽松货币政策的顾虑有多个方面，既包括美联储加息背景下给人民币汇率和跨境资本流动带来进一步的压力，也包括对宽松货币政策作用的怀疑担心。这些怀疑和担心主要来自以下四个方面：一是在预期减弱、疫情冲击和供给冲击的环境下，宽松货币政策的作用可能有限；二是货币当局小幅调整了政策利率，降低了贷款利率，但是经济景气程度没有明显回升；三是货币政策与财政政策之间，财政政策见效更快，中国应该首先考虑财政政策；四是宽松货币政策会带来副作用，比如刺激资产价格泡沫、恶化收入和财富分配、阻碍市场自发的优胜劣汰和催生僵尸企业等。

学术界长期以来也对宽松货币政策持怀疑态度。古典学派和真实经济周期学派相信市场具备充分的自发修复能力，否定货币政策的作用；货币主义和新古典学派反对相机抉择的货币政策，

[①] 与此相关的证据包括低通胀和低迷的劳动力市场，以及使用各种 GDP 缺口计算方法所能得到的结果。

强调给货币政策施加规则；即便是倡导采取逆周期政策的凯恩斯、传统凯恩斯主义学派和新凯恩斯主义学派也指出流动性陷阱给货币政策带来了局限性。

不过，当代宏观经济学还是普遍肯定货币政策的作用，认为如果货币政策选择错误，经济衰退会加重。埃肯格林和特明（Eichengreen and Termin，2000）指出，当世界经济处于下降趋势时，中央银行的银行家们继续折磨经济，直到经济失去知觉。在大萧条的中期，中央银行的银行家们仍担心通胀，类似于"在洪水中高呼救火"。近30年来发达国家最倚重的逆周期政策工具不是调整财政支出，不是减税，而是货币政策，尤其是利率调整。即便是非常严重的经济衰退，政策利率已经降到零，货币当局还是在想办法，通过货币政策工具创新降低中长期利率，帮助经济走出衰退。

如何看待货币政策的作用对当前货币政策实践有重要的参考价值。这里我们分三节展开讨论货币政策的作用。第一节，立足于货币政策研究的学术历史，梳理对货币政策作用机制的认识；第二节，结合中国的相关实证数据，分析货币政策在当前经济环境下能在多大程度上发挥扩大总需求的作用；第三节，针对货币政策的一些担心，进行逐一讨论。

我们的主要发现是：

（1）宽松货币政策在对抗经济周期下行方面能够发挥关键作用，作用机制不只是通过利率下行减少投资成本，还包括改变市场流动性和风险溢价，强化企业、居民和政府的资产负债表进而增加其支出，以及刺激货币贬值提高出口。

（2）结合中国的实际情况且考虑不同群体的边际支出倾向和

乘数效应以后,降低政策利率100个基点①会增加总收入14 670亿元,拉动1.2个百分点的名义GDP增速。这是一个偏保守的估计,因为没有考虑到资产价格上涨对总需求的正面影响。

(3)对宽松货币政策副作用的认识有一些是误解,有一些可以用其他方法解决。应该让货币政策回归其本义,更好地发挥调节总需求的作用。

货币政策如何发挥作用

1. 历史上的宏观经济学派观点交锋

对货币政策作用的争论贯穿整个宏观经济学术史。在古典学派、凯恩斯主义学派、货币主义学派、新古典学派、实际经济周期学派、新凯恩斯主义学派以及近十年来的异质性个体新凯恩斯宏观经济模型中,宏观经济学家对货币政策作用有不同的看法,对货币政策作用的认识处于不断进步的过程中。

宏观经济学家对货币政策持不同的看法,这有多个方面的原因,至少包括:(1)时代背景差异。20世纪二三十年代的大萧条催生了凯恩斯和以后的凯恩斯主义学者对市场自发修复力量的批判,20世纪七八十年代的大滞胀催生了货币主义和新古典学派对相机抉择政策的批判。(2)研究方法差异。宏观经济学采用的研究框架和分析技术不断提升,从古典学派的完全竞争到新凯恩斯主义学派的垄断竞争,从主流凯恩斯学派的静态一般均衡到新古典学派以后的动态一般均衡,从主流凯恩斯学派的缺乏微观基础

---

① 1个基点(BP)等于0.01个百分点。

的事前假定到新古典学派以后带有个体优化行为的微观基础，从新古典学派的代表性个体到新凯恩斯模型的异质性个体，研究假设不断逼近现实，研究结论也随之出现差异。(3) 央行的能力差异。在古典经济学家时代，货币政策工具相对有限，很多国家甚至没有央行，央行的政策工具非常有限；而在现代国家，央行的政策工具更加丰富且在不断创新中，特别是2008年全球金融危机以后，各种货币政策工具创新大大拓宽了传统货币政策的边界。(4) 经济和金融环境差异。古典经济学家身处金本位时代，经济主体的资产负债表结构相对简单；新凯恩斯主义经济学家则身处更复杂的金融市场，经济个体的资产负债表结构复杂且有显著差异，影响货币政策作用的发挥。

古典经济学家的宏观经济观点非常多样化。后来的经济学家出于比较研究的需要，把以马歇尔、庇古为代表的英国古典经济学家的观点作为古典学派的代表，马克思、马尔萨斯等古典经济学者与这种定义下的英国古典学派有着大相径庭的分析框架和观点。[1] 英国古典学派使用实体经济与货币的两分法原则。对实体经济部门而言，市场有强大的自发调节机制，能够自发实现充分就业。而货币只能影响价格水平，不会影响真实产出水平。英国古典学派认为，货币政策对经济的作用不大，难以影响就业和产出。

20世纪20年代末30年代初的大萧条带来了对市场自发修复能力的质疑，对古典经济学的批判也随之而来。凯恩斯认为在不确定预期和动物精神的作用下，投资会大幅下降并带动更严重的

---

[1] 布赖恩·斯诺登，霍华德·R·文. 现代宏观经济学：起源、发展和现状 [M]. 余江涛，魏威，张风雷 译. 南京：江苏人民出版社，2009.

产出下降，市场难以自发修复到充分就业状态。凯恩斯赞同通过财政政策刺激提高总需求，他认同货币政策提高总需求的作用，但也提出了流动性偏好对货币政策作用的限制，对此下文还会进一步讨论。凯恩斯之后的主流凯恩斯主义者建立了 IS-LM 分析框架，认为由于商品价格黏性和工资黏性的存在，市场难以充分出清，需要逆周期政策帮助经济实现充分就业。与凯恩斯类似，主流凯恩斯主义者赞同财政政策和货币政策的逆周期作用，并认识到流动性偏好对货币政策带来的限制。

20 世纪 60 年代以后，特别是受七八十年代欧美国家滞胀的影响，货币主义学派、新古典学派和实际经济周期学派相继登场，对主流凯恩斯主义者的逆周期政策展开了一系列批评。货币主义的代表弗里德曼开展了对货币需求的研究，发现货币需求具有利率敏感性，没有证据表明利率下降时货币需求的利率弹性大幅提高，水平状态的 LM 曲线并不存在，IS-LM 依然适用于货币数量论[①]，货币政策可以在短期内影响产出。弗里德曼同时强调，货币政策不能在长期内影响产出，过度的货币供给只会带来通胀。弗里德曼在有关附加预期的菲利普斯曲线的代表性研究中指出，把货币工资和失业率联系在一起的菲利普斯曲线是错误的，工人真正关心的是实际工资，既包括名义工资也包括通胀预期。一旦把通胀预期引入菲利普斯曲线，通过持续增加货币带动产出持续上升的主张就难以成立。货币主义学派反对相机抉择的货币政策，赞成有规则的货币政策。

---

① Milton Friedman. The Role of Monetary Policy [J]. The American Economic Review, 1968 (58), 1-17.

与古典学派相同，以卢卡斯为代表的新古典学派相信市场的自发修复能力，坚持价格弹性和市场出清。新古典学派为宏观经济学引入了理性预期和微观基础，卢卡斯指出只有超出预期的货币政策才能在短期内影响产出。新古典学派还提出动态不一致理论，与货币主义学派一样反对相机抉择，赞同采取有规则的货币政策。新古典学派对后来的宏观经济分析框架产生了重大影响，其微观基础和理性预期被广泛应用于后续的各种宏观经济模型中。

与古典学派、新古典学派类似，实际经济周期理论同样强调市场强大的自发修复功能，没有必要采取逆周期的货币政策和财政政策。实际经济周期学派认为，经济周期波动主要来自技术冲击，在技术冲击下，代表性个体在理性预期下的优化行为会带来经济周期波动。实际经济周期理论在分析框架和认识角度上对宏观经济波动研究做出了重要贡献，但难以回答为什么会出现大萧条。造成经济周期波动的原因也远不止真实冲击。

为了回应新古典学派和实际经济周期学派对凯恩斯经济学的批判，新凯恩斯主义学派应运而生，并成为近30年来宏观经济学研究的主流。与传统凯恩斯主义学派的相同之处在于，早期的新凯恩斯主义学派同样强调在价格黏性的作用下，市场难以自发出清。新凯恩斯主义学派为此引入了价格黏性的微观基础分析，引入了不完全竞争市场。新凯恩斯主义学派也充分吸取了货币主义、新古典学派和实际经济周期理论的内容，包括微观基础、理性预期、真实冲击、动态不一致等。从形式上看，新凯恩斯模型更像新古典模型，而不是传统的主流凯恩斯模型。新凯恩斯框架可以广泛容纳商品市场、劳动力市场、信贷市场和金融市场的各种摩擦，这些摩擦使得市场难以出清，经济运行会偏离潜在产出水平，不能实现充分就业。逆周期的货币政策和财政政策能够帮助经济恢复到潜在产出水平，实现充分就业。与此同时，新凯恩斯主义学派认同此前对相机抉择政策的有益批判，赞同受限制的相机抉择政策。

在新凯恩斯主义学派的分析框架下，对货币政策作用的研究大幅扩展，货币政策是否发挥逆周期作用不再有疑问，研究的重点在于金融部门在经济周期中的独特作用、各种货币政策工具的创新，以及货币政策更细致的作用机制。表5.1 简单列出了各个学派对宏观经济运行和货币政策的主要观点。下文将专门介绍新凯恩斯学派中关于货币政策研究的新进展。

表5.1 主要宏观经济学派对货币政策的认识

	冲击来源	市场调整	价格、工资调整	作用机制	货币政策规则还是相机抉择	货币政策能否改善就业和增长
古典学派	实际冲击	强有力	完全弹性	古典两分法，货币不影响实体经济	不需要货币政策	不能
凯恩斯《通论》	预期与不确定性	微弱	黏性	流动性偏好和利率投资不敏感，制约货币政策的作用	相机抉择	有条件的作用
主流凯恩斯学派	需求冲击与供给冲击	微弱	黏性	流动性偏好和利率投资不敏感，制约货币政策的作用	相机抉择	有条件的作用
货币主义学派	货币扰动	有力	弹性	货币需求具有利率敏感性。附加预期的菲利普斯曲线。	规则	短期可以，长期不能（自然失业率）

(续表)

	冲击来源	市场调整	价格、工资调整	作用机制	货币政策规则还是相机抉择	货币政策能否改善就业和增长
新古典学派	货币扰动	强有力	完全弹性	理性预期下，只有意外的货币供给才能影响产出	规则	意外的货币政策短期可以，长期不能（自然失业率）
实际经济周期学派	技术冲击	强有力	完全弹性	经济波动来自技术冲击，货币无足轻重	规则	不能
代表性个体的新凯恩斯学派（RANK）	需求冲击、供给冲击	缓慢	黏性	利率调整带来消费跨期替代和投资变化，改变总需求	受约束的相机抉择	短期可以，磁滞效应（hysteresis effect）下中长期也有可能避免产出和就业损失
异质性个体的新凯恩斯学派（HANK）	需求冲击、供给冲击	缓慢	黏性	利率除了带来消费跨期替代，还通过资产负债表和乘数效应刺激消费，改变总需求	受约束的相机抉择	短期可以，对消费的刺激有更多作用渠道；磁滞效应下中长期也有可能

2. 异质性个体的新凯恩斯模型

最初的新凯恩斯模型都是用代表性个体展开分析，被称为 RANK（Representative Agent New Keynesian）模型，新一代凯恩斯模型引入了异质性个体，被称为 HANK（Heterogeneous Agent New Keynesian）模型。HANK 模型为货币政策的作用带来了新的分析视角。这类模型有三个特征：一是充分吸取了前期各个宏观经济学派的知识积累，包括新古典宏观经济学强调的带有微观基础的动态一般均衡建模方法和理性预期，实际经济周期强调的包括技术冲击在内的各类冲击；二是具有新凯恩斯模型的价格黏性、垄断竞争市场结构的一般性特征；三是加入了经济主体的异质性特征，模型包含了三种金融资产结构的家庭，家庭金融资产结构的差异带来了货币政策作用的显著差异。货币政策通过资产负债表渠道带来的影响被更充分地纳入了这类宏观经济模型。

过去的宏观经济模型主要关注利率调整对投资的影响，HANK 模型更多关注利率通过改变资产负债表和劳动收入对消费的影响，拓宽了利率对宏观经济影响的研究视野。HANK 模型将利率调整对经济增长和就业的影响分为直接渠道和间接渠道。直接渠道包括：

跨期替代效应。利率调整改变了消费的跨期价格，这是 HANK 模型中利率调整对消费的主要影响渠道。举例来说，如果利率从 10% 降低到 0，当期消费的机会成本大幅下降，刺激当期消费增加；反之，如果利率从 0 提高到 10%，会激励更多的储蓄，减少当期消费。

净利率敞口效应。利率调整对净负债者和净储蓄者带来不同的影响，进而影响其支出水平。对于净负债者，利率下降增加了其净收入，在给定的边际消费倾向下增加消费；对于净储蓄者，利率下降减少了其净收入，在给定的边际消费倾向下减少消费。这里尤其重要的是选择可调整贷款利率的住房抵押贷款，降低利率明显降低了这部分家庭的债务负担，提高了家庭净收入和支出水平（见表 5.2）。

间接渠道包括：

劳动收入效应。降低利率提高总需求水平，提高劳动需求和劳动收入，从而提高消费。劳动收入效应取决于三个因素：一是劳动收入在总收入中的占比，二是劳动收入对经济周期波动的反应程度，三是边际消费倾向。

名义长期债务重估效应。降低利率提高价格水平，降低了名义债务的真实负担，对大部分家庭来说，主要是住房抵押贷款的真实负债下降。名义长期债务重估效应取决于债务规模和边际消费倾向。

股票、地产等资本利得带来的相关效应。降低利率提高了这些资产价格的估值，带来资本利得，提高消费水平。此外，资产价格上升的同时提高了抵押品价值，也能起到克服流动性约束和提高消费水平的作用。

财政效应。降低利率提高价格水平，同时也改变了公共财政部门的预算约束，作为净负债方的公共部门的真实债务负担下降。因此，降低利率的宏观经济政策效果也取决于财政部门在新的预算约束下是否采取了政策调整。

表5.2　宽松货币政策的作用

	消费	投资	财政支出	净出口
宽松货币政策的作用	跨期平滑（主要反映在没有流动性约束的家庭）	降低债务成本	降低真实债务负担，提高偿债能力和财政收入，改变预算约束	货币贬值，提高出口和进口替代竞争力
	净利率敞口效应，净负债者得利（主要反映在住房抵押贷款家庭），净储蓄者受损	提高市场流动性，提高资本估值和抵押品价值，降低风险溢价，改善预期……		
	劳动收入效应（主要反映在低收入家庭）			
	名义长期债务重估效应（通胀上升降低了真实债务水平）			
	股票、地产等资本利得带来的财富效应、抵押品效应等			

货币政策的作用机制并不同样地适用于每个家庭。对于不同的家庭金融资产负债结构，货币政策通过以上不同渠道对消费的影响有显著差异。HANK 模型把家庭分为三类：一是没有流动性约束的家庭（non hand-to-mouth），即能借到钱，且有金融资产储蓄和房产，或者有住房抵押贷款的家庭；二是有流动性约束，流动资产接近于零，没有非流动资产的家庭（poor hand-to-mouth），即借不到钱，没有金融资产储蓄也没有房产的家庭；三是有流动性约束，流动资产接近于零，有非流动资产也有负债的家庭（wealthy hand-to-mouth），即借不到钱，没有金融资产储蓄但是有房产和住房抵押贷款的家庭。没有流动性约束的家庭可以进行跨期消费平滑，这使利率调整的跨期替代效应更加突出。面临流动性约束的家庭，则没有办法进行跨期消费平滑，但是边际消费倾向接近于1，劳动收入增加后对消费的影响更突出。对于持有住房抵押贷款的家庭，净利率敞口效应、名义长期债务重估对家庭资产负债表和消费的影响更突出。

卡普兰等人（Kaplan et al., 2018）认为，比较而言，降低利率政策对消费和总需求影响的间接效应更加突出，特别是要考虑财政政策是否也随着货币政策调整做出了反应。[①] 还有学者（Slacalek et al., 2020）基于德国、法国、加拿大、西班牙的数据分析了降低利率对不同类型家庭的影响，他们发现 80 个基点的利率下降会使流动资产接近于零且没有非流动资产家庭（占比 10%）的消费增加 1 个百分点，流动资产接近于零但有非流动资产（主要

[①] Greg Kaplan, Benjamin Moll, and Giovanni L. Violante. Monetary Policy According to HANK [J]. The American Economic Review, 2018, 108 (3): 697–743.

是房产）家庭的消费增加 1.8 个百分点，没有流动性约束的家庭消费增加 0.7 个百分点。[1] 该研究还发现，住房自有率、住房抵押贷款利率是否可调整、劳动力市场制度对货币政策的传导非常重要，西班牙住房自有率更高，流动资产接近于零但有非流动资产家庭的占比更高，利率下降对西班牙的消费影响明显大于德国。

3. 货币政策作用的局限性

货币政策的作用尽管在当前主流宏观经济学研究中得到普遍认同，但在某些环境下会受到限制。正如凯恩斯指出的，"如果货币是刺激经济的饮料，喝到嘴里总要过几道关。如果流动性偏好超过货币数量增加，或者预期资本回报率降幅超过利率降幅，则增加货币难以发挥作用"。除了克服流动性偏好阻碍利率下降，还必须有足够幅度的利率下降，才能让货币政策真正发挥作用。

第一种情况是凯恩斯提到的流动性偏好。古典和新古典经济学家认为，"利率是推迟消费的补偿"，利率取决于节俭或者时间偏好，以及资本边际回报率。凯恩斯在《通论》中指出，人们首先决定消费还是储蓄，之后决定储蓄究竟是以现金还是其他金融资产（比如债券）的形式存放。利率并非推迟消费的补偿，而是持有现金或流动性的机会成本。**在对未来的不确定预期上升或者市场普遍看空未来的状态下，持有流动性的机会成本下降，对流动性的需求增加，对以债券为代表的其他金融资产的需求则下降。在这种环境下，即便增加货币供给，新增的货币也会被吸纳

---

[1] Jiri Slacalek, Oreste Tristani, Giovanni L. Violante. Household Balance Sheet Channels of Monetary Policy: A Back of the Envelope Calculation for the Euro Area [R]. NBER Working Papers 26630, 2020.

为现金，不会通过购买金融资产降低利率，因此起不到支持投资的作用。货币主义对流动性偏好提出了不同意见。弗里德曼认为，货币需求取决于持久收入、其他资产收益率（利率）和通胀预期，且货币需求相对稳定。弗里德曼的经验证据表明，货币需求对利率的弹性相对稳定，流动性偏好阻碍利率下降的说法并不成立。

凯恩斯所处时代的大部分国家还处于金本位时代，央行对利率水平的干预程度有限。在当前发达的金融体系和主权信用货币制度下，不仅现金，众多金融资产也有非常高的流动性，可以非常便捷地转化为现金；多数货币当局的调控手段已经从货币数量转向短期隔夜利率。除非政策利率已经到零，货币当局可以直接调高或者降低政策利率，进而引导市场利率随之上升或者下降。有了这些变化，央行就能够克服流动性偏好上升阻碍利率下降的情况。如果央行采取直接购买风险资产的量化宽松政策，它对风险溢价和市场利率的影响就更加直接。此外，即便看空预期盛行，投资的预期收益率非常差，货币政策难以发挥直接刺激投资的作用，但正如 HANK 模型表明的，降低利率也能通过消费、政府支出、出口等渠道发挥作用，进而改善投资预期。

第二种情况是未来预期的不确定性上升或者市场普遍存在的看空预期不仅影响了流动性需求，还影响投资者对未来的资本回报的预期，如果货币政策调整带来的利率下降幅度低于投资者预期的未来资本回报率的下降幅度，货币政策可能还是难以发挥作用。这带来了对货币政策作用限制的另一个讨论，即零利率下限。

零利率下限是指名义利率接近于零或者等于零，传统货币政策难以再发挥刺激经济的作用，也被称为流动性陷阱。在这种情况下，债券利率接近于零，持有债券与现金没有差别，货币当局向市场注入货币不能进一步降低利率。传统货币政策工具失效。萨默斯提出的"长期停滞假说"与零利率下限高度相关。陷入长期停滞的原因在于降低名义利率可能会遇到零利率下限，即便把名义利率降到零或者稍低于零的负利率水平，通胀水平还是很低，现实中的真实利率可能不足以低到与实现充分就业相一致的更低的负真实利率（Teulings and Baldwin, 2014）[1]。

传统货币政策面临零利率下限挑战，发达国家货币当局在2008年金融危机后大量使用了非传统货币政策工具，让货币政策发挥作用。各国央行的非传统货币政策工具形式多样，主要内容是信贷宽松、量化宽松和引导预期。信贷宽松的重点是通过购买资产改善企业资产负债表的资产方；量化宽松的重点是通过流动性工具改善企业的负债方；引导预期主要是通过给出未来政策调整的明确路径引导社会公众的决策。从实施效果看，这些非传统货币政策工具进一步降低了风险溢价和中长期利率，降低了融资成本，提高了资产估值。从美国、欧元区和日本实体经济部门的表现看，在传统和非传统货币政策工具的共同作用下，风险溢价和利率下降后的美国经济逐渐实现了就业和通胀目标，新冠疫情后的新一轮宽松政策甚至带来了过热的需求和高通胀；欧元区基本实现了就业和通胀目标；日本尽管一直难以实现预期通胀目标，但实现了20世纪80年代末以来持续时间最长的经济复苏。

---

[1] Coen Teulings, Richard Baldwin. Secular Stagnation: Facts, Causes and Cures [M]. Paris & London: CEPR Press, 2014.

4. 货币政策与财政政策的作用比较

传统货币政策工具在零利率下限环境下受到制约。除了采取非传统的货币政策工具创新，通过财政政策提高总需求也受到重视。货币政策和财政政策工具都发挥提升总需求的作用，但是作用机制有着显著差别。在实现同样的就业和通胀目标前提下，更倚重货币政策还是财政政策工具也是值得关注的问题。

货币政策主要通过改变价格信号（利率）来改善私人部门面临的跨期资金价格和资产负债表，支持其增加支出，同时也会通过增加税收和减少真实债务负担带动公共部门的资产负债表改善。货币政策的特征包括：（1）总量政策，（2）从改变利率到提升总需求会有一定的时间滞后，（3）私人部门债务上升，（4）资产价格上升。

财政政策的内容很多，这里主要是指为了提升总需求而采取的增加政府支出的政策，这类政策不仅直接增加了总需求，还会通过乘数效应放大政府支出对总需求的影响，私人部门资产负债表也可能因此得到改善。财政政策的特征包括：（1）政府选择支出领域，具有结构性特征；（2）政府直接增加支出，总需求提升的时间滞后更短；（3）政府部门债务上升。

究竟更多使用货币政策还是财政政策作为提高总需求的政策工具，不仅要看各种工具面临的约束条件，比如货币政策面临零利率下限，或者财政政策面临公共债务过高，或者政治上难以通过的困境，也要评估哪种政策更适合该经济体。这需要结合该经济体的具体情况具体分析，没有统一答案。一般而言，在较为有效的监管体系下，由私人部门决定支出扩张的方向可能效率更高，未来的后遗症更少。政府直接增加支出，比如改善基础设施投资和公共服务，可能在克服市场失灵方面发挥积极作用，但也可能造成浪费和资源配置扭曲。

降低政策利率如何改善现金流与总需求

宽松货币政策可以从多个渠道影响总需求水平。这里我们结合中国的情况，从改善居民、企业和政府现金流的角度，重点关注降低政策利率对总需求的影响。具体估算逻辑如下：

政策利率下降→融资和存款利率下降→现金流变化→支出变化→乘数效应以后的总需求变化。

（1）基于历史经验计算政策利率变化后各种融资利率的变化和各种存款利率的变化。

（2）基于居民、非金融企业（包括房地产企业、地方融资平台、工业企业和其他类型企业）以及政府三个部门的负债和资产结构，计算融资利率变化对以上主体负债端和资产端的影响，进而计算得到现金流的变化。

（3）根据各个部门不同的支出结构，分析现金流改善带来的支出变化，以及支出变化在乘数效应影响下带来的总需求变化。

计算过程的参数设定来自历史经验，未必完全符合当前的现实，但能对我们认识降低政策利率的影响提供参考价值。这里没有考虑利率下降带来的财富效应、资产估值效应、跨期消费替代以及资本市场风险偏好变化对总需求的影响。

1. 政策利率向终端融资利率和存款理财利率的传导

（1）对融资端利率的影响

我国的政策利率主要有两个：一个是短期政策利率，即7天逆回购利率;另一个是中期利率,即中期借贷便利(MLF)利率。2015年以来,我国央行共有两轮下调公开市场操作(OMO)利率的时期。第一轮是2015年1月至10月,共下调OMO利率10次,累计下调185个基点。第二轮是2019年至2022年,共下调OMO利率5次,累计下调55个基点。**两轮下调OMO利率对无风险利率(国债利率)和企业债利率的影响有明显差异**。以下调逆回购利率前后20个交易日为观察周期,反映存款类金融机构在银行间市场融资成本的DR007充分反映了降息的影响,第一轮降幅超过OMO利率的两倍(见表5.3)。无风险收益率(2年期国债)没有反映公开市场操作利率下调的影响,"AA-"评级企业债利率有明显下降。2019年至今,DR007同样反映了降息的影响,且幅度超过了公开市场操作利率下降的幅度。与2015年降息周期不同的是,本轮降息中无风险收益率(2年期国债)显著下行,平均降幅约为公开市场操作利率降幅的两倍。

表5.3 下调逆回购利率前后20个交易日各市场利率的均值差(单位:基点)

下调公开市场操作利率前后20个交易日各市场利率的均值差	OMO利率	DR007	无风险利率(2年期国债)	"AA-"评级企业债利率:2年期
2015年10次降息的累计变化	-185	-460	-14	-137
2019—2022年5次降息的累计变化	-55	-76	-116	-70
平均传导率		1.93	1.09	

资料来源:Wind,作者计算。

2016年以来,MLF成为央行引导中期利率的政策工具。2019年,央行确立了"MLF→LPR(贷款市场报价利率)→贷款利率"的中期利率调控模式。2016年至今,多次下调一年期MLF利率。**金融机构人民币贷款平均利率能够比较充分地反映MLF利率下调**

的影响，但不同类型的贷款利率表现有明显差异。每次下调MLF之后，金融机构人民币贷款平均利率都会下降，平均而言下降幅度是MLF降幅的1.5倍（见表5.4）。其中，一般贷款利率下降幅度是MLF降幅的1.64倍，票据融资利率是其1.11倍，个人住房贷款利率是其1.47倍。

表5.4 下调MLF后信贷市场利率的变化　　　　　　　　（单位：基点）

下调MLF后信贷市场利率的变化	MLF变化	利率变化			
		平均利率	一般贷款	票据融资	个人住房贷款
2016/2/19	−25	−4	−9	−19	−8
2019/11/5	−5	−18	−22	−7	7
2020/2/17—2020/4/15	−30	−48	−41	−20	−1
2022/1/17	−10	−35	−43	−32	−101
平均传导率		1.50	1.64	1.11	1.47

注：利率变化为下调MLF当季或下季度的贷款利率变化。其中，2020年因为是连续两次下调，为一二季度变化的累计值。2022年取一二季度的累计值。

资料来源：Wind，作者计算。

(2) 对存款和理财利率的影响

从过去的降息操作看，政策利率下降同样会带动存款和理财利率的下降。2015年的降息周期中，OMO利率累计下降185个基点，存款基准利率下行150个基点。2019—2022年1月的降息周期中，公开市场操作利率累计下降55个基点，7天理财产品收益率平均下降了50个基点，同期结构性存款加权平均利率下降了55个基点。基于上述事实，从政策利率下降到存款端利率的传导大约为90%，即每降低100个基点的政策利率会让居民部门存款和理财类资产收益率下降90个基点。

2. 对居民、企业和政府现金流的影响

（1）居民现金流

截至 2022 年 8 月，我国居民部门负债规模为 73.2 万亿元，其中短期贷款 17.9 万亿元，中长期贷款 55.3 万亿元，中长期贷款中的住房抵押贷款 38.9 万亿元。降低政策利率对不同期限的负债成本影响机制不同。对于短期债务，可以直接降低当期的利息支出；对于中长期债务，则要根据平均久期和偿还方式确定最终的影响。

我们参考部分文献中的测算设定（袁志辉和刘志龙，2020），将房贷的平均久期设为 15 年，非房贷中长期贷款的平均久期为 10 年，偿还方式设为等额本息，然后测算利率下降对居民债务成本的影响。[①] 测算结果表明，政策利率下降 100 个基点，居民部门短期融资利率下降 164 个基点，债务利息减少 3 015 亿元；居民部门中长期融资利率下降 147 个基点，债务本息支出减少 4 797 亿元。

截至 2022 年 8 月，我国居民部门存款规模为 114.2 万亿元，其中活期存款 35.6 万亿元，定期存款 78.6 万亿元。我国居民还持有 6.2 万亿元的货币基金和大约 27.3 万亿元的理财。政策利率下降不影响活期利率，主要影响部分定期存款和其他类型资产的收益率。这里我们假定到期后接续部分占定期存款的一半，大约 39.3 万亿元受到存款利率下降的影响，货币基金和理财存款也会受到影响。政策利率下降 100 个基点，居民部门的资产收益率下降 90 个基点，居民利息收益下降 6 552 亿元。

---

① 袁志辉，刘志龙. 基于宏观资产负债表的居民债务问题及其风险研究［J］. 国际金融研究，2020（02）：15-25.

（2）非金融企业部门现金流

有两个口径估算企业部门的债务总规模。一是国际清算银行每季度公布的中国非金融企业杠杆率。截至2021年末，中国非金融企业部门总负债约174万亿元。二是国内非金融企业部门相关债务的加总。此处考虑的企业债务主要指非金融企业对金融部门的债务，并不包括非金融企业部门内部之间的债务，如应付账款。非金融企业部门的债务主要包括四类：银行贷款、企业债券、信托贷款、委托贷款。截至2021年底，银行对非金融企业及机关团体的贷款是122.67万亿元，社会融资规模中的企业债券存量是29.93万亿元，委托贷款10.87万亿元，信托贷款是4.36万亿元，合计为167.83万亿。截至2021年底，我国非金融企业海外发行人民币债券约3.34万亿元（美元债按照6.5∶1的汇率折算）。两者合计约171.17万亿元。接下来，我们将每类债务按照不同的企业部门进行拆分。我们把企业部门分成四个子部门：工业、房地产、地方平台公司、其他。其他部门中包含农业和非金融地产类的服务业。

①企业债券。截至2021年底，企业债券合计33.3万亿元，其中国内企业债30万亿元，海外企业债3.3万亿元。分行业看，城投、房地产、工业企业和其他企业的国内债券分别为12.6万亿元、2.4万亿元、5.8万亿元和9.1万亿元。海外债券方面，截至2021年底，内地房企海外人民币和港币债券余额约1 200亿元，美元债余额为2 327亿美元，按照6.5∶1的美元兑人民币汇率折算，为15 125亿元，合计约1.7万亿元。同样的方法可算出地方平台公司海外债券规模折算成人民币约6 700亿元，产业企业海外债券约9 700亿元。[①]

[①] 此处假定产业债券均为工业企业。

②信托贷款和委托贷款。截至2021年底，我国信托贷款余额为4.36万亿元，但是缺少分部门的结构数据。此处，我们根据信托业协会披露的资金信托投向数据，辅助测算信托贷款在不同企业部门之间的分布。截至2021年底，我国资金信托投向房地产的规模是1.76万亿元，投向基础产业的是1.69万亿元，投向基础工商企业的余额是4.16万亿元，三者共计7.61万亿元，分别占比23.1%、22.2%和54.7%。根据这个比例可以推算出信托贷款中投向房地产和地方平台公司的资金大概各1万亿元。

委托贷款缺乏更细致的公开数据，根据调研情况，这部分贷款主要投向房地产行业和地方平台公司，且以房地产为主，因此考虑这部分贷款在房地产和地方平台公司的规模分别为7万亿元和3.87万亿元。同时，由于房地产行业和地方平台公司在后文分析中的行为模式一致，加之这部分贷款规模并不大，此处的划分不会对后文的分析造成实质性影响。

③银行贷款。截至2021年底，金融机构对企业及其他部门的贷款余额中，短期贷款及票据融资44.1万亿元，中长期贷款75.3万亿元。在中长期贷款中，包括对工业中长期贷款13.5万亿元，对服务业中长期贷款50万亿元，对其他部门的中长期贷款11.8万亿元。其他数据推算如下（见表5.5）：

（a）金融机构发放的房地产开发贷款余额是12万亿元，这部分均纳入中长期贷款。

（b）2021年，2 427家制造业和采掘业上市公司有息负债（短期+长期）共有6.4万亿元，其中体现为银行贷款的短期借款和长期借款分别是2.81万亿元和2.74万亿元，可见短期借款基本与长期借款规模一致。照此推算，工业部门的短期贷款和票据融资规模是13.5万亿元。

（c）2021年，A股和H股房地产上市公司的有息负债率为32.3%，2021年房地产企业债务增速假定为10%，整体债务为93.5万亿元，结合上市公司有息负债率可估算整体房地产行业对应的有息债务是30.2万亿元。信托贷款投向房地产的余额是1万亿元，房地产企业债券（国内+海外）为4.1万亿元，则房地产贷款负债约为18万亿元。再减去12万亿元的房地产开发贷款（计入中长期贷款），得到房地产短期贷款和票据融资约6万亿元。

（d）根据万得数据库（Wind）中的地方平台公司财务数据，截至2021年底，地方平台公司的银行贷款规模共30.4万亿元，其中长期借款为26万亿元，短期贷款为4.42万亿元。需要注意的是，万得数据库中的城投公司显然没有涵盖所有的地方平台公司，因此直接替代会低估地方平台公司在银行贷款中的比例，进而高估其他部门的贷款比例。

表5.5　各部门的银行贷款结构分布　　　　　　　　　　　（单位：万亿元）

银行贷款的结构	
短期贷款和票据融资	44.1
工业	*13.5*
地方平台公司	4.42
房地产	*6*
其他	*20.18*
中长期贷款	75.3
工业	13.5
地方平台公司	26

（续表）

银行贷款的结构	
房地产	12
其他	<u>23.8</u>

注：画线的为推算数据。
资料来源：作者测算。

结合上述内容，我们得到四个非金融企业部门的债务分布情况。房地产和地方平台公司两类企业的债务规模合计达 78.6 万亿元，工业企业 36.2 万亿元，其他企业 53.1 万亿元。

基准利率变化对房地产和地方平台公司企业的债务利息受两方面因素的影响：一是基准利率向终端融资利率的传导效率，二是企业的债务形式。企业债券发行利率是固定的，多数企业的贷款合同也以固定利率为主。① 在这种情况下，企业要享受到利率下降的优惠，就需要回购债券并重新发债，或者申请提前还款并重新签订合同，因此企业存量债务的置换比例决定了能够享受到多少基准利率下降带来的利息下降。

根据以上估算，政策利率下降 100 个基点，企业短期负债融资利率下降 111 个基点，长期负债融资利率下降 164 个基点，这里假定在企业各种形式的债务中，一半的债务置换为更低成本的债务。各种类型企业短期债务合计 44.1 万亿元，可以节省利息成本 2 448 亿元；长期债务 123.8 万亿元，可以节省利息成本 10 152 亿元；二者合计节省 12 600 亿元。

企业部门的资产端收益也会受到利率下降的影响。我国非金

---

① 信托和委托贷款很难置换，此处暂不考虑。

融企业部门持有的生息金融资产主要以银行存款为主,同时还有少量理财。截至 2022 年 8 月,我国非金融企业部门持有的活期存款约 27.14 万亿元,定期及其他存款约 50.97 万亿元,理财产品约 1.65 万亿元。在基准利率下降 100 个基点的情况下,活期存款利率不受影响,基于上一轮政策利率下降的经验,假定三分之二的定期存款和全部理财产品收益率下降 90 个基点,则企业部门存款利息收益减少 3 157 亿元。

(3) 政府部门现金流

政府部门的存量债务除非置换,否则无法享受到当期利率下降带来的利息支出下降。因此,在不考虑政府部门主动置换存量债务的情况下,融资利率减少可以从新增和到期债券再融资两个角度考虑。新增债务方面,假定 2023 年名义 GDP 增速为 6%,GDP 规模达 127 万亿元(2023 年 1 月估计结果,非实际发生值)。如果 2023 年的赤字率依然保持在 2.8% 的水平,则对应的赤字规模为 35 600 亿元(2023 年 1 月估计结果,非实际值),与 2022 年的 33 700 亿元的赤字规模相差不大。我们依然按照 2022 年的预算赤字规模(33 700 亿元)和中央地方赤字分配来测算。

假定 2023 年新增地方专项债规模与 2022 年一致,即 36 500 亿元,则 2023 年新增政府债券总规模为 70 200 亿元。在到期再融资方面,未来一年内到期的国债、地方一般债和地方专项债规模合计为 76 275 亿元。两者加总可得新增和到期债券再融资规模为 146 475 亿元。政府债券是金融市场的无风险资产,基准利率下降 100 个基点带来政府债券发行利率下降 109 个基点,利息支出减少 1 597 亿元。

降低基准利率还会影响政府财政存款的收益率。截至 2022 年

8月，政府部门的财政存款余额为 58 164 亿元。现阶段财政存款大多是招标的定期存款，稳定性更好，因此降低 100 个基点的基准利率对这部分资产的收益率影响同样会打折扣。这里假定有三分之二的政府招标定期存款利率受政策利率下降影响，会下降 90 个基点，则存款利息收入减少 349 亿元。

加总以上计算，政策利率下降 100 个基点带来短期融资利率下降 164 个基点，居民和企业中长期债务利率分别下降 147 和 164 个基点，由此带来居民部门债务利息下降 7 740 亿元，企业部门债务利息下降 12 599 亿元，政府债务利息下降 1 597 亿元，合计 21 936 亿元。与此同时，政策利率下降 100 个基点带来存款利率下降 90 个基点，由此带来居民、企业、政府的存款和理财产品收益分别下降 6 552 亿元、3 157 亿元和 349 亿元，共计下降 10 058 亿元。合计债务利息成本下降和存款利息收益下降，三个部门共计现金流改善 11 878 亿元。

3. 支出变化和乘数效应

居民部门持有的资产和负债并非均匀分布在居民部门内部，而是有明显的结构性特征。一般来看，负债更多集中于中青年购房家庭，而存款则主要由不再购房的中老年家庭持有。不同群体对应的边际消费倾向亦有很大差异，背负房贷的中青年家庭往往有更高的边际消费倾向，而持有存款的中老年群体的边际消费倾向较低。假定基准利率降低 100 个基点带来的居民部门利息支出下降（7 740 亿元）主要集中在中青年家庭，减少的资产利息收入（6 552 亿元）主要集中在中老年家庭。同时参考张翼（2016）的研究，中青年购房家庭边际消费倾向设定为 0.5，不再购房的中老年家庭的边际消费倾向为 0.17，由此计算得到利率下降变化带来的消费支出增加 2 756 亿元。[1]

降低政策利率带来的流动性改善对企业支出影响会有比较明显的差异。有些企业会把钱存下来，有的企业会花出去。一般情况下，现金流比较紧张的企业更容易把钱直接花掉，形成有效支出。例如，房地产企业更倾向于把节省下来的利息支出用于"保交楼"，地方平台公司也更愿意把省下来的利息花出去。对于制造业企业则未必如此：一是因为当前制造业企业的现金流并不算特别紧张，节约的利息支出本身就是利润改善；二是从历史经验看，制造业投资对利息支出的变化本身并不算敏感；三是过去两年制造业投资始终保持强劲，继续扩张的动力并不是来自财务费用变化，而是终端需求能否持续扩张。

这里我们假定政策利率下调带来的房地产和地方平台公司的净现金流改善全部形成新的支出。制造业的净现金流改善则不会形成新增支出。根据前面的计算，这两部分利息支出为 6 217 亿元，假定房地产和城投公司持有的定期存款规模占非金融企业部门的三分之一，政策利率下调带来的资产利息收入减少 1 052 亿元，房地产和地方平台公司的净现金流改善 5 165 亿元，这部分现金流改善都用于新增支出。假定工业企业和其他企业现金流改善不会形成新的支出。在维持政府债务率不变的情况下，政策利率降低 100 个基点减少债务利息支出 1 597 亿元，假设政府存款有三分之二受到降息影响，利息收入减少 349 亿元，政府部门的现金流增加 1 248 亿元，这部分会全部转化为支出（见表 5.6）。

---

[1] 张翼. 当前中国社会各阶层的消费倾向——从生存性消费到发展性消费［J］. 社会学研究，2016, 31（04）：74-97, 243-244.

表 5.6　政策利率下降 100 个基点带来的现金流变化和支出变化　（单元：亿元）

	债务利息降幅	利息收益降幅	净现金流变化	支出增加	乘数效应
居民	7 740	6 552	1 188	2 756	
企业	12 599	3 157	9 442	5 165	
政府	1 597	349	1 248	1 248	
加总	21 936	10 058	11 878	9 169	14 670

资料来源：作者计算。

合并以上三项，基准利率降低 100 个基点会带动居民、非金融企业和政府直接增加支出 9 169 亿元。现金流改善带来的支出增加会通过乘数效应进一步改善总需求和总收入。乘数效应取决于边际消费倾向的大小。边际消费倾向越大，乘数效应也会越大，增加支出对收入改善的效果也会更明显。同样参考前面张翼计算的我国居民部门平均边际消费倾向 0.38，对应的乘数效应约为 1.6，**则基准利率降低 100 个基点带来的收入改善是 14 670 亿元，能够拉动 1.2 个百分点的名义 GDP 增速**。①

以上计算都没有考虑降低利率通过财富效应、资产估值效应、跨期消费替代以及资本市场风险偏好变化对总需求的影响。

如何看待宽松货币政策的副作用

在对宽松货币政策的各种质疑中，有的是担心在提高总需求

---

① 此处对 GDP 增速的测算基于政府部门分析中对 2022 年名义 GDP 规模的测算，即 120 万亿元。

的同时会带来其他的负面作用。对宽松货币政策副作用的担心主要包括三类：一是宽松货币政策是否带来资产价格泡沫以及由此引发的系统性金融风险，二是宽松货币政策是否恶化收入分配，三是宽松货币政策是否带来更多僵尸企业。

1. 宽松货币政策与系统性金融风险

对宽松货币政策的普遍担心可能会提高系统性金融风险。萨默斯（2014）指出低利率会带来金融市场的不稳定，低利率环境会提高投资者的风险偏好，低利息偿付要求会带来更多不负责任的贷款，利率低于预期经济增速会刺激更多庞氏金融投资（Ponzi Financial Structure）。[1] 德雷克斯勒等人（Drechsler et al., 2018）指出，降低利率会降低流动性溢价和运用杠杆的成本，提高杠杆率，进一步导致更低的风险溢价、更高和更波动的资产价格，以及更高的投资和产出水平。[2] 伍德福德（Woodford, 2012）指出，哪怕是小幅度的利率下降也会显著地刺激企业更多地运用杠杆和过度使用短期债务融资工具。[3] 还有一些学者指出，所有的资产价格泡沫都发生在货币政策宽松时期，而在央行和货币政策尚不存在的时代，资产价格泡沫也是处于私人银行增发票据时期。需要补充的一点是，资产价格泡沫与系统性金融风险不能画等号。资产价格上升并非判断系统性金融风险上升的合适指标，很难区分

---

[1] Lawrence Summers. US Economic Prospects: Secular Stagnation, Hysteresis and the Zero Lower Bound [C]. Speech Delivered to the National Association for Business Economics' Economic Policy Conference, 2014-02-24.

[2] Itamar Drechsler et al. A Model of Monetary Policy and Risk Premia [J]. The Journal of Finance, 2018 (01), vol. 73, 317-373.

[3] Michael Woodford. Inflation Targeting and Financial Stability [R]. NBER Working Papers 17967, 2012.

资产价格上升中的合理成分和泡沫成分。即便资产价格上升中有大量泡沫成分,资产价格泡沫破灭也未必会带来系统性金融风险。如果资产价格上涨过程中的杠杆得到控制,资产价格下跌带来的损失主要由投资者承担而不会过度传染到金融中介部门,资产价格泡沫破灭不一定带来系统性金融风险。

尽管宽松货币政策可能会刺激杠杆和资产价格泡沫,增加金融系统的不稳定性,但在实践中如何平衡货币政策目标和金融稳定的关系对决策者带来了挑战。斯坦(Stein,2014)指出,货币当局面临的选择变成了是否应该为了防范系统性金融风险上升,而放弃货币政策调整以及由此带来的就业和产出,这是一个非常具有挑战性的选择。①监管政策在应对杠杆率上升和金融风险方面更有针对性,但也面临多方面约束:可能会面临监管套利,未必能真正降低金融风险;利益集团和其他政治因素使监管政策难以出台;过于严格的监管政策可能会遏制行业发展;监管政策往往滞后于市场;等等。给定监管政策的局限,货币政策需要考虑系统性金融风险。

货币政策理论上可能会改变系统性金融风险的程度,但是在实践中面临诸多困难。首先,如何判断系统性金融风险。金融部门杠杆率是判断系统性金融风险最重要的指标,然而如何有效度量金融部门杠杆率并不容易,传统银行部门的资本充足率不足以反映真正的杠杆率,真正危险的是脱离监管的金融部门杠杆率,

---

① Jeremy C. Stein. Incorporating Financial Stability Considerations into a Monetary Policy Framework [R]. A Speech at the International Research Forum on Monetary Policy, Washington, D. C., March 21, 2014, Speech 796, Board of Governors of the Federal Reserve System (U.S.).

而要解决这个问题，首先应该是监管政策。博里奥和德雷曼（Borio and Drehmann，2009）认为，更广义的杠杆率，即非金融部门债务/GDP 对其趋势值的偏离有预测系统性金融风险的能力。①然而这种方法面临的问题是如何准确计算非金融部门债务/GDP 的潜在水平（特别是针对内部经济结构或者外部经济环境显著变化的经济体），如何认识货币政策对非金融部门债务/GDP 路径的影响，这些问题都还没有很好地得到回答。针对不同国家，答案可能也会大相径庭。其次是如何权衡风险和成本。一方面是预期的系统性金融风险上升带来的损失，另一方面是预期的就业和产出损失，如何权衡非常困难。最后是工具选择。货币政策工具多大程度上会影响系统性金融风险。针对货币政策目标与金融稳定目标之间的权衡，伍德福德（2012）认为，灵活的通胀目标制能够较好地兼顾两个目标。

2. 货币政策与收入和财富分配

不同家庭的收入来源、资产负债结构有着巨大差异，宽松货币政策对不同类型的收入、资产和负债有显著不同的影响，也会因此显著改变收入和财富分配。宽松货币政策存在扩大收入和财富不平等的机制，主要包括三种假说：（1）收入组成假说。绝大部分家庭的收入来自劳动工资，少部分家庭的收入来自资本回报，宽松货币政策更有利于资本回报，而这个群体一般来说更加富裕，因此宽松货币政策加剧了收入和财富分配不平等。（2）金融分割假说。紧密参与金融市场交易的群体相较于金融市场缺乏紧密联

---

① Claudio Borio, Mathias Drehmann. Assessing the Risk of Banking Crises-revisited [J]. BIS Quarterly Review, Bank for International Settlements, 2009 (3): 29-46.

系的群体，更能从宽松货币政策中得利，这会加剧收入和财富分配不平等。① （3）资产组合假说。穷人资产组合中现金比例更高，宽松货币政策降低了现金的真实购买力，不利于穷人，加剧了收入和财富分配不平等。

宽松货币政策也有收窄收入和财富不平等的机制，包括：（1）储蓄再分配假说。利率下降有利于债务人而不利于债权人，债权人往往比债务人更加富裕，因此宽松货币政策减少了收入和财富分配不平等。② （2）收入异质化假说。有研究指出，收入分配最底层的群体最容易受到经济周期波动的影响，经济低迷时期低收入者最先失业或者降薪，而高收入群体受经济波动影响相对较小，宽松货币政策有利于低收入群体保住就业和增加工资收入，减少收入分配不平等。③④ （3）资产价格假说。斯坦斯等人（Steins et al.，2017）发现，美国的收入分配和财富分配在20世纪70年代以后持续恶化，收入和财富越来越向最富有的人群集中，中产阶级在收入分配中的不利局面越来越突出，而在财富分配中的不利局面则好于收入分配，造成这种差异的主要原因是中产阶级持有

---

① Stephen D. Williamson. Monetary Policy and Distribution [J]. Journal of Monetary Economics，2009，55（6）：1038–1053.
② Matthias Doepke，Martin Schneider. Inflation and the Redistribution of Nominal Wealth [J]. Journal of Political Economy，2006，114（6）：1069–1097.
③ Seth B. Carpenter，William M. Rodgers III. The Disparate Labor Market Impacts of Monetary Policy [J]. Journal of Policy Analysis and Management，2004，23（4）：813–830.
④ Jonathan Heathcote，Fabrizio Perri，Giovanni L. Violante. Unequal We Stand：An Empirical Analysis of Economic Inequality in the United States，1967–2006 [J]. Review of Economic Dynamics，2010，13（1）：15–51.

的房产增值,减弱了财富向最富有人群的过度集中。[1] 2008年全球金融危机以后,这种局面随着房地产价格上涨难以持续而终止,财富更加向最富有的人群集中。宽松货币政策提升房价,从这个意义上看,有利于提高中产阶级的家庭财富,减少财富分配不平等。

货币政策对收入和财富分配有众多不同方向的作用机制,究竟哪个机制更重要是一个实证问题。有研究发现,宽松货币政策可以在短期内降低贫困率,但是贫困率会随着时间拉长而逆转,对贫困人口最好的货币政策是保持通胀稳定和降低产出缺口。[2] 科比恩等人(Coibion et al.,2017)的实证研究表明,至少就美国而言,紧缩货币政策总体上会加剧劳动收入、总收入、消费和总支出等多个角度的不平等,宽松货币政策则会缓解不平等。[3] 他们验证了收入异质化假说,即紧缩货币政策会降低收入分配最底层群体的劳动收入,增加高收入群体的收入。美国的经验未必适用于其他国家,货币政策对收入和财富分配的影响在不同国家也会有不同表现。采取宽松货币政策至少短期内有利于改善劳动力市场和增加低收入群体收入,有利于提升股票和房地产的资产价格和资本回报,有利于债务人,至于是改善还是恶化收入和财富分配则要看各国的劳动力市场状况、收入和财富分配格局等。货币政策对收入和财富

---

[1] Moritz Kuhn, Moritz Schularick, Ulrike I. Steins. Wealth and Income Inequality in America, 1949-2013 [J]. Journal of Political Economy, 2017 (8).

[2] Christina D. Romer, David H. Romer. Monetary Policy and the Well-being of the Poor [R]. NBER Working Paper No. w6793, 1998.

[3] Olivier Coibion, Yuriy Gorodnichenko, Lorenz Kueng, John Silvia. Innocent Bystanders? Monetary Policy and Inequality [J]. Journal of Monetary Economics, 2017, 88: 70-89.

分配的影响更多的是周期意义上的短期影响而非长期影响。

结合中国的情况看，邹静娴、张斌、魏薇和董丰（2023）的研究发现，信贷增长总体而言缩小了家庭收入不平等。[①] 信贷增长提高了中低收入群体的劳动时间和劳动收入，缩小了劳动收入不平等。中国家庭的非货币金融资产比例较低，高收入家庭亦不例外，且大部分家庭难以从金融资产交易中获利，信贷增长对金融资产不平等的影响不显著。信贷增长带来了各个收入组的房屋价值上涨，高收入家庭房产价值上涨的幅度高于中低收入家庭，房价上涨扩大了不同收入家庭持有的房产价值的差距。

3. 宽松货币政策与僵尸企业和生产效率

宽松货币政策降低了企业融资成本，提升了企业融资可得性。有学者担心这可能会导致银行持续给过去有信贷关系的低效率企业贷款，不利于经济结构调整和未来的经济复苏。阿查亚等人（Acharya et al., 2019）认为，欧洲央行 2012 年采取直接货币交易（Outright Monetary Transactions，OMT）计划以后，欧元区边缘国家的银行被变相地补充了资本，从而增加了对过去有信贷关系的低效率企业的贷款，这并没有带来投资和就业增加。[②] 相反，因为信贷资源配置被扭曲，大量僵尸企业的存在不利于那些值得信赖的企业，进而不利于经济复苏。

针对这种观点，加格农（Gagnon，2020）认为，如果经济运

[①] 邹静娴，张斌，魏薇，董丰. 信贷增长如何影响中国的收入和财富不平等 [J]. 金融研究，2023，（01）：1-20.

[②] Viral V Acharya, Tim Eisert, Christian Eufinger, Christian Hirsch. Whatever It Takes: The Real Effects of Unconventional Monetary Policy [J]. The Review of Financial Studies, 2019, 32 (9): 3366-3411.

行不低于潜在产出水平,上述对僵尸企业的批评成立;当经济运行低于潜在产出水平时,确实会造成更多僵尸企业的出现,僵尸企业的存在不是原因而是结果。① 另一种批评观点认为,在经济周期下行阶段破产的未必都是低效率企业,也可能是小企业和新企业,因此宽松货币政策挽救的未必都是低效率企业。相关的证据来自巴登-富勒(Baden-Fuller,1989)的研究,他以英国20世纪80年代钢铁铸件的破产企业为例,发现工厂是否关闭并不只是因为盈利状况,多元化经营且融资可得性更好的企业即便面临正的现金流也更倾向于关闭工厂,而非多元化经营的企业即便现金流为负,也更不愿意关闭工厂。② 考虑到新企业和小企业面临更差的融资可得性和更低的企业储蓄,宽松货币政策挽救的并不一定都是利润最差的企业。

对宽松货币政策的另一种批评意见是"需求不足的背后是深层次问题",比如生产率增速放缓、企业资产负债表恶化、收入分配恶化、人口结构老龄化、债务负担过重等,需要结构改革政策才能解决真正的问题,单靠货币政策不能解决。该批评意见实际上混淆了总需求管理、结构改革和社会公正这三类不同的问题。针对这三类不同问题,分别有不同的政策工具,比如总需求管理政策工具主要包括货币和财政政策;结构改革政策工具包括贸易、产业、基础设施建设等众多政策;实现社会公正的政策工具包括累进税、社会福利、社会转移支付等。

---

① Joseph E. Gagnon. Who's Afraid of Zombie Firms?[EB/OL]. https://www.piie.com/blogs/realtime-economic-issues-watch/whos-afraid-zombie-firms, 2020-10-22.

② C. W. F. Baden-Fuller. Exits from Declining Industries and the Case of Steel Castings[J]. Economic Journal, 1989(99), 949-961.

在实践中，结构改革政策和收入分配政策往往会遇到巨大的政治阻力而难以实施，（至少短期内）很难做到改善资源配置效率和优化收入分配。宽松货币政策成为应对经济困局的重要手段，这引起了过度依赖宽松货币政策的担心。从各国的历史经验看，如果货币政策对经济下行没有做出充分反应，经济糟糕到非常严重的程度，国内政治压力也会大增，有些情况还会逼出大的结构改革政策，比如20世纪二三十年代大萧条期间美国出台了大量的结构改革政策，完善了经济制度，推动了后来的美国经济持续增长。但在有些情况下，逼出来的不是经济结构改革，而是动荡和战争，或者长期经济一蹶不振。货币政策不对经济下行做出充分反应，试图通过持续的经济低迷甚至是经济衰退倒逼结构改革是非常危险的做法。

小结与启示

总体而言，宽松货币政策在对抗经济周期下行方面能够发挥重大作用，作用机制不只是通过利率下行减少投资成本，还包括改变市场流动性和风险溢价，强化居民、企业和政府的资产负债表进而增加其支出，以及刺激货币贬值提高出口。

货币政策工具不只是政策利率，也包括各种创新的量化货币政策工具，货币政策空间随着政策工具的创新不断扩大。结合中国情况看，降低政策利率100个基点带来融资端利率和存款收益率的不对称下降，居民、企业和政府净现金流分别增加1 188亿元、9 442亿元和1 248亿元，考虑到不同群体的边际支出倾向和乘数效应，会增加总收入14 670亿元，拉动1.2个百分点的名义GDP

增速。这些计算没有考虑降低政策利率对房地产和股票价格的支持，以及由此对总支出水平的影响。

在关于宽松货币政策的副作用的讨论中，对资产价格泡沫和金融不稳定的担心得到广泛认同，但解决这类问题更合意的政策手段是监管政策，灵活的通胀目标能够兼容货币政策目标和金融稳定目标。在国外和国内的实证研究中，宽松货币政策会恶化收入和财富分配的观点得不到支持。宽松货币政策增加僵尸企业和延缓优胜劣汰的看法仍存有争议，僵尸企业的产生可能来自经济周期下行，经济周期下行中被淘汰的也未必都是低效率企业。

第六章
逆周期财政政策与公共债务负担

马斯格雷夫等人（Musgrave et al., 1989）区分了三种公共政策的功能，这也符合公共支出政策的三种功能。[①] 一是资源配置功能，即影响生产要素数量、质量以及部门和区域分布的政策，这类政策的目标是提高潜在经济增长率。二是宏观经济稳定功能，即帮助经济恢复到内部均衡的政策，政策目标是实现充分就业和靠近潜在增长速度，这类政策也被称为逆周期政策。三是收入再分配功能，即减少不同个体和区域之间收入和财富差距过大的政策。**这里我们主要关注第二种，以实现充分就业和靠近潜在增长率为目标的逆周期公共部门支出政策。**

为什么关注逆周期财政政策

近年来我国需求不足的现象更加突出。我国的宏观经济周期特征从 21 世纪第一个十年的"易热难冷"转向第二个十年的"易冷难热"，内需不足现象在近十年更加频繁凸显。特别是 2020 年

---

① Richard Abel Musgrave, Peggy B. Musgrave. Public Finance in Theory and Practice (5th ed.) [M]. New York: McGraw-Hill Book Co. 1989.

新冠疫情暴发以来，需求不足的挑战更加迫切。判断是否存在需求不足的指标，不是经济增速高低，而是一般物价水平、劳动力市场供求状况、经济景气指数等，这些指标更好地反映了需求相对于供给是否平衡。我国近年来持续面临需求不足的挑战，具体表现为核心 CPI 连续多年低于 1%、PPI（生产价格指数）负增长、新增就业机会不足造成大学毕业生就业难、PMI 长期低于荣枯线水平。需求不足成为制约经济增长最突出的短板。

公共部门增加支出是我国重要的需求扩张政策工具。在教科书中，逆周期政策的主要内容是财政政策和货币政策。逆周期财政政策主要包括调整财政支出或者税收等政策工具，逆周期货币政策主要包括调整政策利率和数量化的货币政策工具。在我国的逆周期政策实践中，货币政策会做出逆周期调整，但往往不被看作最重要的逆周期应对举措。预算内的财政支出和收入调整相对温和，公共财政赤字率相对稳定。我国更侧重也更受关注的逆周期政策是地方政府、金融机构和地方平台公司三方合作增加基础设施投资，以此作为扩大需求的主要政策工具，典型的代表是"四万亿计划"刺激方案。

公共部门增加支出和政府债务快速上涨引发了广泛担忧，制约了逆周期公共部门支出政策的发力。2015—2021 年，我国政府债务/GDP 从 38.7% 上升到 46.8%。如果考虑到地方平台公司相关的隐性债务，广义的公共部门债务/GDP 可能已经达到了 80%~90%。地方政府管理的地方平台公司债务虽然没有被纳入政府债务，但政府很难完全撒手不管，这些债务被认为是隐性政府债务。此类债务扩张引发了对非公共部门支出的挤出效应、系统性金融风险、公共部门债务可持续性等多方面的担忧。这些担忧制约了逆周期的公共部门支出力度。例如，在2020—2022年新冠疫情防控期间，尽管需求不足现象非常突出，政府公共财政和政府性基金合计支出的平均增速为3.9%，低于疫情前2013—2019年的平均增速10.7%。2020—2022年政府主导的基建投资增速为4.9%，低于疫情前2013—2019年的平均增速13%。

我们这里进一步讨论支持和反对逆周期公共支出政策的主要观点，重点关注以下三个问题：第一，我国的公共部门支出是否逆周期？第二，逆周期公共部门支出是否实现逆周期政策目标，是否挤出非公共部门支出？第三，如何看待公共部门的债务可持续性？

理解中国财政的"四本账"

1. 中国公共部门赤字、支出和债务口径

(1) *政府预算赤字与支出*

中国政府的预算体系由四本预算构成，包括一般公共预算、政府性基金预算、国有资本经营预算和社会保险基金预算，即"四本账"。以"四本账"为表现形式的多元复式预算①管理体系并没有很长的历史。2010年试编社会保险基金预算后，中国才在实践上形成了"四本账"并列的复式预算管理体系。2014年修正的《中华人民共和国预算法》（以下简称《预算法》）第五条规

---

① 所谓复式预算或单式预算指的是预算管理方式，单式预算是政府的所有收入和支出都纳入一张收支表，而复式则是按照一定的分类办法将收入和支出纳入不同的收支表。复式预算按照预算类别的数量又可以分为双元（双式）复式预算和多元（多式）复式预算。

定"预算包括一般公共预算、政府性基金预算、国有资本经营预算、社会保险基金预算"。至此,"四本账"并列的复式预算管理体系才以法定形式确立下来。

公共财政收支赤字。一般公共预算收支是最常被提及的"公共财政收支"。中国政府的官方赤字仅反映一般公共预算的收支缺口,从 2009 年开始可以通过预算调节使得年末实际执行的数字完全等于年初预算计划安排的数字。具体的预算调节方式如下:

官方赤字规模 = 一般公共预算支出总量 − 收入总量 = (一般公共预算当年实际支出 + 补充预算稳定调节基金 + 结转下年支出的资金) − (一般公共预算当年实际收入 + 结转结余资金使用 + 调入预算稳定调节基金 + 调入政府性基金、国有资本经营预算收入)。

官方赤字可通过发行国债和地方政府一般债弥补,所以**目前每年预算公布的官方赤字额就是当年新增的国债与地方政府一般债之和**。在 2020 年新冠疫情冲击以前,中国政府的官方赤字率从未超过 3%,2020 年、2021 年分别为 3.7% 和 3.1%。如果不考虑前述官方赤字确定中的复杂过程,直接通过收支差额计算**一般公共预算的实际赤字率**,则一般公共预算的赤字率在 2015 年就突破了 3%(3.4%),此后连年上升,在 2020 年达到 6.2%,2021 年降至 3.8%。

前两本账赤字。将一般公共预算和政府性基金预算合并计算赤字(简称为"前两本账赤字"),该口径的赤字率也是在 2015 年突破了 3%,此后升至 2020 年的 8.6%,2021 年降至 5.1%。其中,政府性基金主要包括土地出让收入和地方专项债以及对应的支出,是地方政府经济行为的重要依托。这前两本账的预算收入占四本账预算收入合计的近 80%,是中国政府最主要的收入来源。

政府对前两本账的收入（税收、非税收入、土地出让收入及其他政府性基金收入）支配有较高的自由度，这些收入对应的支出直接反映了主要政府职能的履行程度。相较而言，国有资本经营预算侧重于国企内部的再分配功能，收支规模很小；社会保险基金预算专项用于社会保险，且一般公共预算对社会保险基金预算的补贴支出也已经反映了财政在社保领域的部分信息。所以，合并计算前两本账的收支可以较完整地反映预算内的财政行为，且前两本账收支的年度、月度数据可得性更好，便于分析。

四本账赤字。 把四本账收支合并计算（扣除一般预算对社会保险基金预算的补贴）后，可以得到四本账口径的赤字。国有资本经营和社会保险基金预算多数时间可以实现收入盈余，因此2020年之前四本账合计的赤字率都要低于前述三个口径的赤字率；2020年新冠疫情暴发后，大规模的社保缓缴优惠措施和暂时性的经济停滞，使得社保缴费收入有较大幅度下降，四本账合并计算的赤字率达到9%，为史上最高，并且高于其他三个口径的赤字率；2021年，该口径赤字率回落至4%，介于一般预算实际赤字率和前两本账赤字率之间。

公共部门支出。 这里计算三个口径的政府支出增速，分别是一般公共预算支出增速、前两本账合并支出增速，以及四本账合并支出增速。从2010年左右开始，各个口径的支出增速都整体进入下行通道，并在2020年新冠疫情后进一步大幅下降。1992—2010年，一般公共预算的年均支出增速为19.3%，2010—2019年降至9.6%，2019—2021年的平均增速大幅降至3.1%。2008—2011年，前两本账合计的年均支出增速高达24.4%，2011—2019年降至10.5%，2019—2021年的平均增速也大幅降至4.2%。2013—2019年，四本账合计的年均支出增速为10.5%，2019—

2021年的年均增速依然大幅下降至4.7%。

综合财政赤字和财政支出两方面的内容，2014年以后中国政府的官方赤字对财政实际状态的反映效果大幅减弱。2014年以前，官方赤字率与其他口径的赤字率差距并不大。2014年以后，当其他口径的赤字率基本突破3%并不断上行时，官方赤字率却保持了非常平稳的态势。官方赤字的计算范围仅限于一般公共预算，并通过调入、调出等途径隐去了实际的收支形势信息，而2014年以后，一般公共预算支出越来越依赖于从其他预算、预算稳定调节基金和结转结余调入资金，通过这种方式得出的官方赤字规模和赤字率并不能完全反映政府收支运行的实际情况。

实际赤字率自2014年以后迅速提高的主要原因是政府收入下滑。2010年后，各口径的政府支出开始整体下行，这一趋势延续至今。2014年后，实际赤字率迅速提升的主要原因并不在支出端，而在于收入增速的整体下降。政府减收的根本原因是经济增速下行，加上2016年全面实施的"营改增"、2018—2019年连续的增值税调降税率，2019年税收收入增速已降至1%，是此前近30年来的最低值。

（2）政府债务

从政府层级角度，中国的政府债务分为中央政府债务和地方政府债务；从存在形式角度，可分为显性政府债务和隐性政府债务。显性政府债务即在法律意义上由各级政府作为举债主体的债务，隐性政府债务则是法律意义上的举债主体和实践中偿债责任方存在差异的债务。中央政府债务的主要存在形式是显性债务，主要是国债。

地方政府债务的实践脉络、管理体制和存在形式则较为复杂，显性债务和隐性债务一直同时存在。地方政府的显性债务以地方一般债和专项债为主，这两类债务规模每年均由全国人大确定。地方政府隐性债务主要是平台公司的债务。平台公司是具有独立法人地位的企业主体，但是其主营业务是具有公共品属性的基础设施建设，承担了政府的部分建设职能。平台公司举借的债务大部分以政府信用为基础，其偿还也依赖政府的信用实力、财政收入和资产，相当一部分地方平台公司的债务可被视为地方政府的隐性债务。改革开放以后，地方政府的显性和隐性债务的发展大致可分为三个阶段：

1979—1997 年：从"拨改贷"到催生地方融资平台。经济体制转轨初期，地方政府配置资源的权力范围扩大，激发了地方政府发展经济的积极性。地方财政支出的比重得到了提升，支出责任逐渐增加。这一时期地方政府负债的活动主要是"拨改贷"，即中央政府将拨给地方政府的基本建设预算拨款转为银行贷款。但大量的地方基本建设项目立项不规范，给银行造成了大量坏账，1988 年的投资体制改革对这一问题进行了治理，为了解决财政收入不能满足资金需求的情况，许多地方政府再次尝试开展举债融资。1993 年，由于担心地方政府缺乏债务偿还能力，国务院制止了地方政府的举债行为。1994 年颁布的《预算法》进一步明确：地方各级预算按照量入为出、收支平衡的原则编制，不列赤字……除法律和国务院另有规定外，地方政府不得发行地方政府债券。在此背景下，地方政府开始发展地方平台公司。

1998—2008 年："国债转贷"和地方平台公司债务激增。为应对 1998 年亚洲金融危机，中央政府实行以国债投资为主的积极财政政策，其中有一部分是以国债转贷的方式转贷给地方政府使用。由偿债责任由地方政府承担，所以形成了事实上的地方政府债务。中央政府在安排这些国债转贷项目时，大多都要求地方政府提供配套资金。地方政府在资金有限的情况下，不得不采取变相融资的方式筹措资金，形成了大量的隐性政府负债。到了2008年，为应对全球金融危机，"四万亿计划"出台，但其中70%的资金需求需要地方政府自行筹措解决，这一时期，地方平台公司的债务也迅速扩大。

2009年至今：探索地方政府债自主发行。这一时期，地方平台公司数量和债务规模迅速膨胀，潜在风险逐步显现。2009年下半年，相关部门开始关注地方平台公司的风险，开始由财政部代理地方政府发行债券覆盖部分融资需求，债券名中明确带有地方政府名称，并采用记账式国债的发行方式，通过国债发行渠道发行。2011年，财政部允许上海、浙江、广东、深圳开展地方政府自行发债试点。2014年经国务院批准，上海、浙江、广东、深圳、江苏、山东、北京、江西、宁夏、青岛试点地方政府债券自发自还。2014年，新《预算法》正式赋予地方政府举债权力（举债主体只能是省级政府和计划单列市政府）。地方政府可以发行纳入一般公共预算管理的一般债券和纳入政府性基金预算管理的专项债券。

在地方政府逐渐获得自主举债的权力后，隐性债务依然存在。所以，**目前中国的政府债务有两个口径：一是显性债务**＝国债余额＋地方政府一般债余额＋专项债余额；**二是广义债务**＝显性债务＋政府具有偿还责任的地方平台公司债务。① 截至2021年，中

---

① 地方平台公司的历年有息债务存量通过汇总发债的现有地方平台公司的年末有息债务得到；关于地方平台公司债务中的政府隐性债务比例，本节参考国际货币基金组织与中国的磋商报告中的估算比例（2/3），即每年地方平台公司有息债务存量的三分之二为政府隐性债务。

国政府显性负债率为46.8%,加上隐性债务后,估算广义负债率为80%~90%。

2. 是否逆周期

财政政策的重要职能之一是对宏观经济进行逆周期调节,即在市场自发需求不足、产出低于潜在水平时,政府应通过实行扩张性财政政策增加支出,使经济运行保持在潜在产出水平上。观察中国政府预算内收支增速和经济增速的关系,可以得出两个方面的结论。

第一,财政政策具有被动的"自动稳定器"功能。我国预算内的财政政策有较为明显的"以收定支""量入为出"特征。在经济下行、财政减收的形势下,财政支出强度随之减弱。然而财政支出存在一定刚性,比如政府、医院、学校运转的支出不能下降太快,否则会影响政府履行职能,又比如经济下行社保类支出也会有所增加。财政收支发挥"自动稳定器"功能来自财政收入和支出对GDP实际增速变化的敏感度差异,即财政收入对经济增速变化更敏感。初步的回归分析表明,实际GDP增速每减少1个百分点,两本账下财政收入和支出增速会分别下降3.5和2.1个百分点,财政收支的增速差会扩大1.4个百分点。经济下行会伴随财政赤字率上升。

第二,以预算内政府支出衡量,政府支出没有明显的逆周期特征。主动的逆周期调节要求财政支出增速要对GDP产出缺口做出反应,即财政支出增速与GDP产出缺口负相关;或者,财政支出增速与经济增速的变化负相关,即经济短期内明显下行的时候财政支出增速上升,以此熨平经济下行。然而,我们的回归结果发现这两个负相关关系在过去的政策实践中不成立,即财政支出

第六章 逆周期财政政策与公共债务负担 167

增速与产出缺口和经济增速变化都没有明确的负相关关系。

第三，我国更侧重也更受关注的逆周期政策是地方政府、金融机构和地方平台公司以三方合作的方式增加投资。这种投资的主要内容是基础设施建设投资，以此作为扩大需求的主要政策工具，典型的代表是"四万亿计划"刺激政策。这里将地方平台公司每年新增的有息债务占 GDP 的比例作为地方平台公司扩张的衡量指标①，从中可见地方平台公司举债扩张、应对经济下行压力的逆周期性十分明显（见图6.1）。

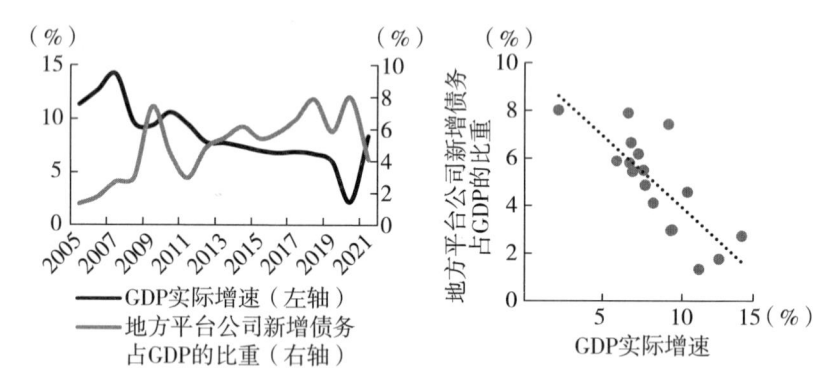

图6.1 地方平台公司新增债务与经济增速的关系

资料来源：Wind。

2008年的全球金融危机带来了较大的经济下行压力，我国采取了"四万亿计划"。在此过程中，地方平台公司新增有息债务占 GDP 的比例提高了 4.4 个百分点；2010—2011 年经历了急剧扩张的短暂下降后，2013—2018 年该比例在经济不断下行的同时继续

---

① 地方平台公司支出的部分资金来源是政府，所以如果用地方平台公司的支出（成本）增速衡量其行为，会存在重复计算。地方平台公司的有息负债在法律意义上是完全自有的负债，用新增有息债务衡量地方平台公司的行为更合适。

提升；2019 年，在地方债务治理的过程中，地方平台公司的融资受到更加严厉的约束，新增债务比例占 GDP 比重有所下降；但因 2020 年疫情冲击，地方平台公司又担负起了部分稳增长任务，新增债务比例占 GDP 比重提高到 8%，到 2021 年地方债务治理再回严监管态势，地方平台公司的债务扩张再度受到抑制。

3. 挤出还是挤入？

分析逆周期公共支出政策的经典模型是宏观经济学中的 IS-LM 模型，后来的新凯恩斯模型也基本支持 IS-LM 模型的结论。如果私人部门的意愿储蓄大于计划投资，市场自发需求不足，政府增加负债和公共部门支出能够增加总需求，提高全社会产出和就业水平。从实践看，地方平台公司或者其他政府企业举债增加支出，相对应地提高了非公共部门的收入和现金流，有助于提升全社会经济景气程度、就业和收入水平，这主要是挤入效应。与此同时，逆周期公共支出政策的实施可能会影响当期的经济结构，社会公众普遍担心的问题是公共部门支出带来了挤出效应。

逆周期公共支出政策通过四种渠道挤出私人部门支出：一是直接涉足私人部门的经营领域，对私人部门造成竞争压力和挤出效应；二是抬高全社会的生产和生活成本，挤出私人部门支出；三是抬高非公有企业的融资成本，挤出非公有企业投资；四是抬高全社会真实利率，挤出私人部门支出。针对第一种情况，有些地方平台公司涉足私人部门经营领域，比如房地产开发、仓储，或者是有些产业政策对行业内企业带来竞争压力，但总体而言，逆周期公共支出绝大部分发生在基础设施建设领域，且越来越集中在公益和准公益类投资项目，这种支出形式的挤出效应不明显。

下面我们重点考虑后三种情景。

(1) 是否抬高社会成本

财政支出增加是否抬高了社会成本，关键的判断依据是通胀水平的变化。但从指标间的相关性看，无论是用CPI还是用PPI作为衡量通胀水平的指标，地方平台公司增加债务、推动投资的行为都与通胀水平没有明显的关联，指标的相关性很低。这表明以往在地方平台公司大幅扩张的时期并没有带来过度的需求和通胀压力。

(2) 是否挤占金融资源

一种担忧认为地方平台公司的过度举债会挤占其他企业的融资功能、抬高其他主体的融资成本。这里把全社会新增债务融资规模减去地方平台公司的新增有息债务，得到其他企业主体的新增债务。地方平台公司和非地方平台公司的新增债务存在较强的正相关性，地方平台公司新增债务越多，非地方平台公司的新增债务也越多，而不是地方平台公司新增债务增加会挤出其他企业的融资。这背后的原因可能是，经济下行期间，地方平台公司扩张为社会提供了增量需求，改善了全社会的现金流，带动了其他企业的生产和投资，它们的债务融资也同步增加。

基于2004—2021年发行的所有信用债券，分离出其中非地方平台公司发行的债券，计算其历年的债券发行加权平均票面利率，再计算其融资溢价，即融资溢价＝债券发行加权平均票面利率－当年的平均银行间质押回购加权利率。过去的经验数据显示，地方平台公司的债务扩张没有提高其他企业的融资成本。通过格兰杰因果关系检验，地方平台公司新增债务变化不是其他企业新增债务变化和融资溢价变动的格兰杰原因（见图6.2）。

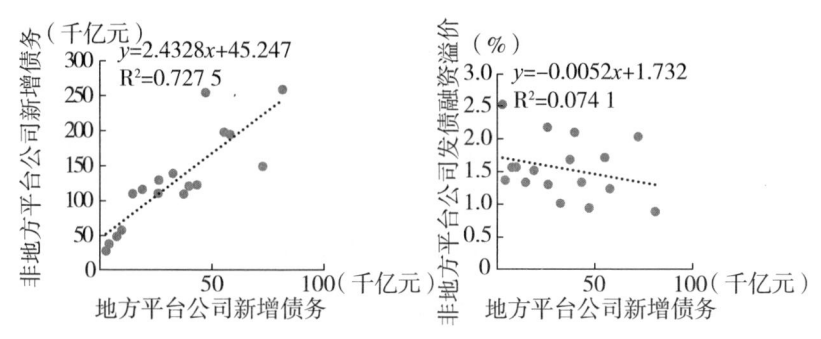

图 6.2 地方平台公司债务与非城投债务的量价关系

资料来源：Wind。

（3）是否抬高真实利率

考虑两种情景，一种是供求平衡、充分就业的情景（见图6.3）。在这种情景下，公共部门增加支出，提高了给定利率下的全社会投资水平，减少了全社会储蓄，计划投资与意愿储蓄相等所对应的真实利率上升。私人部门因为面临更高的真实利率，遏制其投资水平。

另一种是供大于求，总需求不足的情景（见图6.4）。在这种情景下，私人部门的计划投资小于意愿储蓄，二者之间存在缺口，与这个缺口对应的是现实中的真实利率高于计划投资与意愿储蓄

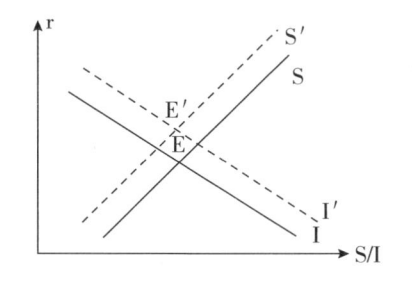

图 6.3 供求平衡下公共部门增加支出 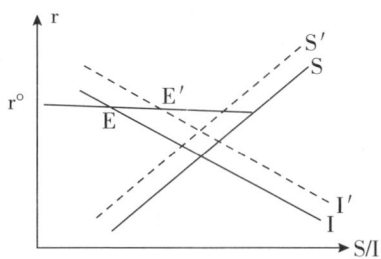　　图 6.4 需求不足下公共部门增加支出

第六章　逆周期财政政策与公共债务负担　171

相等所对应的中性利率水平。如果种种原因（例如受到限制的货币政策）导致真实利率无法向中性利率收敛，持续的总需求不足问题就会出现。换言之，总需求不足本身就对应着真实利率的高估。

在这种情景下，公共部门增加支出虽然也会提高中性利率水平，但是否存在挤出效应并不确定。如果公共部门举债增加支出带来的中性利率水平并未达到之前私人部门投资者面临的真实利率水平，则不存在这个渠道下的挤出效应。如果超过了之前私人部门投资者面临的真实利率水平，则存在挤出效应。

判断逆周期支出政策是否挤出私人部门投资的关键依据是逆周期支出政策是否导致真实利率显著超过了中性利率。现实中我们无法直接观测到中性利率水平以及真实利率和中性利率之间是否存在缺口，可以通过考察通胀的变化来间接判断逆周期政策对真实利率和利率缺口的影响。这里的逻辑是：如果在逆周期支出政策推出之前，私人部门面临的真实利率处于中性利率水平，即计划投资与意愿储蓄大致相等，那么增加的财政支出会导致总需求过剩，并带来明显的通胀压力，同时也会通过抬升真实利率的机制挤出私人部门的投资需求。反之，如果逆周期支出政策并没有带来明显的通胀压力，则表明此时不存在明显的需求过剩和真实利率被低估的问题，也就没有必要担心公共支出会挤出私人部门的投资。

如果逆周期公共支出政策帮助经济摆脱需求不足和通缩，只是带来有利于经济增长的温和通胀，那么逆周期公共支出政策不仅实现了逆周期目标，对非公共部门也没有明显的挤出效应，更多的是挤入效应。如果逆周期公共支出政策带来过高的通胀，则有悖于逆周期政策目标，同时伴随明显的挤出效应。

3. 问题与挑战

中国的政府预算内支出不具备逆周期政策特征，逆周期政策主要通过地方平台公司的扩张来实施。这一模式发展至今面临诸多挑战，包括地方平台公司的债务负担和债务风险难以持续、投资项目规划中的人力和产业不匹配、投资项目中的贪腐和铺张浪费等。其中，最突出的问题是地方平台公司的债务规模和债务风险快速上升。地方平台公司主要承担政府的部分建设职能，但由于自身的企业地位，其融资虽然可以部分依托政府信用，但在实践中需要支付更高的融资成本。基础设施建设的融资来源包括了国债、地方一般债、地方专项债、地方平台公司自筹的城投债、银行贷款。这些融资来源的成本基本上是逐级提高的，"越高的钱用得越多"。中国以地方平台公司为主体的基础设施投融资结构，其最重要的特点是低收益（甚至无收益）、缺乏现金流（甚至无现金流）的具有极高公共品性质的建设项目过度依赖市场化的高成本资金。这种融资结构降低了政府显性负债率，却提高了广义政府负债率，即增加了地方政府的财政风险。在隐性债务治理加强和土地价值预期减弱的背景下，以地方平台公司为主导的逆周期基建投资模式已经难以为继，宏观管理政策时常陷入"防风险"和"稳增长"的两难选择。

如何看待政府债务的可持续性

在两种情况下，政府债务将难以为继。一种是直接的政府债务违约。直接的政府债务违约多数情况下是针对外债，而非本币计价的国内债务。另一种是政府未来需要通过减少支出或者增加税收的方式偿债。这里所说的税收有两种方式：一是直接向私人部门增加税收偿还债务；二是以增加货币发行偿还债务，这事实上是通过征收铸币税的方式偿还债务。直接征税往往会遭遇较大的政治阻力。铸币税会导致未来的通胀预期上升，侵蚀国债的真实购买力，过高的铸币税和通胀会让市场抛售债务，造成债务危机。无论是直接征税还是隐性的铸币税，都会对债务可持续性造成威胁。

评价政府债务可持续性有很多种方法。评估的出发点一般是政府债务/GDP，有些国家的政策实践会把既定的政府债务/GDP作为政策目标，超过了这个目标就会认为是政府债务超出了界限。通过以下分析可以看到，政府债务/GDP在不同国家和地区、不同时间段可能对应着不同的合理区间，并非将政府债务/GDP维持在一个固定水平就保持了公共债务的可持续性。下面我们将重点讨论四个问题：一是如何判断政府债务/GDP的合理区间；二是如何将政府债务/GDP维持在合理区间；三是结合中国数据的情景模拟；四是如何看待政府举债增加支出是寅吃卯粮，以及质疑增加政府支出的其他观点。

1. 政府债务/GDP的合理区间

经济增长高峰期以后，政府债务/GDP普遍大幅上升。政府债务增长与经济发展阶段密切相关。从高收入国家的经验看，在经济增长的高峰期，同时也是工业化的高峰期，企业部门的债务增长最快，政府部门的债务增长相对较慢，支撑全社会债务增长的主要力量是企业部门。经济增长高峰期过去以后，企业债务增长大幅放缓，家庭部门债务增长较快，政府部门债务增长最突出。

在经济增长高峰期以后的 20 年内，欧洲的德国、法国和意大利，以及东亚的日本、韩国都出现了政府债务/GDP 的持续大幅上升。在全社会的新增债务中，政府债务增加速度远超过私人部门，政府新增债务在全社会新增债务中的占比持续大幅上升。

更高的政府债务/GDP 并不等价于更高的政府债务风险。通过观察政府债务/GDP 与主权债务的 CDS（信用违约互换）利差的关系，可以发现，二者呈显著负相关（图 6.5）。更高的政府债务/GDP 并不代表该国未来更难以偿还政府债务。决定政府偿还债务能力的因素有很多，政府债务/GDP 一定程度上反映了政府债务负担，但政府能否还债还要考虑更多因素，比如未来的经济增长、通胀、利率、政府融资能力等。

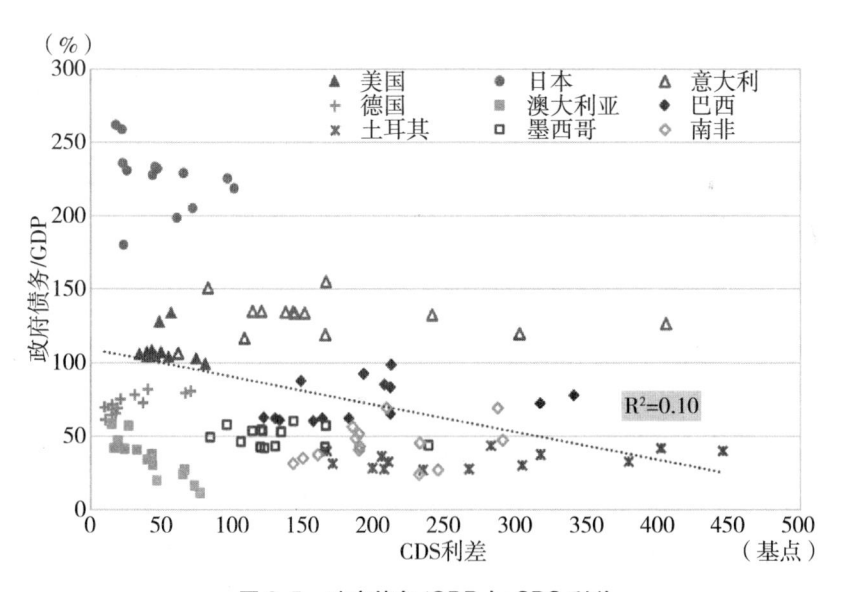

图 6.5 政府债务/GDP 与 CDS 利差

资料来源：Bloomberg, IMF。

政府债务/GDP 指标能反映政府债务负担，但并不充分。一是没有考虑政府持有的资产，没有区分政府债务还是政府净债务。政府在举债增加支出的同时，有些情况下也会形成一些资产，比如政府对基础设施投资或者购买土地形成的资产。仅看总债务而忽视净债务，不能完全反映政府的真实偿债能力。日本的政府债务/GDP 达到230%，是发达国家中政府债务/GDP 最高的国家，但如果使用净债务/GDP 衡量，日本只有130%，与意大利相当。这还仅仅是考虑日本政府持有的金融资产，如果考虑到非金融资产，日本政府的净债务水平会更低，对偿债能力的保障更高。二是没有区分付息债务和无须付息的债务，以及央行在其中发挥的作用。如果是政府部门或者其他公共部门购买政府债务，所得的政府债券利息会不同程度地上缴财政，这对政府而言，是无须全部付息的债务。区分付息债务和事实上无须付息的债务以后，政府偿债能力可能有显著差异。在政府债务形成的过程中，来自央行的配合会让政府的债务压力大相径庭。央行以购买国债的方式实现合理必要的基础货币扩张，由此持有的这部分国债对政府而言不构成真正意义上的债务负担。此外，央行还可以帮助政府调整债务久期，帮助政府克服债务流动性困难。

政府债务风险与通胀联系更紧密。政府债务违约风险与该国的通胀水平高度正相关，即通胀水平越高，政府债务违约风险越高（见图6.6）。保持稳定的通胀水平，不仅意味着该国相对健康的经济基本面，也意味着该国的财政和货币当局有更大的政策空间为财政赤字融资。

决定政府债务空间的关键是私人部门的储蓄与投资缺口。如果私人部门意愿储蓄大于计划投资，私人部门不能充分利用全社会资源，这种情况下政府举债增加公共部门支出更加充分地利用

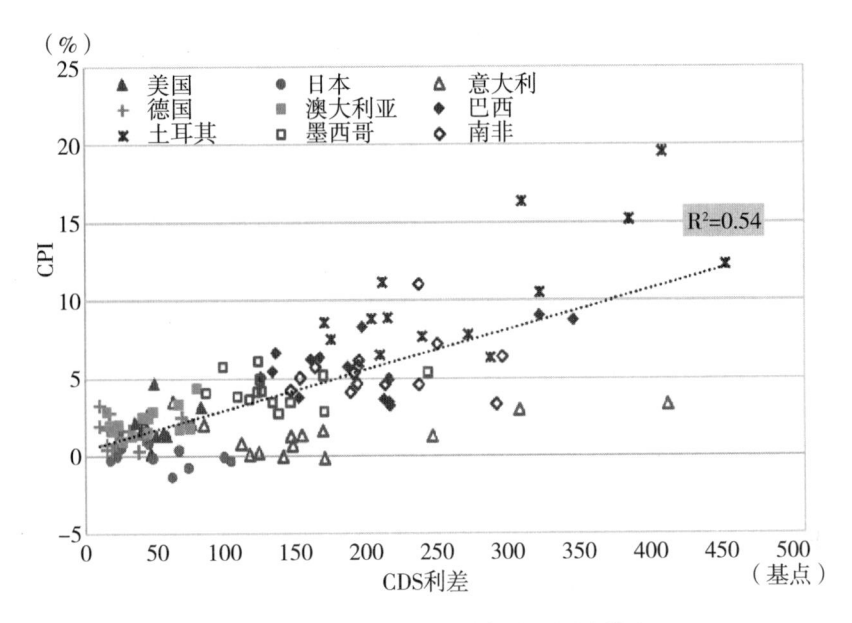

图 6.6 主权债 CDS 利差与 CPI 同比增速

资料来源：Bloomberg，IMF。

了全社会资源，不仅能够带来全社会的产出增加，还不会带来通胀压力，该国所能接受的政府债务/GDP 水平更高。日本就是典型的例子。反之，如果私人部门储蓄相对投资而言更大，资源已经得到充分利用，政府再去举债增加支出不能提高真实产出水平，只会增加通胀，并危及公共债务的可持续性。

对这个问题的另一个观察角度是私人部门的融资需求。如果私人部门融资需求低，创造的金融资产少，全社会的购买力和总需求水平也相应较低。这种情况下政府举债增加购买力不会带来通胀压力，政府增加债务的空间较大。这种情况对应着私人部门储蓄大于投资的情况。反之，如果私人部门融资需求高，创造的金融资产高，政府举债增加购买力会加剧通胀压力，政府增加债务的空间较小。这种情况对应着私人部门投资大于储蓄的情况。

不同国家和不同发展时期，对应着不同的政府债务/GDP 合理区间。并非政府债务/GDP 越高，政府债务风险就越高。实践中，很难准确计算政府债务/GDP 的合理值，但是通过观察通胀、私人部门意愿储蓄和计划投资之间的缺口，可判断政府债务/GDP 能不能进一步上升，或者是否需要下降。就我国情况而言，2012 年以来，我国非金融企业和家庭部门储蓄和资本形成之间的缺口不断放大，该缺口占 GDP 的比重从 2012 年的-3.1%上升至 2020 年的 5.2%，通胀也一直保持在较低水平，这说明私人部门的投资越来越不足以消化掉私人部门的储蓄。这种情况下，政府的逆周期公共支出更充分地使用了资源，而不是浪费资源，且没有带来显著的通胀压力，政府的赤字空间和政府债务/GDP 空间较大。

私人部门储蓄和投资之间的缺口放大主要来自私人部门投资意愿下降，这不利于宏观经济稳定和增长。如果能通过改革措施激发私人部门的投资活力，或者通过充分的政策利率调整降低真实利率，使得私人部门的储蓄和投资更加平衡，对宏观经济稳定和增长可能会更有利。通过政府逆周期公共部门支出填补这个缺口，虽然也起到了充分利用资源的目的，但从效率角度看可能是次优选择。

2. 如何将政府债务/GDP 维持在合理区间

假定当前政府债务/GDP 在合理区间，还需要考虑的问题是，未来这个比率会如何变化，能否维持在合理区间？判断未来政府债务/GDP 的路径有比较清晰的计算方法。

政府债务/GDP 的路径取决于：

$$B_t = B_{t-1} + D_t + iB_{t-1}$$

其中，B 代表政府债务，D 代表基础赤字，i 代表政府债券利率，下角标代表时间。用 g 表示名义 GDP 增速，将上式每一项除以 t 期的 GDP_t 得到：

$$\frac{B_t}{GDP_t} = \frac{D_t}{GDP_t} + \frac{1+i}{1+g}\frac{B_{t-1}}{GDP_{t-1}}$$

$$b_t = \frac{(1+i)}{1+g}b_{t-1} + d_t \cong (1+i-g)b_{t-1} + d_t$$

其中，b_t、d_t 分别代表政府债务和基础赤字相对于 GDP 的比率。

政府举债采取逆周期政策，增加公共部门支出，这会带来政府债务/GDP 的一次性上升，决定未来政府债务/GDP 路径的是名义利率 i、名义 GDP 增速 g 和未来的基础赤字率 d。如果随着经济好转和逆周期政策的退出，名义 GDP 增速上升，基础赤字率下降，无须政府减少基础赤字率，政府债务/GDP 也会回落。这符合我国财政赤字率与经济增速负相关的历史经验。

拉长时间看，在给定的基础赤字率下，决定未来政府债务/GDP 路径的关键是名义利率和名义 GDP 增速的差异，如果前者低于后者，政府债务/GDP 会因为分子增长速度慢于分母增长速度而持续下降；如果名义利率高于名义 GDP 增速，政府债务/GDP 会因为分子增长速度快于分母增长速度而持续上升，为了稳定或者降低政府债务/GDP，就需要政府增收减支，压缩基础赤字率。

如果将政府债务/GDP 保持在一个合理的水平上不再增长，即满足：

$$b^* = b_t = b_{t-1}$$

由此可得对应的赤字率 d^* 为：

$$d^* = (g-i)b^*$$

也就是说，如果将赤字率保持在名义 GDP 增速与名义利率之差乘合意的债务/GDP 水平上，则债务/GDP 会一直保持在这个水平。

法塔斯和萨默斯（Fatás and Summers，2018）用另一种方式讨论了政府债务的可持续问题。[1] 他们首先指出，如果认为当前政府债务/GDP 过高的话，那么政府就需要减少支出以降低政府债务/GDP。政府债务/GDP 下降之后，最直接的好处是能够减少实际的利息支出。这么做的潜在成本则是长期财政收入损失，即财政支出下降会影响长期潜在产出，进而减少长期财政收入。具体来说，减少财政支出带来的债务下降为：

$$\Delta D_t = \Delta G_t - \Delta T_t = \Delta G_t - \mu\tau\Delta G_t = (1 - \mu\tau)\Delta G_t$$

其中 D_t 为政府债务，G_t 为财政支出，T_t 为财政收入，μ 为财政乘数，τ 为边际税率。

由此减少的利息支出为：

$$(r - g)\Delta D_t = (r - g)(1 - \mu\tau)\Delta G_t$$

因财政支出下降而导致的长期财政收入损失为：

$$\tau\Delta Y_t^p = \tau\eta\mu\Delta G_t$$

其中，η 为磁滞效应系数。

法塔斯和萨默斯指出，围绕政府债务/GDP 来考虑财政支出安排，必须衡量其对应的成本和收益。如果减少财政支出带来的收益大于成本，那么这种安排就是合理的，否则就是不合理的，即：

$$\tau\eta\mu \geq (r - g)(1 - \mu\tau)$$

上式等价于：

---

[1] Antonio Fatás, Lawrence H. Summers. The Permanent Effects of Fiscal Consolidations [J]. Journal of International Economics, 2018, vol. 112 (C), 238-250.

$$r \leqslant g + \frac{\tau\eta\mu}{(1-\mu\tau)}$$

上述测算模型结果表明,在不考虑磁滞效应($\eta=0$)的情况下,只要$r \leqslant g$,即真实利率小于等于实际产出增速,财政扩张要优于财政紧缩。反之,财政紧缩就是合理的。法塔斯和萨默斯进一步给出了磁滞效应存在的证据。他们发现那些采取财政紧缩的经济体,其长期经济增速都受到了紧缩财政政策的持续影响,而不仅仅是乘数效应反映出的当期影响。引入磁滞效应之后,法塔斯和萨默斯的结论是,哪怕磁滞效应只是微不足道的一点($\eta=0.025$),对应的真实利率上限就会高出很多,即此时财政紧缩政策很有可能会恶化财政收支,且真实利率的上限随着财政支出乘数的增加而上升。在广泛存在磁滞效应的现实世界里,旨在提高财政可持续性和降低政府债务率而采取的财政紧缩政策,其结果很可能适得其反。

我们参考其测算模型,结合中国当下面临的基本事实做了一个简单估算。假定中国面临的潜在产出增速是4%,综合边际税率为0.33,那么只有在真实利率大于等于4%的情况下,主动减少财政支出以降低政府债务才是合理的。在磁滞效应为0.025的情况下,即使财政乘数为1,真实利率只要小于5.2%,减少财政支出反而会造成财政状况恶化,不利于提高政府债务的可持续性。

3. 情景模拟

把政府债务/GDP稳定在目标水平主要取决于三个指标:一是政府债务/GDP的目标值,二是未来的名义GDP增速减去未来名义利率的值,三是基础赤字率。如果未来的名义GDP增速大于名义利率,则可以允许相应的基础赤字率,将政府债务/GDP 维持在固定的目标水平上。我国的名义 GDP 增速与名义利率之差和名义增速高度相关,过去十年二者之间的相关系数达到 99.5%,名义 GDP 增速与名义利率之差平均达到 6.6%。如果未来还可以使用过去的经验,可以推断:

其一,维持名义 GDP 增速是维持政府债务可持续性的关键,维持名义 GDP 增速基本等价于维持名义 GDP 增速减去名义利率,这是决定未来政府债务/GDP 走势的关键。

其二,给定名义 GDP 增速显著高于名义利率,未来每年可以允许一定的基础财政赤字,而不至于带来政府债务/GDP 上升。这里我们模拟了把政府债务/GDP 稳定在不同合意水平上所对应的基础财政赤字率。我国名义 GDP 增速与国债利率之差在过去十年的均值为 6.6%,假定未来是 5%~6%;目前把地方平台公司的部分隐性债务纳入政府债务以后的债务率是 80%,假定未来政府债务/GDP 的目标水平为 90%~100%。在这些假定下,未来除了有 10%~20% 的债务提升空间,基础赤字率也可以提升至 4.5%~6%,而这能够将政府债务率稳定在目标区间,此时包含了政府债务利息的赤字率为 6%~7%。采取逆周期政策期间,赤字率可显著高于这个平均水平。

4. 如何看待"寅吃卯粮"和其他担心

对政府举债扩张支出的一种流行看法是"寅吃卯粮"。对于寅吃卯粮可以有两种理解:一种是站在政府角度看,今天增加了支出和赤字,未来就要减少支出或者增加税收;另一种是站在全社会角度看,政府今天增加了债务和支出,未来全社会就会面临压力,减少产出。

这两种说法都难以成立。对于第一种说法，正如前面提到的，反映政府债务负担的政府债务/GDP变化路径取决于未来的利率、经济增速和基础赤字率，逆周期公共支出提高了当期的赤字率和政府债务/GDP，但并不必然要求未来政府通过削减基础赤字以使政府债务/GDP重新回到初始水平。随着逆周期政策的实施，经济增速回升，在给定政府支出的情况下，政府收入上升、基础赤字率周期性下降，这会压低政府债务/GDP。如果未来经济运行中的经济增速高于利率，即便在基础赤字率不变的情况下，政府债务/GDP也会自然下降。

对于第二种说法，逆周期支出政策增加了当前的支出，但并不以减少未来支出为代价。恰恰相反，使当前支出靠近潜在产出水平，对未来的经济运行也有帮助。经济衰退不仅是当前的产出损失，也可能对未来产出带来持续的负面影响，即磁滞效应。政府通过举债逆周期增加公共支出的积极作用不只是减少短期产出损失，消除磁滞效应意味着还可以减少未来更长时期内面临的潜在效率损失。菲拉罗和菲奥里（Ferraro and Fiori, 2018）发现，在考虑磁滞效应的作用下，如果能够通过逆周期政策熨平经济周期，美国的就业损失可以下降70%，同时还可以提高0.3个百分点的劳动参与率（约100万人的就业）。[①] 财政政策在消除磁滞效应方面能发挥重要作用。特瓦拉和沃森（Tervala and Watson, 2022）发现，在考虑磁滞效应的情况下，衰退时期的财政刺激政策无论是采取转移支付、增加政府消费还是扩张政府投资，都有很高的乘

[①] Domenico Ferraro, Giuseppe Fiori. The Scarring Effect of Asymmetric Business Cycles [P]. Available at SSRN 3171730, 2018.

数效应,可以显著改善未来的产出水平。[①] 其中,公共投资的财政乘数最高,原因在于公共投资可以增加公共资本存量并促进劳动生产率提高。在经济复苏尚未稳固、磁滞效应依然存在的情况下,贸然进行财政巩固未必会改善财政平衡,反而有可能损害长期潜在增速并加剧债务风险。

还有一种对政府举债的担心是提升通胀,侵蚀私人部门的真实购买力。这个看法并不全面,结论可能具有误导性。一方面,政府举债提高公共部门支出确实会提升通胀,降低私人部门购买力;另一方面,政府举债提高公共部门支出会增加私人部门的金融资产数量,提升其购买力。举例而言,政府发行国债增加公共部门支出1万亿元,带来对私人部门的1万亿元支出;私人部门购买1万亿元国债,置换了1万亿元金融资产(把存款或者其他形式的债券置换为国债),增加了1万亿元公共部门支出带来的收入。私人部门净增1万亿元金融资产。政府举债提高公共部门支出是否会侵蚀私人部门的购买力,关键还是看通胀水平的高低,温和的通胀水平对全社会的产出提高和收入改善都有帮助。如果公共部门支出大幅抬高了通胀,产出提高并不明显,那么私人部门购买力会受到明显侵蚀。

政府举债提高公共部门支出的效率不高。相对于私人部门自己花自己的钱,公共部门支出是公共部门花纳税人的钱,支出主体的责任心弱,支出效率确实值得关注。公共部门支出类型很多,可能是提高社会保障,也可能是增加基建投资,如何评价支出效

[①] Juha Tervala, Timothy Watson. Hysteresis and Fiscal Stimulus in a Recession [J]. Journal of International Money and Finance, 2022, vol. 124: 102614.

率差异很大。这里我们主要考虑增加基建投资的逆周期支出。对于逆周期目的的基建投资支出而言，一方面要考虑基建投资带来的外溢效应，特别是对公益和准公益类基建投资，不能用纯粹的商业回报来衡量其投资效率。以我国近十年的情况而言，基建投资越来越多地转向与城市公共设施及服务相关的投资，这些投资的商业回报率比之前交通运输类的基建投资要差，外溢效应也很难评价。另一方面要考虑逆周期目的下的基建投资提高了私人部门的收入，提高了全社会的总需求水平和收入水平，这些也难以反映到投资项目自身的回报中。总而言之，关注和提高公共部门的支出效率非常有必要，但不能仅凭项目本身的商业回报率来判断公共支出项目的效率高低。

小结与启示

（1）我国预算内公共财政政策没有明显的逆周期特征，以基建投资为代表的公共部门支出有明显的逆周期特征，这些支出显著提高了当期收入、消费和经济景气程度，对其他部门更多是挤入效应而非挤出效应。

（2）逆周期公共部门支出是在市场需求不足、私人部门意愿储蓄大于计划投资的环境下采取的政策应对措施。如果能通过改革激发投资和消费活力，或者通过政策利率及时充分调整以平衡意愿储蓄和计划投资之间的缺口，能更大程度地利用市场自发力量调节供求，对资源配置更加有利。逆周期公共支出政策是次优选择。

（3）减少逆周期的挤出效应关键在于两条界限。一是把握好支出政策力度，以不引发过高的通胀为界限；二是不涉足私人部门经营领域，不与私人部门竞争为界限。相较而言，基建投资比产业类支出政策更少涉及挤出效应，因为后者可能会影响产品相对价格或者产业竞争格局。

（4）我国私人部门储蓄与投资的缺口持续放大，政府举债增加支出不会带来过度需求和高通胀，这给政府债务/GDP留下了较大的上升空间。保持政府债务可持续性需要两点支撑：一是合理的经济增速，保持合理经济增速的同时也保持了经济增速大于利率，促使政府债务/GDP向更低水平收敛；二是将基础赤字率保持在合理水平，逆周期公共支出和相应的政府杠杆率有周期性特征，对基础赤字率和政府债务负担更大的挑战是以社会福利支出为代表的政府支出增长。

（5）我国维护政府债务/GDP可持续性可接受的财政赤字率远大于3%。假定未来广义政府债务/GDP目标处于90%~100%，未来除了有10%~20%的债务提升空间，基础赤字率也可以提升至4.5%~6%，使得政府债务率稳定在这个目标区间，此时包含了政府债务利息的赤字率为6%~7%。采取逆周期政策期间，基础赤字率可显著高于这一平均水平。

（6）逆周期公共支出增加对政府和全社会来说不是以牺牲未来利益为代价，不是寅吃卯粮。关注和提高公共部门的支出效率非常有必要，但不能仅凭项目本身的商业回报率来判断支出项目的效率。

第七章
重新认识高通胀

对扩张性宏观经济政策的普遍担忧是它会不会导致高通胀，因为高通胀会对经济运行带来巨大伤害。在一般的学术研究中，高通胀的成本主要包括：（1）给企业、劳动者和消费者带来了额外的不确定预期，降低投资，恶化资源配置，削弱经济增长活力；（2）储蓄的实际购买力下降，以及财富从储蓄者转移到贷款人；（3）消费者的真实购买力下降；（4）过高的本国商品和服务价格削弱本国的国际竞争力；等等。如果通胀非常高，其危害尤为突出，那么正常的经济运行秩序都难以维持。

广大社会民众、政治家都对高通胀深恶痛绝，宏观经济学家时时刻刻对通胀保持警惕。特别是在那些经历过恶性通胀的国家，高通胀给全社会留下了深刻的长期记忆，防范高通胀被视为最重要的宏观经济管理任务。

然而在发达国家，高通胀带来的危害与传统观点并不完全一致。以美国本轮的高通胀为例，通过对比大通胀时期（1972—1982年）、大缓和时期（1984—2007年）[1]、疫情后期（2021—

---

[1] 大缓和时期（Great Moderation）是指美国从20世纪80年代中期至2007年，实际GDP增长率、工业生产总值、失业率等主要经济指标波动率明显下降，宏观经济活动异常稳定的时期。Stock and Watson（2002）创造了这一概念，他们分析了168个指标的时间序列条件方差，发现在1984年约有40%的指标有明显中断。由此，本书将1984—2007年作为大缓和时期。参见Stock, James H., Mark W. Watson. Has the Business Cycle Changed and Why? [J]. NBER Macroeconomics Annual 17 (2002): 159-218。

2022年）的产出、就业水平、居民收入、消费、家庭、企业和资产负债表等多方面数据，我们发现，本轮通胀的表现与传统观点提到的通胀危害有明显的差异。本轮通胀上升并没有带来长期通胀预期的大幅上升；通胀期间的经济增长保持在高位；就业和消费者福利得到保护；通胀伴随着收入和财富再分配效应，这种再分配帮助美国重新平衡了政府、企业和居民的资产负债表，增强了整体资产负债表的韧性。

此次美国的高通胀说明，每一次通胀背后的成本都不一样，对通胀成本的评价不能一概而论。高通胀好比一次跨部门的资产负债表手术，其影响值得更进一步思考和评估。

美国两次高通胀时期的经济表现对比

新冠疫情之前，全球经济经历了大通胀时期、大缓和时期和后金融危机时期，全球通胀中枢逐步下移。 全球经济在20世纪70年代处于大通胀时期，80年代初期通胀达到顶峰，此后通胀持续回落（见图7.1）。1984—2007年的平均通胀水平约为5.7%，相比大通胀时期下降了8.2个百分点。一些研究者认为，20世纪80年代中期以来，主要发达经济体在较低通胀下实现了持续经济增长，学术界称这段时间为大缓和时期。[1][2] 2008年全球金融危机之后，全球通胀进一步降低，2009—2019年平均通胀率只有2.9%。

---

[1] Terence C. Mills, Ping Wang. Have Output Growth Rates Stabilised? Evidence from the G-7 Economies [J]. Scottish Journal of Political Economy, 2003, 50 (3): 232-246.

[2] Peter M. Summers. What Caused the Great Moderation? Some Cross-country Evidence [J]. Economic Review, Federal Reserve Bank of Kansas City, 2005, 90 (3): 5.

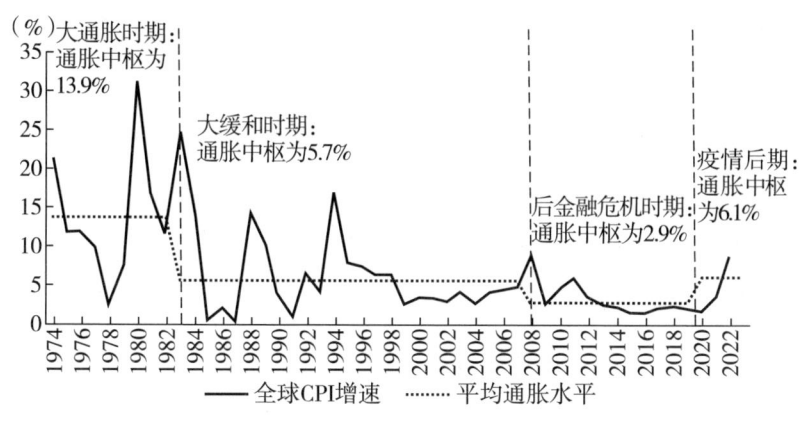

图 7.1　1974 年至今全球 CPI 增速

资料来源：世界银行，Wind。

发达国家和发展中国家的通胀均持续下降。大通胀时期，发达国家的平均通胀水平约为 10.2%，许多发达经济体的通胀率升至两位数水平。1975 年英国的通胀率为 24.2%，同期法国、意大利和西班牙的通胀率也超过了 10%。随着主要发达国家调整财政和货币政策，大缓和时期发达国家的平均通胀水平下降到 3%，较前期下降了 7.2 个百分点。2008 年全球金融危机后，发达经济体的平均通胀率进一步回落到 1.6% 左右。尽管部分发展中国家在 20 世纪八九十年代依然面临较高的通胀压力，但 1996 年以后发展中国家的平均通胀水平明显回落，到 2008 年全球金融危机后，发展中国家的通胀率进一步收敛至 4.1% 左右。

全球经济在新冠疫情暴发以后经历了新一轮高通胀。2021—2022 年，全球通胀的平均水平达到 6.1%，发达国家和发展中国家的这一数字分别达到了 4.9% 和 7.1%。社会公众、政府和学术界普遍对通胀畏之如虎，众多发达国家和新兴经济体把对抗通胀作为当前宏观经济管理的首要任务。通过对比本轮通胀与 20 世纪七八十年代的高通胀，能够看到这两轮高通胀背后的经济和民生显著不同。

大通胀时期的平均通胀水平显著高于疫情后期，两次通胀在结构上存在较大差异。大通胀时期（1972—1982年）、大缓和时期（1984—2007年）和疫情后期（2021—2022年），美国的平均CPI分别为8.2%、3.1%和6.8%，平均核心CPI分别为7.7%、3.1%和5.6%。在通胀结构上，大通胀时期的通胀主要由医疗保健、住宅和交通运输驱动，大缓和时期的通胀主要由医疗保健和其他商品和服务驱动，而疫情后期的通胀主要由交通运输和食品饮料驱动。

具体来看，大通胀时期各大类商品和服务的通胀水平都保持在高位，医疗保健（9.3%）、住宅（8.8%）和交通运输（8.7%）成为抬高通胀的主要组成部分。美国在1965年推出了医疗保险（Medicare）和医疗补助（Medicaid）制度，承诺为退休和低收入者支付医疗费用，市场对医疗服务的需求猛增，医疗保健价格大幅增长。[①] 1973—1974年和1979—1980年两次石油危机冲击抬高了许多商品和服务的生产及运输成本。

在大缓和时期，医疗保健（5.3%）、其他商品和服务（5%）的价格增长更快，能源与食品影响不大，除去能源和食品的核心CPI与CPI几乎一致。

疫情后期，CPI主要由交通运输（12.7%）、食品饮料（8.1%）驱动。主要受2022年初爆发的俄乌冲突影响，能源、矿产、粮食等大宗商品价格大幅上涨。

---

① 本·伯南克.21世纪货币政策［M］.冯毅 译.北京：中信出版集团，2022.

大通胀时期的短期和长期通胀预期都明显高于疫情后期。根据密歇根大学的消费者调查，大通胀时期的平均 12 个月通胀预期中值为 7.5%，疫情后期平均为 4.6%。20 世纪 70 年代和 80 年代的长期通胀预期居高不下，平均 10 年期通胀预期超过 6%，而 2021—2022 年仅略高于 2%。

　　美联储的货币政策框架是理解两个时期通胀预期差异的重要维度。埃肯格林（2022）指出通胀预期与美联储政策框架有关，20 世纪 70 年代高通胀预期是因为当时美联储的政策目标与通胀无关，消费者、生产者和工人都没有理由相信美联储会抑制通胀。[①] 在 20 世纪 50 年代至 60 年代初，平均通胀率低于 2%，但是随着 1965 年以来通胀水平的不断上升，政府控制通胀效果不佳，人们开始预期价格会以同样的速度甚至加速上涨。工会要求调整工资，对通胀进行补偿，这导致企业以更高价格转移增加的劳动力成本，引发了通胀螺旋式上升。但现在的情况完全不同，美联储采用的平均通胀目标制仍然受到市场信任。2021—2022 年的平均 5 年期通胀预期仅为 2.3%。[②]

　　疫情后期的经济增速和就业情况显著好于大通胀时期。大通胀时期的平均 GDP 增速为 2.7%，曾引发三次经济衰退[③]，分别是 1973 年 11 月至 1975 年 3 月、1980 年 1 月至 7 月以及 1981 年 7

---

① 详见 https：//www.project-syndicate.org/commentary/why-current-us-inflation-is-nothing-like-the-1970s-by-barry-eichengreen-2022-02。
② 数据由克利夫兰联邦储备银行估算，使用了国债收益率、通胀数据、通胀互换和基于调查的通胀预期指标。
③ 基于 NBER 提供的美国经济周期扩张和收缩数据进行划分。NBER 将经济衰退定义为遍布整个经济的经济活动显著下降，并通过考虑众多经济活动指标来做出这一判断。

月至 1982 年 11 月，经济增长受到较大影响。而疫情后期平均 GDP 增速为 4%，高于大通胀和大缓和时期，主要是因为 2020 年的低基数效应。2022 年 GDP 同比增速为 2.1%，已经接近疫情前 2015—2019 年 2.4% 的平均 GDP 增速水平，经济增长快速恢复。

疫情后期平均失业率为 4.5%（自然失业率为 4.4%~4.5%），显著低于大通胀时期的平均失业率 6.9%（自然失业率为 6%~6.2%），也低于大缓和时期的平均失业率 5.7%（自然失业率为 4.9%~6.1%）。2022 年 3 月以来，失业率持续在 3.5%~3.7% 徘徊，远低于自然失业率（4.4%），2023 年 1 月降至 3.4%，创 53 年以来的最低水平。疫情后期失业率较低是多方面因素的综合结果，如美国企业盈利反弹、服务业创造新增就业等。

高通胀环境对消费者福利的影响存在显著差异，疫情后期的消费者福利在高通胀中得到保护。大通胀时期、大缓和时期和疫情后期的实际人均可支配收入平均增速分别为 2.8%、3.3% 和 -2.1%。尽管疫情后期的实际人均可支配收入明显下降，但消费者福利并未受到影响。大通胀时期的平均实际个人消费支出增长率为 2.9%，低于 1967—1971 年的平均增速 4%。疫情后期的实际个人消费支出平均增速为 4.5%，显著高于大通胀时期的 2.9% 和 2015—2019 年的平均增速 2.5%。这主要是因为，前期政府对居民的大量补贴和居民储蓄率的显著上升为消费提供了保障，个人储蓄占可支配收入的比重从 2020 年开始急速上升，在 2021 年第一季度达到 26.3%，之后随着通胀抬升而快速回落，2021 年第三季度开始低于过去 5 年的趋势值，这表明居民部门已经开始用前期的储蓄来偿还债务和消费。

政府、企业和居民的资产负债表再平衡

以美国为例，考察居民、非金融企业和政府三个实体部门在高通胀时期现金流和资产负债表的变化。根据疫情之后美国的通胀表现，我们把这一时期分为疫情初期（2020年第一季度至2021年第一季度）和高通胀阶段（2021年第二季度至2023年第一季度）。这两个阶段的通胀中枢有明显差异。

1. 居民部门

2020年疫情暴发后，得益于政府补贴，居民可支配收入和储蓄率大幅上升。 疫情初期居民部门的工资收入一度受到疫情冲击而有所下降。2020年至2021年上半年，美国政府为应对疫情，对居民部门进行了大量的转移支付[①]，居民人均可支配收入不仅没有低于疫情之前的趋势值，反而在疫情初期显著超过了疫情之前的趋势值（见图7.2）。得益于政府的大量补贴，再加上疫情防控期间很多线下消费支出难以实现，居民部门储蓄率大幅上升，远高于疫情前的水平。

得益于政策利率大幅下降，居民资产价值大幅上升，债务负担下降，居民部门的资产负债率下降。疫情暴发后，受超低利率政策影响，居民部门的金融资产价值从2020年初的87万亿美元上升至年末的105万亿美元，涨幅约20.7%；房地产价值从30.5万亿美元上升至32.9万亿美元，涨幅约7.9%；其他非金融资产从10万亿美元上升至10.6万亿美元，涨幅为6%。与此同时，居民

---

① 美国在2020年3月、2021年1月和2021年3月的三轮投资促进方案为家庭提供了总额超过8 500亿美元的资金。

(美元)

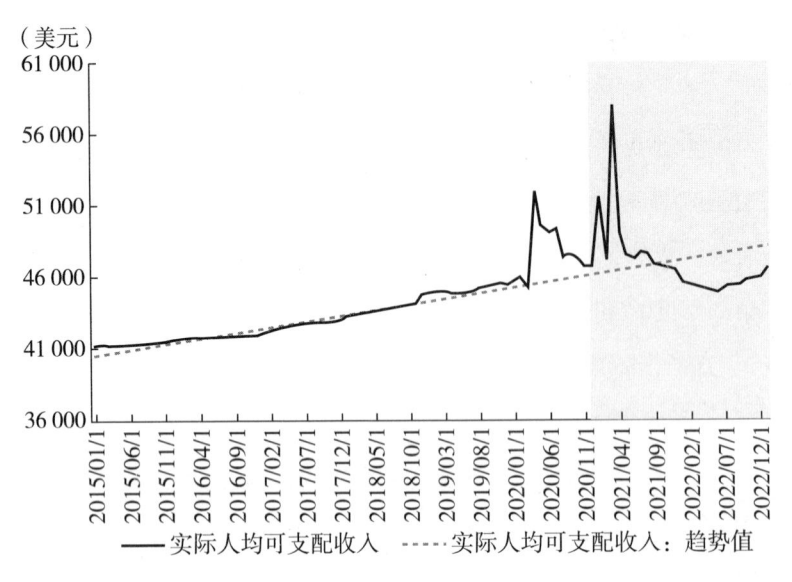

图 7.2　居民人均可支配收入

资料来源：美国经济分析局。

部门的债务增长有限，2020年全年债务涨幅3.3%，居民部门资产负债率显著下降。

进入2021—2022年的高通胀阶段，居民部门实际可支配收入和储蓄率下降，居民资产负债率向疫情前的趋势值回归。进入高通胀阶段，来自政府的转移支付回到了常态水平，实际人均可支配收入开始下降，降到了疫情之前的趋势值之下。通胀可以解释一部分实际可支配收入的下降，然而经通胀调整后的居民部门实际工资收入依然没能超过疫情之前的趋势值。导致人均可支配收入下降的主要原因是随着工资收入的快速增长，个人缴税规模在大幅增加。经通胀调整的个人缴税规模在高通胀阶段快速增加，从量级上对冲了工资收入的大部分增幅。从近期的趋势看，实际人均可支配收入有向趋势值收敛的迹象。

政策利率上升带来了金融资产价值缩水，居民部门资产负债率回升，资产负债率回归到了疫情前的趋势值附近。居民债务与可支配收入的比率较疫情之前的水平有所增加，但是居民的偿债压力没有显著增加。即使在高通胀阶段美联储快速提高了基准利率，利率上升向居民部门的传导也并不显著，目前来看，居民的偿债压力与2019年底持平（见图7.3）。

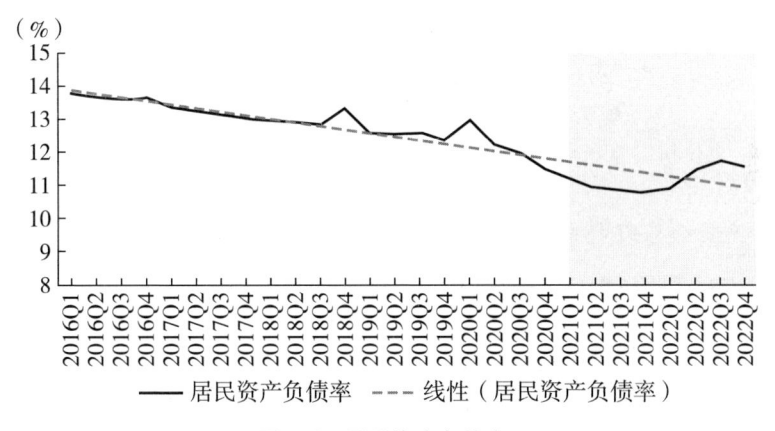

图7.3 居民资产负债率

资料来源：美国经济分析局。

疫情之后的收入分配持续改善，高通胀阶段收入分配改善仍在持续。疫情以来，低工资劳动者的时薪增速一直高于高工资劳动者。在高通胀阶段，两者之间的差距进一步扩大，带动高工资劳动者与低工资劳动者的时薪比快速下降（见图7.4）。

疫情之后，财富不平等有所加剧，但2021年以来采取的紧缩货币政策导致金融资产价格明显回落，部分程度上缓解了财富不平等。疫情之后采取的刺激政策带动金融资产和房地产价格出现明显上涨，且股价上涨幅度要大于房地产市场的上涨幅度。这既加剧了高净值人群和低收入群体的财富不平等，也加剧了以房地产为主要资产的

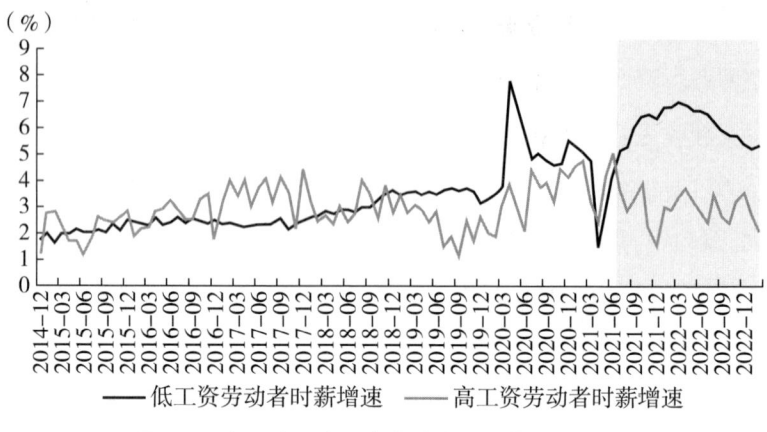

图 7.4 低工资和高工资劳动者的时薪增速对比

资料来源：美国经济分析局。

中产阶级与以股票为主要资产的高净值人群的财富不平等。随后，为应对通胀压力，美联储快速收紧货币政策，金融资产和房地产的资产价格都有所下降，且相对于房地产，金融资产的缩水幅度更大。这也在一定程度上缓解了前期不断加剧的财富不平等问题。

2. 非金融企业部门

与居民部门不同的是，疫情暴发初期非金融企业部门的现金流并没有受到明显冲击。疫情初期，非金融企业的收入和资本开支一度受到影响，企业净储蓄小幅度下降，非金融企业的利润总额基本保持稳定，并没有显著偏离疫情之前的水平。企业部门现金流未受到明显冲击，且美联储采取了宽松的货币政策，非金融企业部门的资产负债率、债务净资产比、债务现金流比均显著下降，流动资产对短期负债的比率在提高。非金融企业部门的资产负债表一度出现了改善。

进入高通胀阶段以后，非金融企业的收入、支出、盈利和纳税显著上升。一方面，通胀带来企业收入显著上升，另一方面是企业资本开支和税收的显著上升，二者抵消后，企业的净储蓄相对稳定。在通胀逐步走高的过程中，非金融企业利润快速增加。截至 2022 年第三季度，非金融企业的利润总额已经接近疫情之前同期的两倍。**伴随利润总额的快速扩张，非金融企业的缴税规模也在大幅增加。**从绝对规模看，2022 年非金融企业的缴税规模同样达到了疫情之前的两倍。从行业层面看，疫情以来非金融企业部门的改善主要集中于与商品需求密切相关的行业，如制造业、批发零售、运输仓储。这与居民消费在疫情之后的表现相吻合。**进入高通胀阶段以后，前期指向资产负债表改善的财务指标均有回调，但目前为止这些指标并没有显著偏离疫情之前的水平**。换言之，无论是高通胀还是美联储加息政策，都没有对非金融企业部门的资产负债表产生显著冲击。

3. 政府部门

在疫情初期，由于政府大幅增加了对居民部门的临时性转移支付，政府支出和净融资规模（赤字规模）在这个阶段均有显著增加。2020 年，政府收支缺口达到 2.9 万亿美元，大幅超出了疫情之前的 1.2 万亿美元。

进入高通胀阶段，政府收入显著改善，且超过疫情前的趋势值。政府收入改善的主要原因是企业和个人税收的增加。通胀推动企业名义利润和居民名义收入快速增加，并以税收的方式带动财政收入快速增加，这部分税收增加能够解释 90% 以上的政府收入改善。**政府净融资（赤字规模）显著下降，目前已经明显低于疫情前的趋势值**。赤字规模显著下降主要是因为政府收入大幅增加，而不是财政巩固带来的政府支出减少。此时政府支出依然略高于趋势值。

高通胀阶段，政府债务负担大幅下降。高通胀期间政府债务/GDP较2020年的高点显著回落。两方面的因素促成了政府债务率显著下降。一是在高通胀环境下税收显著提高，减少了赤字和新增债务规模。美国联邦政府收入在2021年和2022年出现了大幅改善，2022年美国联邦政府债务总额/联邦总收入较2020年的高点大幅下降，并已低于2019年的水平。二是名义GDP大幅增加。

小结与启示

每一次通胀背后的成本都不一样，对通胀成本的评价不能一概而论。与20世纪七八十年代的通胀相比，本轮通胀中就业、经济增长、居民福利都得到了较好的保护，通胀成本大幅降低。

通胀预期是关键，出现通胀要及时采取措施，维护央行声誉，稳定通胀预期。与20世纪七八十年代的通胀不同，本轮通胀的中长期通胀预期并没有大幅上升。得益于当前的货币政策设计框架，市场相信未来通胀还会恢复到温和水平，暂时性的高通胀对未来的投资和消费行为没有带来显著的负面影响，对经济增长和就业也没有带来显著的负面影响。

短期的高通胀帮助平衡了居民和政府的债务压力，减少政府债务负担。综合居民、非金融企业和政府三个部门的情况看，疫情初期，政府举债向居民部门发放各种形式的补贴，居民收入和储蓄大幅上升，企业一定程度上从中获益，与此同时，政府赤字和债务大幅上升。疫情初期，居民和政府之间处于失衡状态，居民过度储蓄而政府过度举债。进入高通胀阶段以后，居民名义收入仍在上升，但是名义支出上升幅度更大，居民储蓄开始回落；

企业收入和支出均大幅提高，企业储蓄相对平稳；得益于个人所得税和企业税收的大幅增加，政府收入大幅提高，财政赤字率显著回落，考虑到名义 GDP 的大幅上升，政府债务率也显著下降。在此期间，居民部门回补政府，居民和政府失衡的状态得以纠正。经历了疫情初期的刺激政策和后期的高通胀阶段以后，居民储蓄、企业储蓄和财政赤字的规模都向疫情前水平回归。

这是一次值得再三思考的试验。疫情之前，发达经济体宏观经济讨论中最受关注的问题是长期停滞，长期停滞背后的原因是无法将真实利率降至自然利率，难以实现充分就业。疫情大规模刺激政策带来了新一轮高通胀，在此环境下，真实利率大幅下降，企业收入和盈利、政府收入大幅上升，企业和政府的真实债务负担下降，家庭部门储蓄的真实价值受损。这好比是一次跨部门的资产负债表手术，由此带来的后续影响值得进一步研究。

第八章
如何扩大消费

近年来，每当面临需求不足的挑战，刺激消费还是刺激投资都会成为宏观讨论的重点，而在每次讨论中，"让消费在稳增长中发挥更大作用"的观点总是能够占据优势。这似乎已经成为各界的共识。消费是收入的函数，总需求不足的背后是收入增速低，这里遇到了逻辑循环：要刺激消费，先得刺激经济。也有观点强调居民部门在国民收入分配格局中的占比偏低是制约消费的重要因素。改善收入分配可以让居民部门有更多的可支配收入，从而刺激消费。这种观点在逻辑上成立，但收入分配能够在多大程度上解释消费低迷的现象，还需要在数据层面做出更多的验证。

新冠疫情暴发以来，我国居民消费增速显著下降，即便在疫情结束以后，消费的恢复也相对疲弱。我们这里讨论两个问题：一是疫情暴发以来，消费增速为何显著下降；二是短期内提振消费需要重点依托什么政策措施。

居民消费的基本事实

1. 近十年来消费增速放缓，疫情暴发以后消费增长显著低于趋势值。我国2003—2023年的消费增速总体呈现"先升后降"的趋势。具体可分为三个阶段。前两个阶段以 2012 年为大致的分界点。第一个阶段为 2003—2012 年，我国正处于工业化的高峰期，GDP 增速趋势上行，在此期间的消费增速趋势上行，年均实际消费增速达到 10.5%。第二个阶段在 2012—2019 年，我国工业化高峰期已经过去，GDP 增速缓慢下行，消费增速也在缓慢下行，年均实际消费增速为 8.4%。第三个阶段始于 2020 年，新冠疫情暴发以后，消费受到了显著的负面影响，2020—2022 年，年均实际消费增速只有 3.1%。疫情结束以后，消费有所恢复，但是整体增长态势远低于疫情前。

疫情暴发以后，消费支出显著低于趋势值。以 2012—2019 年的实际居民消费做趋势线性外推，得到 2020—2023 年的实际居民消费趋势值，对比 2020—2023 年的实际居民消费值与趋势值，实际居民消费值大幅偏离消费趋势值（见图 8.1）。2020 年趋势偏离

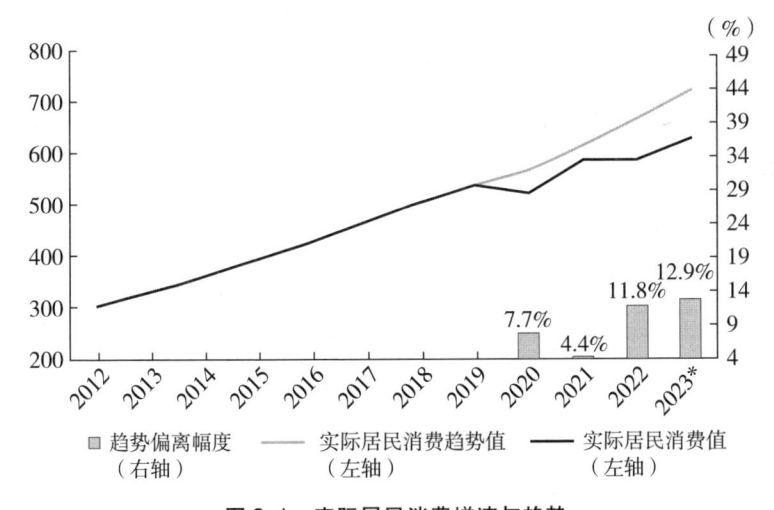

图 8.1 实际居民消费增速与趋势

注：以 2000 年为基期，2000 年居民最终消费支出总额=100。用 CPI 同比增速对名义增速做价格调整。

资料来源：Wind，作者测算。

幅度为7.7%；2021年趋势偏离幅度有所收窄，为4.4%；2022年趋势偏离幅度进一步放大。这里用2023年上半年的消费增长替代全年的消费增长，与趋势值相比后，消费偏离幅度仍在进一步扩大。

放大的原因一方面是前期的消费趋势偏离没有得到纠正，另一方面是消费增速仍低于之前的趋势性消费增速。居民部门内部，主要是城镇居民消费值低于趋势值，农村居民较趋势值的缺口明显小于城镇居民。基于全国家庭调查数据测算，过去三年我国城镇居民人均消费支出水平一直低于趋势值，而农村居民人均消费支出水平在2021年之后高于趋势值。

2. 从消费结构看，我国经历了从制造到服务的消费升级，疫情暴发以后消费升级趋势被打断，疫情结束后消费升级趋势有所恢复。 从21世纪初到2012年，我国经济仍处于工业化的高峰期，居民人均收入水平偏低，居民支出更侧重家电、交通通信、衣着等制造业产品，对制造业产品的消费增速高于对服务的消费增速。2012年以后，我国人均收入达到8 000~9 000美元（购买力平价），居民部门的制造业产品消费得到较充分的满足，居民消费开启了从制造业产品向医疗保健、教育文化娱乐等服务类消费的转型，对服务的消费支出增速远高于对制造业产品的消费支出增速，这同时也带动了中国经济从制造到服务的结构转型。

新冠疫情暴发以后，居民消费增速整体大幅下降的同时，消费结构也有显著变化。居住、食品等消费受到的影响相对较小。与疫情前的消费趋势相比，受影响最突出的是医疗保健消费以及教育文化娱乐类消费。2023年疫情防控结束以后，医疗保健消费和教育文化娱乐类消费有明显恢复。从消费结构看，2023年疫情防控结束以后与疫情前的消费结构较为接近。

3. 从国际比较看，总量和结构变化趋势与高收入国家处于类似发展阶段时的经验一致。如果不考虑疫情影响，2012年以来我国的居民消费增长轨迹与高收入国家发展阶段的轨迹类似。一是工业化高峰期以后，随着GDP总体增速放缓，消费总体增速也随之放缓。二是从制造到服务的消费升级。三是消费在GDP中的份额上升，与中国类似发展阶段相比，日本的居民消费/GDP在整个20世纪70年代上升了5.9个百分点，韩国在90年代中期之后的十年中上升了3个百分点，我国在2012—2019年上升了3.9个百分点。

有一种流行的观点认为我国消费/GDP过低，造成了严重的资源配置失衡。对于这种观点有两种相关的讨论。一是统计是否准确，正如朱天和张军指出的，考虑到对居民消费的低估、公司账户对私人消费的支付，以及家庭调查方法的缺陷，中国的居民消费被严重低估，经过调整之后的居民消费/GDP与高收入国家类似发展阶段水平接近。[1] 二是即便消费占比偏低，存在失衡，2012年以后这种局面也在持续改善，消费占比在持续上升，直到疫情暴发这个进程才被打断，疫情结束以后消费占比还有望延续疫情之前的上升趋势。

居民可支配收入和消费倾向

新冠疫情暴发以后，居民消费增速大幅下降，消费大幅偏离趋势值。这说明仅凭过去那些制约消费增长的中长期结构性因素并不能解释疫情暴发以后的消费新变化。对疫情以后的消费增速

---

[1] 朱天，张军. 中国的消费率太低？[EB/OL]. https://www.aisixiang.com/data/61426.html，2013-02-20.

大幅下降需要做出新的解释。

基于以下公式：消费＝居民可支配收入×$\frac{消费}{居民可支配收入}$，消费增速变化可分解为两个部分的加总，一是居民可支配收入的增速变化；二是消费/居民可支配收入的变化，或者说消费倾向的变化。两个部分对消费增速的下降都有一定的解释力。2020—2022年与2012—2019年相比，居民年均名义消费增速从10.4%下降到5%，下降了5.4个百分点，其中2.7个百分点来自居民可支配收入增速的下降，2.7个百分点来自消费倾向的下降（见图8.2）。以下我们从居民可支配收入和消费倾向两个角度解释消费增速的下降。

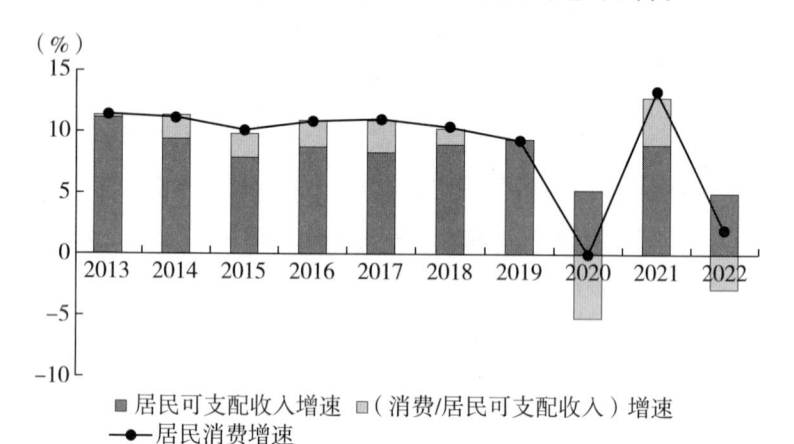

图8.2　居民消费增速分解

资料来源：Wind，作者测算。

1. 居民可支配收入

从总量上看，我国居民可支配收入在疫情之前总体保持较高增速，疫情暴发以后大幅下降。疫情之后的居民可支配收入显著偏离了趋势值。2012—2014年，居民可支配收入增速从12.5%放缓至8.1%。此后的2015—2019年，居民可支配收入增速稳定在8%~10%。2020年疫情暴发以后居民可支配收入增速陡降至5.4%，2021年有所反弹，2022年再次下降。从趋势偏离的角度看，2020年以来居民可支配收入显著低于趋势值，2020—2022年累计缺口超过10万亿元。

从行业结构上看，疫情暴发以后大部分行业的工资增速都明显下滑。与2017—2019年相比，2020—2022年工资增速下滑最突出的是教育，信息传输、软件和信息技术服务业，房地产业，特别是后面两个行业工资是负增长；批发和零售业以及建筑业的工资增速降幅稍低，但这两个行业是非农就业中排名最靠前的，对整体居民可支配收入增速下降也有很强的解释力（见图8.3）。2020—

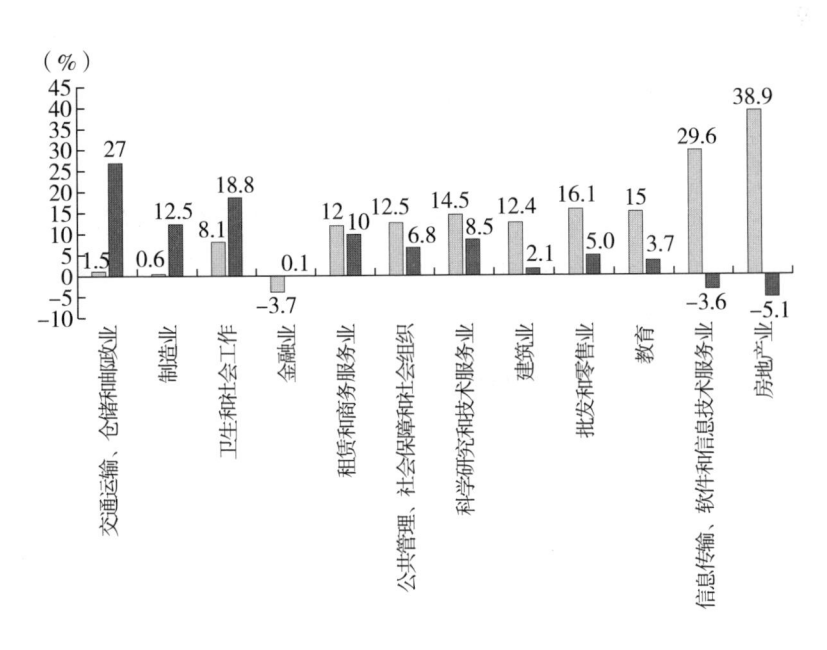

图8.3 各行业收入增速变化

注：2017—2019年行业工资数据由投入产出表计算得到。2020—2022年行业工资数据由两部分加权得到，分别是城镇非民营单位就业人员工资总额和上市公司薪酬总额，权重由2020年这两部分占收入总额的比重确定。

资料来源：Wind，国家统计局，作者测算。

2022年，交通运输、仓储和邮政业，制造业，卫生和社会工作，金融业四个行业的工资平均增速高于2017—2019年的平均增速。

疫情冲击、互联网和教培的行业监管政策变化，以及房地产市场变化对某些行业劳动者的可支配收入增速下降有非常直观的解释能力。这种解释更多是一种局部解释，既不足以解释总体可支配收入增速的下降，也不足以解释绝大多数行业可支配收入增速的下降。

这里我们对可支配收入增速下降提出了基于宏观经济学框架的更一般性解释。为了便于理解，这里先提出两个具体案例，然后再进一步说明解释框架。

案例1 某居民贷款1 000万元买房，该居民银行贷款增加1 000万元，全社会金融资产增加1 000万元。居民得到贷款后，随即转账给房地产企业1 000万元，房地产企业存款增加1 000万元。房地产企业随即向地方政府买地花费400万元，缴税100万元，对上下游关联企业支出200万元、对员工的劳动报酬和股东分红支出100万元、对金融机构偿还债务利息100万元，还剩下银行存款100万元。1 000万元贷款形成了800万元支出，同时也对应着政府卖地收入、税收、企业收入和居民部门收入等累计获得新增800万元，并支撑新一轮支出增长。新一轮支出增长又会带来新一轮收入增长，如此不断循环（见图8.4）。

案例2 某企业新发行债券10亿元，债券购买者为居民部门。该企业银行存款增加10亿元，居民部门持有的银行存款减少10亿元，居民部门持有的债券资产增加10亿元，全社会金融资产增加10亿元。该企业将10亿元的银行存款中的5亿用于缴税、支付员工工资和股东红利、支付上下游企业，4亿元用于偿付历史债务的本金和利息，1亿元存在银行。10亿元中有5亿元形成新增支出和其他部门的收入,这 5 亿元的新增支出会带来新一轮支出和收入增长(见图 8.5)。

图 8.4 案例 1

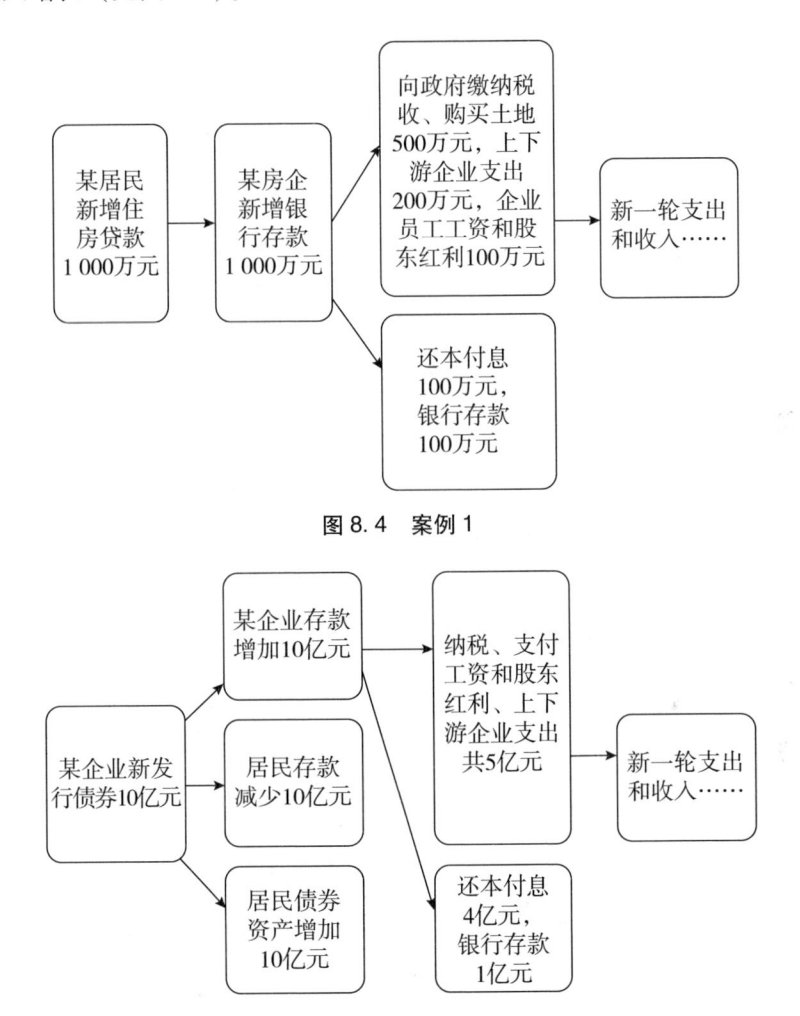

图 8.5 案例 2

上述两个例子告诉我们,全社会名义收入增长与新增广义信贷(主要包括贷款和发行债券)以及新增金融资产中有多大比例用于投资或者消费密切相关。

全社会居民可支配收入取决于三个方面的因素：（1）新增信贷规模，这取决于全社会金融资产增加了多少；（2）新增金融资产中有多少用于新增支出，进而形成新增的全社会收入；（3）新增的全社会收入在政府、企业和居民之间的分配。

图8.6更完整地描述了全社会名义收入的决定。这个系统类似于传统宏观经济学模型中的IS-LM模型，主要差别体现在：（1）消费和投资的决定中，强调了账上有钱。消费需求不仅取决于当期收入，还取决于消费者的金融资产。投资需求受到企业账户上金融资产数量的影响，考虑到企业融资中普遍存在的流动性摩擦，账上有钱是企业投资不可或缺的支持。（2）不同于IS-LM模型中的货币，这里用金融资产替代货币，金融资产不仅包括货币，也包括与货币形成高度替代关系的债券类金融资产。（3）不同于IS-LM模型中通过内生的收入和利率实现商品和货币市场均衡，这里是通过收入和金融资产数量实现商品与金融资产市场均衡。

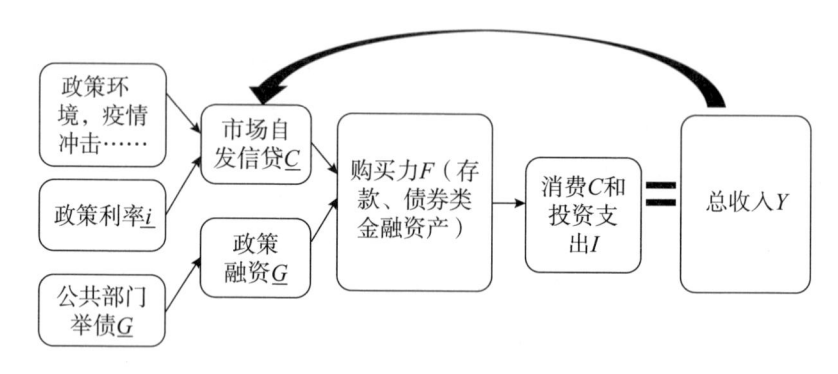

图8.6 全社会名义收入的决定

$Y=E(F, Y, \cdots)$：商品和货物市场均衡，收入Y等于支出E；消费和投资支出取决于金融资产数量F和当期收入Y。

$F=C(Y, i, \underline{G}, \cdots)$：广义信贷市场均衡，债务类金融资产供给 F 等于广义信贷需求 C，广义信贷需求取决于内生变量收入 Y，以及外生变量政策利率 $\underline{i}$、公共部门举债支出 $\underline{G}$，其他政策环境变量和外部冲击，等等。

以上两个方程成为由名义收入和金融资产两个内生变量构成的系统。

这个框架可以解释疫情冲击、互联网和教培的行业监管政策变化对居民可支配收入的影响，但是解释问题的角度很不一样。以互联网监管政策变化为例，在这个框架中，监管政策变化对居民可支配收入的影响，并非这个行业的工资收入下降带动全社会居民可支配收入的下降，而是（1）行业监管政策变化对全社会广义信贷的负面影响，以及（2）行业监管政策变化减少了投资或者支出的机会，即便银行账户有钱也不再形成投资或者消费支出。

对居民可支配收入做出以下分解：

$$居民可支配收入 = 广义信贷 \times \frac{总支出}{广义信贷} \times \frac{居民可支配收入}{总收入}$$

其中，总支出＝总收入＝GDP。根据这个公式可以进一步得到下面公式：

$$居民可支配收入增速 = 广义信贷增速 + \left(\frac{总支出}{广义信贷}\right)增速 + \left(\frac{居民可支配收入}{总收入}\right)增速$$

其中，广义信贷增速表示新增了多少钱，总支出/广义信贷的增速表示花钱的意愿变化，居民可支配收入/总收入的增速表示收入分配的变化。

如果新增贷款或者债券主要用于置换旧债，新增广义信贷没有增加，不能形成新的金融资产，则起不到支撑支出的作用。总支出/广义信贷变化背后的原因很多，正如在前面例子中看到的，如果新增信贷中需要用更大比例的资金偿还利息和本金，或者给定金融资产下的消费和投资意愿下降，都会导致更低的总支出/广义信贷。

2020年疫情暴发以来，居民可支配收入增速显著下降。我们基于上述公式对2012年以来的居民可支配收入增速做了分解。对比2012—2019年和2020—2022年两个时期，居民可支配收入的年平均增速下降了**3.2个百分点**，对此做出分解后，全社会广义信贷增速贡献了**-4.5个百分点**，单位信贷①带来的支出变化贡献了**2个百分点**，居民可支配收入在全社会总收入中的占比变化贡献了**-0.7个百分点**（见图8.7）。

细分到每年，情况有明显差异。2020年的情况是单位信贷带来的支出大幅下降，广义信贷增长和居民可支配收入占比提升在一定程度上对冲了这个影响，居民可支配收入增速整体上大幅度下降。2021年单位信贷带来的支出明显改善，但是广义信贷增速贡献下降，居民可支配收入占比明显下降，三部分合在一起，居民可支配收入增长较2020年还是有明显恢复。2022年，单位信贷带来的支出下降，广义信贷增速贡献下降，居民可支配收入占比基本稳定，三部分合在一起，居民可支配收入增速大幅下降。

---

① 单位信贷=GDP/广义信贷。

2012—2022年居民可支配收入增速变化分解

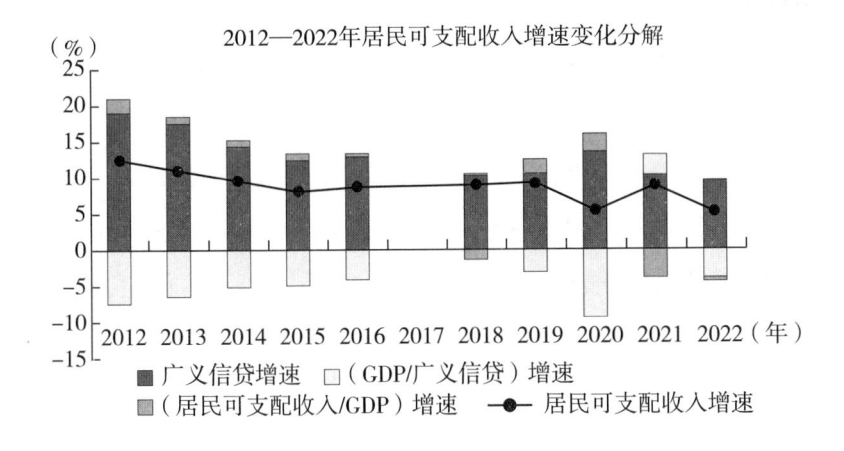

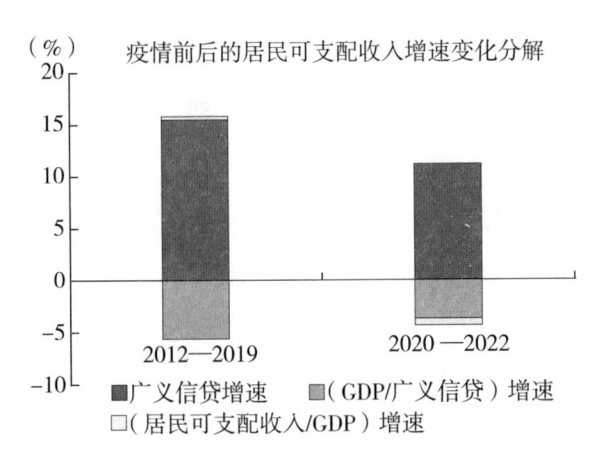

图8.7 居民可支配收入增速变化分解

注：2017年社会融资口径有所调整，当年数据不可比，无法进行同样的分解。
资料来源：Wind，作者测算。

2. 居民消费倾向

疫情暴发以后，居民消费倾向明显下降，即便疫情结束以后，居民消费倾向也未能恢复到疫情之前的水平。这里主要关注在居民消费中占据主体部分的城镇居民消费。疫情之前，居民每100元可支配收入中，消费支出在66~68元之间波动。疫情暴发以后，

第八章 如何扩大消费　211

2020—2022年三年中，当年每100元可支配收入中的消费支出分别为61.6元、63.9元和61.7元。疫情结束以后，2023年上半年每100元可支配收入中的消费支出为60元，高于2020年和2022年同期的55.7元和58.7元，稍低于2022年的60.4元，基本持平。

对于居民消费倾向变化有多种解释，有些解释能够得到证据支持，有些得不到支持。

（1）疫情暴发以后的消费场景限制。疫情暴发以后，需要密切接触的消费场景普遍受到限制，降低了消费倾向。但是这还远不足以解释全部的消费倾向下降。2023年上半年，随着疫情结束，消费场景限制基本解除，但是2023年上半年每100元可支配收入中的消费支出为60元，仍远低于2019年的63.6元、2018年的64.5元和2017年的66元。

（2）收入分配恶化。收入分配恶化或许对消费倾向下降有部分解释力，但证据还不够充分。疫情暴发以后，收入水平相对较低的青年就业和私人部门就业面临较大压力，工资增长相对缓慢。2019年城镇非私营单位就业年平均工资为9.05万元，是城镇私营单位就业年平均工资的1.69倍，是农民工工资的1.9倍。此后三年里，城镇非私营单位就业工资平均每年的增速为8%，城镇私营单位就业工资平均每年的增速为6.8%，农民工工资平均增速为5.2%。2022年城镇非私营单位就业年平均工资是城镇私营单位就业年平均工资的1.75倍，是农民工工资的2.06倍。从基尼系数的角度看，2018年以来，居民的收入基尼系数和财富基尼系数都保持相对稳定，没有明显恶化。

（3）收入增速下降。2020—2022年，大量个体工商户破产，整体劳动力市场上的就业压力增加，居民可支配收入增速明显下降。2013—2019 年，我国居民可支配收入年均增速为 9%，2020—2022 年年均增速为 6.3%。由于家庭可支配收入增速下降，居民更加谨慎，减少支出，增加储蓄，带来了消费倾向下降。从相关关系看，2011—2022 年，居民可支配收入增速和消费倾向是显著的正相关关系（见图 8.8）。

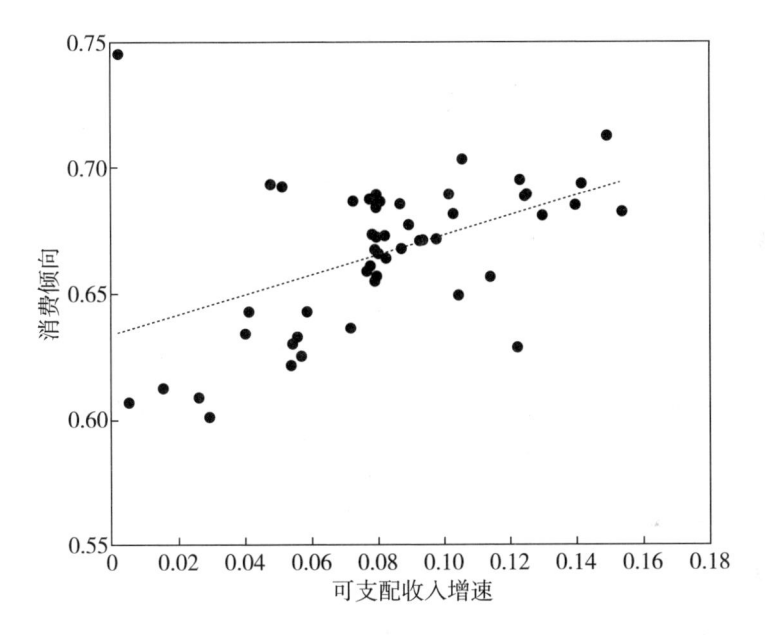

图 8.8　2011—2022 年居民可支配收入增速和消费倾向的正相关关系
资料来源：Wind，作者测算。

如何扩大消费

众多关于中国消费问题的研究发现，如果有更好的社会保障水平，更合理的收入和财富分配，教育、医疗卫生等部门更充分地释放发展潜力，城市公共管理和服务更完善，消费的增长和结构变化可能会更好。即便还存在诸多不足之处，从 2012 年到新冠疫情暴发，居民消费总体而言保持较好的增长态势，消费增速超过GDP增速，消费结构呈现从制造到服务的升级。这些消费增长和消费结构变化特征与高收入国家处于类似发展阶段时的经验基本一致。

疫情暴发以后，消费增速大幅放缓，消费显著低于趋势值。这些新变化显然不是疫情之前那些制约消费增长的中长期因素所致，而是有新的因素制约了消费增长。基于我们上面的研究可以看到，疫情暴发以后消费增长的下降可以分解为居民可支配收入增速的下降和消费倾向的下降。居民收入增长的下降大部分来自全社会金融资产增速的下降，或者说广义信贷增速的下降，给定信贷水平下的支出水平尽管也有消费下降，但是下降速度较疫情前更低而不是更高。居民消费倾向下降受到多种因素影响：就业压力增加和收入增速放缓让居民部门更加谨慎，降低消费倾向；疫情管控带来的消费场景限制会降低消费倾向；低收入群体收入增速更大幅度的下降可能也部分解释了消费倾向的下降（见图8.9）。

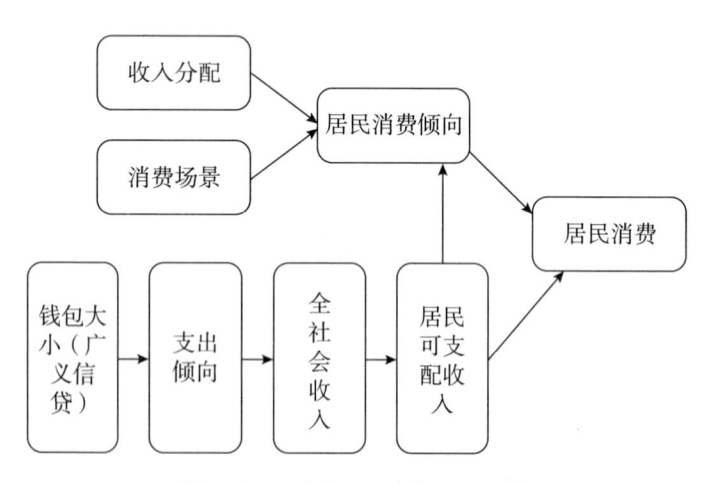

图8.9 消费倾向下降的影响因素

疫情过后，消费场景限制对消费的制约消失，短期内恢复消费增长主要依托于两个方面：一是广义信贷增长，带动全社会金融资产增长，让居民、企业和政府口袋里有钱；二是给定居民、企业和政府持有的金融资产，消费和投资的支出倾向提高。考虑到居民可支配收入在全社会总收入中的比重相对稳定，做到以上两点，才能通过提高总支出来提高总收入，进而提高居民可支配收入和消费支出。

无论是降低政策利率还是提高公共部门举债和支出水平，都能有效地提高广义信贷增速和支出比例，进而提高消费增速（见图8.10）。降低政策利率的作用机制主要表现为两个方面。一是通过充分下调政策利率，引导真实利率下降。真实利率下降一方面会鼓励支出、遏制储蓄、提高支出倾向，另一方面会提升信贷需求。二是通过充分下调政策利率，大幅降低全社会的债务成本，提高资产估值，提升信贷需求。

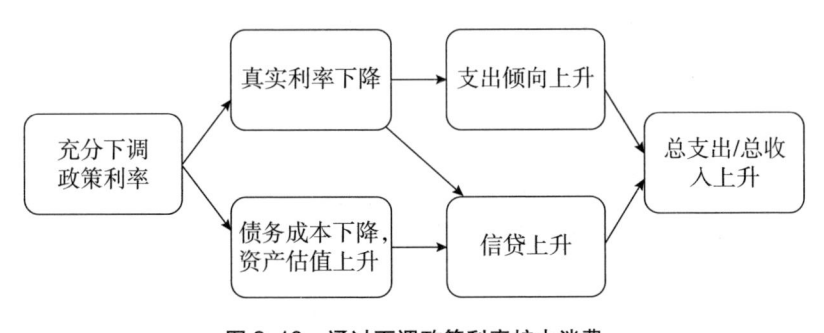

图 8.10 通过下调政策利率扩大消费

提高公共部门债务能够更直接地提高全社会广义信贷增速，提高总支出和总收入，进而提高居民可支配收入和消费水平。特别是在真实利率下降不充分或者面临诸如零利率下限的情景下，难以依靠私人部门创造出足够的信贷，通过政府主导的公共债务扩张成为全社会广义信贷增长更重要的支撑力量。

一种普遍的担心是考虑到地方政府的隐性债务，中国政府是否过度举债。对中国政府债务的负担、可持续性与是否带来外溢效应的讨论参见本书第六章。这里我们仅做一个简单的国际比较，2000—2022年，发达国家政府新增债务在全社会新增债务中的平均占比是41.7%，美国是44.8%，日本是98.5%，这说明政府已经成为全社会新增债务的主导力量。中国在2010—2022年政府债务快速扩张期间，政府新增债务在全社会新增债务中的占比是17.8%。这只考虑了中央和地方政府的显性债务，如果把大部分地方政府隐性债务也考虑进去，假定所有地方政府隐性债务中的60万亿元转化为显性债务，调整后的政府新增债务在全社会新增债务中的占比是38.1%。与发达国家相比，中国政府新增债务在全社会新增债务中的占比并不会更高。

还有一种对刺激政策后遗症的普遍担心。在反思"四万亿计划"时，需要明确的是：(1) 不应该把"四万亿计划"做成超过十万亿；(2) 不应该用商业金融机构、影子银行和金融市场的高成本资金为缺乏现金流保障的基建项目融资；(3) 刺激政策中的区域布局、建设项目规划设计应合理。"四万亿计划"实施以后，我国经济出现了V形复苏，确实也伴随着不少后遗症。其中，最突出的莫过于影子银行、债务快速积累、地方政府隐性债务等，这些问题很大程度上来自以上的第(2)点，部分来自第(1)点和第(3)点，而不是采取了"四万亿计划"本身。

另一种普遍的担心是通过提高信贷增加名义收入，收入是否都集中在富人手里，穷人能否获得收入。这种看法很流行，无论是基于国际经验还是国内经验，都得不到验证。从最直观的数据看，我国在 2008 年和 2015 年两次刺激政策期间，居民可支配收入在全社会总收入中的占比一直在上升，居民内部的收入分配在 2008 年以后明显改善，在 2015 年以后有所恶化。当经济过于低迷的时候，低收入群体的收入受损更严重。逆周期政策帮助经济走出低迷局面，其实是改善而不是恶化了收入分配。基于中国的经验研究证实了这个观点。①

通过提高信贷，增加名义收入，进而提高消费支出的做法，只有在需求不足的环境下才会发挥明显的作用。如果不存在需求不足，或者在需求过剩环境下，提高信贷和增加名义收入则会带来通胀上升，而不是真实消费水平的提高。

小结与启示

我们的研究发现，近几年观察到的居民消费不足现象本质上依然是总需求不足的表现，是总需求管理的问题，而不应把消费不足的现象归因于结构性改革的滞后。

通过更高的社会保障水平，更合理的收入和财富分配，更充分地释放教育、医疗卫生等部门的发展潜力，更完善的城市公共管理和服务水平，我国消费的增长和结构变化能进一步提升。即便还存在诸多不足之处，从 2012 年到新冠疫情暴发，居民消费总体而言保持着较好的增长态势，消费增速超过 GDP 增速并带动消

---

① 邹静娴，张斌，魏薇，等．信贷增长如何影响中国的收入和财富不平等［J］．金融研究，2023（01）：1-20.

费率持续上升，消费内部呈现了从制造到服务的升级。这些消费增长和消费结构变化特征与高收入国家处于类似发展阶段时的经验基本一致。

新冠疫情暴发以后，居民消费增速大幅下降，疫情过后的消费恢复也相对疲弱。消费增速的大幅减弱难以归咎于疫情之前存在的诸多旧的结构性原因。我们把消费增速的下降分解为居民可支配收入增速下降和消费倾向下降。居民可支配收入增速下降，大部分来自全社会金融资产增速的下降，或者说来自广义信贷增速的下降。给定信贷水平上的支出水平尽管也有下降，但是下降速度较疫情前更低而不是更高。

居民消费倾向下降受到多种因素的影响：就业压力增加和收入增速放缓让居民部门更加谨慎，降低消费倾向；疫情管控带来的消费场景限制降低了消费倾向；低收入群体收入增速更大幅度的下降可能也部分解释了消费倾向的下降。

无论是降低政策利率还是提高公共部门举债和支出水平，都能有效地提高广义信贷增速和给定金融资产下的支出比例，在短期内提高居民可支配收入和居民消费。与发达国家相比，即便将中国地方政府隐性债务考虑在内，中国政府也并没有过多举债。政府债务增量在全社会债务增量中的比重低于发达国家的平均水平。

第九章
面向未来的房地产市场

房地产行业快速发展的同时，不可避免地遇到了很多问题。有些问题来自情绪，对问题本身并没有很好的定义和认知；有些问题是特定发展阶段难以避免的成长烦恼；还有些问题一直得不到解决并威胁到国民福利提升和行业健康发展。我们把对房地产问题的各种讨论概括为"三高"现象：高房价、高负债、高度金融化。通过对"三高"现象的认识及其背后原因的分析，辨析房地产市场发展中存在的问题，并回应一些普遍关切但存在争议的问题。

房地产行业的高增长正在面临趋势性拐点。在长短冲击叠加的情况下，大量房地产企业面临前所未有的经营困境，房地产市场给宏观经济稳定带来了挑战。中央明确提出要"构建房地产发展新模式"，建立新模式的前提是找出并辨析当前和未来房地产市场发展存在的主要矛盾，在此基础上提出解决方案。

随着住房市场的发展迈过高峰期，炒房、资金过度流入房地产部门不再是房地产市场的主要矛盾，未来房地产市场会由"易热难冷"转向"易冷难热"。房地产市场当前和未来面临的最突出矛盾：一是都市圈过高的房价制约了大量中低收入群体在工作所在地的大城市定居，二是房地产行业资产负债表的收缩威胁到当前和未来的宏观经济稳定。针对这两个矛盾，本章提出了面对新市民的都市圈建设方案，以及针对房地产行业的债务重组方案，这两个方案都是尽可能地利用市场自发力量解决问题，不给政府增加过多财政负担，但需要政府在土地、教育和医疗服务、住房金融政策方面做出一些调整。

高房价

1. 事实

中国的房价收入比保持在高位，大城市尤其突出。衡量房价高还是低，更适合的指标并非房价绝对水平，而是相对收入而言的房价水平，即房价收入比。2022年我国25个主要城市的平均房价收入比达到21（见图9.1）。房价收入比排序前五位的城市分别是上海（46.9）、北京（46.7）、广州（37.3）、杭州（29.2）和南京（27.4）。尽管中国的人均收入刚刚跨过1万美元（大关），中国一线城市的房价已经比肩那些人均收入4万美元以上经济体的大城市。从2022年全球核心城市中心城区的房价对比看，中国内地一线城市，如北京、上海、深圳的房价与纽约、旧金山、巴黎等全球知名城市相当（见图9.2）。

都市圈房价过高。相比大城市的房价收入比，更值得关注的是都市圈的房价收入比，这更紧密地关系到中低收入群体在大城市的居住成本。以美国纽约与英国伦敦为例，根据"Zillow"和"Zoopla" App上的挂牌交易价格计算，纽约曼哈顿的上西区与上东区的二手房均价为1.6万~2.3万美元/平方米，约合人民币10万~15万元/平方米，伦敦西区的威斯敏斯特、肯辛顿与切尔西的二手房均价为1.8万~2.1万英镑/平方米，约合人民币15万~17

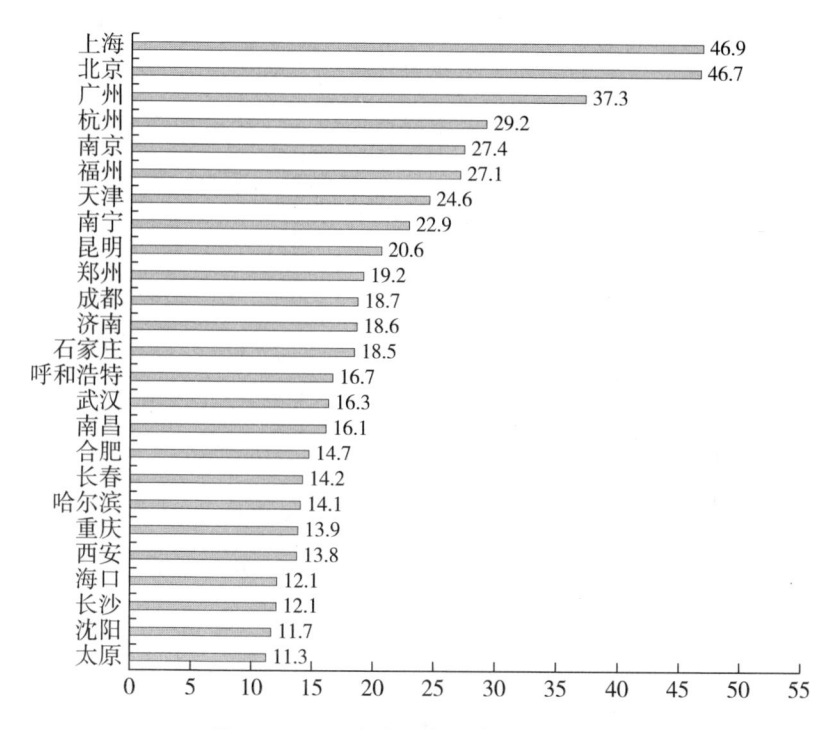

图9.1 2022年中国主要城市房价收入比

城市	房价收入比
上海	46.9
北京	46.7
广州	37.3
杭州	29.2
南京	27.4
福州	27.1
天津	24.6
南宁	22.9
昆明	20.6
郑州	19.2
成都	18.7
济南	18.6
石家庄	18.5
呼和浩特	16.7
武汉	16.3
南昌	16.1
合肥	14.7
长春	14.2
哈尔滨	14.1
重庆	13.9
西安	13.8
海口	12.1
长沙	12.1
沈阳	11.7
太原	11.3

资料来源：Wind。

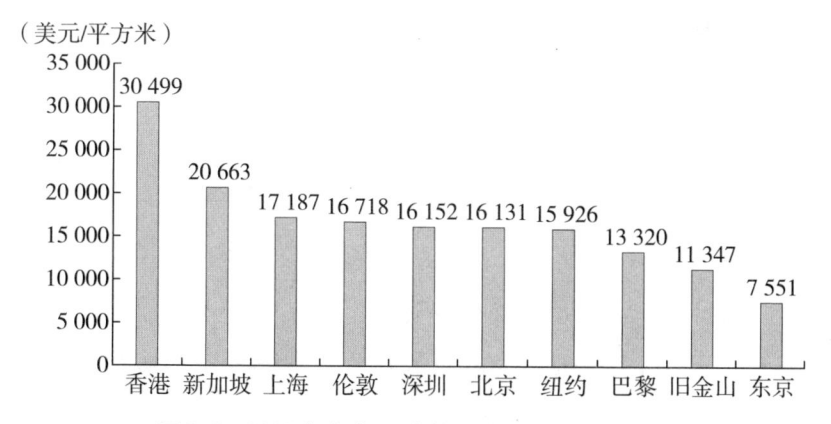

图9.2 2022年全球10个核心城市中心城区房价（美元/平方米）

香港	30 499
新加坡	20 663
上海	17 187
伦敦	16 718
深圳	16 152
北京	16 131
纽约	15 926
巴黎	13 320
旧金山	11 347
东京	7 551

资料来源：Numbeo。

万元/平方米。这些地区位于城市中心，拥有知名景点与商圈，并且配套完善、交通便利。按美国与英国的人均国民收入计算，纽约曼哈顿核心区域的房价收入比最高接近30，伦敦核心区域的房价收入比最高也接近20。而到了纽约都市圈边缘的斯塔滕岛与布朗克斯区，部分区域的二手房均价约为3 800~5 700美元/平方米，约合人民币2.5万~3.6万元/平方米，房价收入比迅速降至5以下。同样，伦敦郊区贝克斯利和哈弗林的二手房均价约为4 200~4 900英镑/平方米，约合人民币3.5万~4.1万元/平方米，房价收入比也降至3以下。

在美国和英国，如果不去追逐纽约、伦敦核心区域的住房，普通家庭用3~5年左右的收入即可达到都市圈一套房产的购置支出。在中国，北上广深核心区域的房价收入比超过30，这些城市偏远郊区的房价收入比也均超过15，有的区域甚至接近30。不仅大大高于美国纽约、英国伦敦的郊区，也大幅高于本国三、四线城市10左右的房价收入比。都市圈过高的房价收入比，远远超出了中低收入群体的负担能力，把大部分新进入者挡在了都市圈外。

都市圈的高房价为大都市扩张竖起了过高的围墙，遏制了大都市发展。 与发达经济体的都市圈相比，我国大城市都市圈容纳的人口比例较低。东京、大阪、纽约都市圈人口占全市人口的比重都超过70%，伦敦也达到63%，北京城六区以外的都市圈只占全北京人口的不到50%（见表9.1）。都市圈的高房价遏制了都市圈的扩张，在大都市工作的普通工薪阶层难以在大城市安家。

表9.1 全球代表性大城市核心区域人口占全市人口的比重

	都市圈人口占全市人口的比重（%）	核心区域定义	统计时间（年）
北京	49.8	城六区	2020
东京	73.7	20千米都市圈	2015
大阪	79.6	10千米都市圈	2015
纽约	81.8	曼哈顿区	2020
伦敦	63.0	内伦敦	2020

资料来源：日本统计局、纽约市政府、Statista、Wind。

2. 原因

房价上涨背后，既有合理成分也有不合理成分。房价上涨背后的不合理成分有些来自市场发育滞后，有些来自政策扭曲。

一是土地供给弹性不足，尤其是大都市住宅用地供给缺乏弹性。给定收入增长和买房的需求增长，住房供给富有弹性意味着房价上涨会带来住房供给的显著改善，这会带来人口流入和城市扩张，房价增速由于住房供给改善也相对温和；缺乏供给弹性的城市则难以带来住宅数量增加，人口流入和城市扩张受阻，收入提高带来更多的是房价和生活成本的上升。哈佛大学城市问题教授爱德华·格莱泽（Edward Glaeser）基于美国的研究得到上述结论，这个结论放在中国也同样适用。从全国100个大中城市的数据看，房地产用地（住宅、商服）的供应力度并未随着房价攀升而提高。相反，由于房地产用地供给弹性不足，其出让单价连年走高，成为推动房价攀升的重要因素，这在住宅用地上更为明显。

在2022年之前，100个大中城市建设用地出让中，住宅类用地的占比从2008的38.5%降至2021年的33.1%，住宅类用地的出让单价则从2254元/平方米升至12998元/平方米，14年间提高了近5倍，年均涨幅14.4%。商服用地历年的出让比例维持在

10%左右，出让单价14年间上涨了1.7倍。除住宅、商服用地以外的工业及其他用地，其出让规模较大，单价很低。2021年100个大中城市工业及其他用地出让单价为553元/平方米，住宅类用地出让单价是它的23.5倍。考虑到还有很大比例的工业、基建和公共管理用地以无偿划拨的方式供应，住宅用地的相对高价程度在实际中会更加显著（见图9.3）。

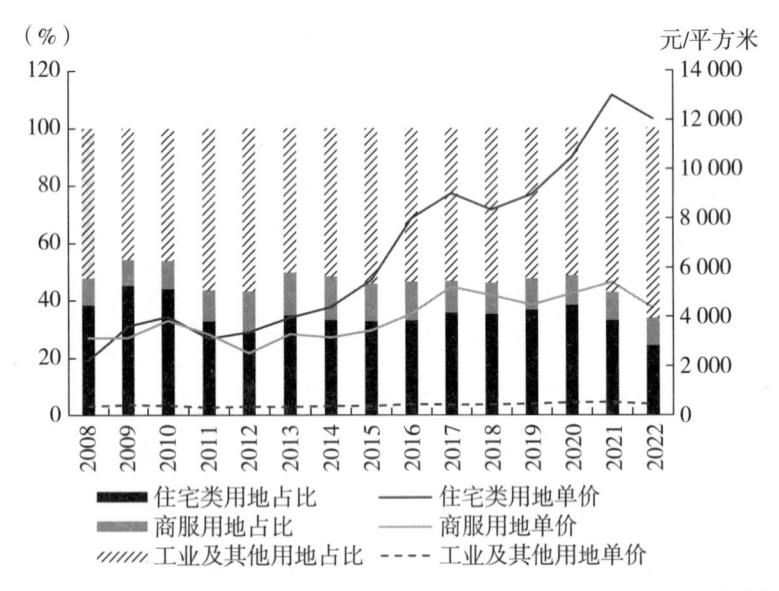

图9.3 100个大中城市国有建设用地出让中住宅、商服用地占比及出让单价
资料来源：Wind。

2022年，房地产市场下行，住宅用地出让面积占比在1年间快速下降了近9个百分点。虽然住宅、商服用地的出让价格同时下降，但也没有改变房地产用地与工业用地间价格的巨大差距。

大城市的住宅土地供应更为紧张。用2009—2018年平均新增住宅土地面积除以常住人口反映该城市的新增住宅供应用地的强度。北上广深等大都市住宅供地强度最低，人均新增住宅供地面积不足 10 平方米。二线城市新增住宅供地强度有非常大的差异，从人均新增住宅供地面积不足 10 平方米的福州、西宁，到接近 30 平方米的武汉、沈阳和乌鲁木齐。三线城市新增住宅供地强度也有显著差异，从不足 5 平方米到超过 30 平方米不等。总体而言，二、三线城市的住房供给弹性要显著高于大都市。

二是基础教育医疗服务和基础设施供给不足，制约了都市圈的住房供应提升。购买住房也是购买其所在位置带来的交通、教育、医疗、商业配套等各种服务流。住房供应的重点不仅是住房本身，也离不开住房附近的各种服务和交通基础设施。通过完善都市圈基础设施和公共服务，可以增加高品质住宅的供给，这是缓解中心城市房价压力的主要手段。纽约、东京等大都市圈的发展，都借助于大力发展郊区的公共服务和公共基础设施，缩短到中心城区的通行时间，完善教育医疗配套措施，进而实现郊区住房对中心城区住房的替代。这不仅让大都市圈容纳了更多人口，也降低了住房和生活成本。中国在特大城市周边的交通基础设施方面做了很多工作。但无论基础设施还是公共服务的完善程度都还有较大差距，制约了郊区对中心城区住宅的替代，成为拉低大城市房价的重要掣肘。

三是保障性住房供给不足，与人口流动脱节。保障性住房的分布与新建商品住房分布及人口流动分布有明显区别。在市场竞争力量驱动下，新建商品住房基本还是紧跟人口流动，在人口流入地区多盖房。保障房建设则不然。从 2010—2011 年保障房建设情况看，保障房集中在新疆、黑龙江、安徽、江苏、浙江等几个省区；中南部地区，尤其是人口大量流入的珠三角地区，保障房很少。保障房不能跟着人口流动走，尤其是人口流入的大都市保障房供给滞后，没能遏制房价上涨或者缓解房价上涨对低收入群体的过重负担。

四是我国金融服务供给不足，提升了房地产的投资属性。一方面，债务主导型金融体系助长了房地产投资需求，加剧了房价上涨。债务主导型金融体系增加了房地产的投资属性。支撑债务主导型金融体系的重要元素是抵押品，而房地产是天然的抵押品。在债务主导型的经济体中，以银行为代表的金融机构普遍使用房地产作为抵押品，并因此提升了全社会对房地产的投资偏好。中国是典型的债务主导型金融体系，金融机构也普遍使用土地和房地产作为抵押品，这大幅提升了房地产的投资属性，增加了对房地产的需求。另一方面，养老和保险金融服务滞后，房地产成为家庭养老和保险的替代金融投资工具。

五是融资成本过高并传递到房价。与其他行业相比，房地产企业融资面临较多限制，融资成本偏高，这从两个方面推升了房价。一方面，对房地产企业的贷款限制遏制了住宅供应，推升了房价。我们对分城市的房价回归模型显示，开发商的开发贷款与住房价格显著负相关，开发贷款下降直接带来新增住宅供给下降，加剧房价上涨。另一方面，在住房需求较为旺盛的环境下，房地产的高额融资成本都转化为更高的房价。

3. 问题

都市圈过高的房价收入比使得希望迁居一线城市的家庭望而却步，也大大超出了众多在一线城市打工群体的支付能力，打工者不能在长期工作的城市安家。2020年我国常住人口城镇化率为61%，户籍人口城镇化率仅为45.4%，二者之间存在着近16个百分点的差距，全国常住和户籍城镇人口差为2.3亿人左右。这说明以农民工为主的流动人口仍未实现市民化。仅北上广深四个城市的常住人口和户籍人口差就达到3 950万人。流动人口的定义虽然源于户籍分割，即使户籍制度大幅放开，在都市圈的高房价面前，大量流动人口也难以在核心都市圈定居。都市圈的高房价是制约流动人口在都市圈定居的最直接因素，这对我国经济社会结构产生了诸多负面影响。

一是遏制了流动人口的消费。由于不能在大城市定居，大部分流动人口在长期预期上并不把工作所在的"常居地"当成"定居地"。在消费选择上，流动人口往往在城市工作期间节衣缩食，不愿消费。从统计数据观察，根据王美艳（2017）的研究，农民工消费水平远低于城市居民。[①] 2016年新生代农民工家庭（1980年及以后出生的农民工）的消费支出中，食品支出为9 527元、衣着为1 589元、生活用品及服务为680元，老一代农民工家庭的消费支出水平则更低；从绝对数看，均远低于城镇居民家庭在食品（23 643元）、衣着（4 935元）、生活用品及服务（4 920元）上的支出。农民工消费水平低于城市居民，不仅是因为收入水平低，也源自储蓄率更高。张勋等人（2014）基于中国居民收入调查数据库（CHIPS）计算了2007年不同类别居民的储蓄率，发现农民工群体的储蓄率显著高于城镇户籍居民和在农村就业的农村户籍居民。[②] 崔菲菲等人（2020）使用全国农村固定观察点山西农户跟踪观察样本的数据，测算得到：2003—2017年间，山西省农民工到村外县内就业、到县外省内就业、到省外城市就业的家庭储蓄

---

① 王美艳. 新生代农民工的消费水平与消费结构：与上一代农民工的比较［J］. 劳动经济研究，2017，5（06）：107-126.

② 张勋，刘晓，樊纲. 农业劳动力转移与家户储蓄率上升［J］. 经济研究，2014，49（04）：130-142.

率分别为39.9%、41.3%和43.3%,农民工储蓄率高于全国平均家庭储蓄率,且劳动力转移地点与家庭储蓄率正相关。[①]主要原因就在于:相对于在省内工作,农民工在省外大城市就业的定居可能性更小,所以更倾向于减少消费、增加储蓄。

二是流动人口的返乡置业中,相当一部分形成资源浪费,阻碍了资源配置优化。在大部分的人口流出地,流动人口在大城市工作获得收入,通过抑制消费积攒储蓄后,出于婚姻、养老甚至社会评价等原因在本地购置房产,这些房产大多空置。考虑到人口流出地的现实情况,空置的房产也较难获得租金收入,造成了资源浪费。在此过程中形成的房产需求会抬高当地房价,增加当地留守居民的房价负担。

三是流动人口在大城市工作、创造税收,但要求户籍地为其提供社会保障,加剧了人口流出地的政府收支矛盾,强化了地区间发展的不均衡态势。流动人口的工作地点在大城市,他们通过为企业创造增加值等各种途径为经常居住地的政府提供了较为充足的财政收入。同时,经常居住地政府并不需要全额负担流动人口的公共服务支出。以社会保障为例,体现工作地政府社保支出的主要是由企业代扣代缴的城镇职工养老、医疗保险以及工伤和失业保险,2017年农民工在上述四类保险中的参保比例仅为21.6%、21.7%、27.2%和17.1%,远远低于全体职工参保比例。[②]而反观人口流出地,由于人口流出、产业不足,政府财力有限,

---

[①] 崔菲菲,卢卓.城乡"二元"结构下劳动力暂时性转移与家庭储蓄行为[J].统计与信息论坛,2020,35(11):103-111.

[②] 根据《2017年度人力资源和社会保障事业发展统计公报》中的数据计算。

但基本上流动人口都会在户籍所在地参保城乡居民养老、医疗保险，这两类保险的政府支出负担虽然要低于城镇职工养老、医疗保险，但依然对财力受限的人口流出地政府形成压力。更要考虑到，在如此的财政收支压力下，人口流出地政府难以提供更多的公共服务、发展基建，进一步制约当地经济发展。如果流动人口在大城市定居的房价门槛能够降低，再配套户籍社保制度改革，人口流出地政府的收支压力将会减少，区域发展也会更加均衡。

高房价给本地和新进入居民带来了过于沉重的购房负担，给城市发展竖起了看不见的围墙。宾夕法尼亚大学方汉明等学者（2015）分析某大型商业银行的120个城市的住房抵押贷款数据，探究高房价对购房人群的经济压力，特别是低收入群体。[①] 其中也有对房价收入比的估算。他们对比分析了各类型城市中的两类购房群体：一类是家庭收入在贷款购房人群中占比10%以下的低收入群体，另一类是家庭收入在贷款购房人群中占比45%~55%的中等收入群体。他们的研究发现，对于低收入群体，房价收入比在8以上，住房开支成为非常大的负担；对于中等收入群体，房价收入比为6~8，住房开支负担也很沉重。两类群体中，一线城市的住房收入比显著高于二、三线城市。

4. 争议

高房价对应了泡沫化，并影响金融稳定。中国大城市的房产价格很高，这是事实。然而，高房价是否意味着房价存在泡沫，泡沫是否会很快破灭呢？房价高不等于房价泡沫，高房价带来的

[①] Hanming Fang, Quanlin Gu, Wei Xiong, Li-An Zhou. Demystifying the Chinese Housing Boom [C]. NBER Macroeconomics Annual, 2015, vol. 30.

痛苦未必会像泡沫那样很快破灭，可能长期持续。

房价收入比反映了房价痛苦指数，这个比值越高，购房者的压力越大。然而，这个指标用来预测房价泡沫并不合适。很多房价收入比高的大城市的房价泡沫未必比那些房价收入比低的小城市更高。用居民可支配收入减去居民消费支出作为居民储蓄，用居民储蓄除以居民债务利息，由此得到居民部门的利息保障倍数。

万科公司谭华杰基于大量国际经验的研究表明，居民部门利息保障倍数反映了居民偿付住房抵押贷款的能力，是预测房价会不会大跌最有效的指标，预测能力远好于房价收入比、居民部门债务杠杆率等其他诸多指标。他们的研究发现，居民部门利息保障倍数高于1.5倍时，基本没有国家/地区发生过房价大跌的情况。美国2007年房价大跌前夜，居民部门利息保障倍数为1.46倍；日本1989年为1.49倍；芬兰在1989年为0.73倍，2007年为1.55倍，西班牙1989年仅为0.99倍。国际经验表明，这个指标低于1.5的临界值会导致房价大跌和居民部门债务困境。中国目前的家庭部门可支配收入大约为61万亿元，消费约38万亿元，储蓄接近23万亿元；家庭部门各种贷款55万亿元，按照加权平均贷款利率5.5%计算需要支付的利息大概有3万亿元，利息保障倍数在8左右，远高于国际警戒线水平。这说明中国居民偿还住房抵押贷款能力有较高的保障，至少从国际经验看，房地产价格短期内大幅下跌并引发系统性金融风险的可能性不大。

高房价挤压制造业利润和居民消费。房价上涨过程中，企业经营面临更高的要素成本，不仅是更高的房租，还要付出更高的员工住房补贴。有一种广泛的忧虑是，房价上涨带来的成本上升会侵蚀企业，尤其是制造业的利润，恶化制造业生存环境，甚至成为众多企业破产的主要原因。

无论是短期数据还是长期数据，房价增速和企业利润增长呈现正相关关系。仅从这种相关关系不能得出什么强有力的结论，但至少提示我们，房价上涨与企业经营之间的关系可能并非提高成本那么简单。房价上涨对企业经营的影响，至少要考虑以下两方面的影响机制。

一方面，房价上涨增加了企业经营活动中的要素成本，但是，对不同类型企业经营的影响有显著差异。对于市场定价能力较强的企业，房租或者劳工成本上升的结果往往是产品或者服务的价格上升，房价上涨对企业盈利的影响有限。对于市场定价能力较弱的企业，企业至少有以下三种应对方式：

一是改变产品/服务的要素投入密集度，比如，用土地节约型技术代替现有技术，典型的例子是高房价地区更流行的快递行业，再比如中心城区商场转变成郊区的大型购物中心。二是加大研发力度，用其他方面的成本下降抵补房价上升带来的成本上升。三是退出本地市场。退出本地市场的企业还面临两种选择：转移到其他地区或其他部门继续经营，或者彻底退出之后资源闲置。只有在最后这种情况下，资源闲置才会带来真正意义上的产出损失。

房价上涨会对企业经营带来普遍的压力，并迫使企业做出调整，但是，考虑到企业的应对措施以后，房价上涨只是在非常特定的环境下才会带来真正的产出损失。资源闲置和产出损失的大小取决于要素市场的流动，如果房价上涨的冲击带来的失业人口能够很快在其他地方找到工作，损失更小，反之，损失更大。

另一方面，房价上涨刺激了房地产供给上升，以及由此带来的基础设施改善、城市扩张和规模经济效应。这是我们从过去几十年中国城市化进程中看到的普遍现象。规模经济效应可以从降低成本、提高专业化和生产率水平等多个角度改善企业的生产率，改善企业生存环境。一个与此相关的证据是，随着人口密度的不断提高，企业的数量也随之上升。每平方公里人口密度 0~2 500 人的区域，企业数量在 0~87 家；人口密度 2 500~5 000 人的区域，企业数量在 88~238 家；人口密度 5 000 人以上的区域，企业数量达到 340 家。可以看出，越是人口密集的地区，对企业的吸引力越大。

综上可知，房价上涨，既给企业带来了经营成本上升的负面影响，也给企业带来源自规模经济和城市化发展的机遇。综合两方面的情况看，房价对企业经营的影响，关键取决于房地产的供给弹性。供给弹性过低，房价上涨而房屋供给没有提高，难以带来城市扩张和规模经济，房价上涨的负面影响更突出；如果保持适当的供给弹性，则房价上涨伴随着房屋供给显著提高，不仅房价上涨会得到遏制，城市化进程也有明显推进，为企业创造更多发展机会，正面影响更突出。我们通过回归分析发现，房价与企业利润呈现负相关关系，与住房供给弹性则是显著的正相关关系。

房价上涨也会影响家庭部门，例如房价上涨会增加购房和租房家庭的负担。特别是对中低收入群体，住房支出相对于收入而言往往过高。一种普遍的担心是，高房价挤出了其他方面的购买力。这种现象在很多家庭存在，但是，加总意义上看高房价是否挤出了消费，则需要更进一步的研究。

房价上涨改变了居民生活中各类支出的相对价格，对不同家庭消费支出的影响有显著差异。家庭部门面临着住房支出还是其他消费支出的选择。住房作为生活中的必需品，在不同家庭面临着显著差异的需求替代弹性。已有稳定住所的家庭需求替代弹性相对较高，没有稳定住所的家庭则缺乏需求替代弹性。对于缺乏需求替代弹性的家庭，房价上涨将迫使家庭不得不增加与住房相关的开支，并因此挤压其他消费。对其他消费的挤出程度取决于该城市的住房供给弹性。在较高的住房供给弹性下，房价上涨带来住房供给显著改善，住房开支增长有限，对其他消费的挤出也有限；在较低的住房供给弹性下，住房开支增长更大，对其他消费的挤出也更显著。

除了房价上涨对消费的挤出效应，还应该考虑房价上涨过程中，房地产供给的改善，城市化率的提高以及由此带来的规模效应和收入水平提升，这会对消费形成正面影响。综合两方面因素考虑，房价上涨与消费之间的关系在各个城市中的表现并不一致，即便对全国而言，也没有充分的证据给出明确答案。

高负债

1. 事实

房地产开发建设周期长，拿地和建设等环节均占用大量资金，是资金密集型行业。然而从行业比较和国际比较看，中国房地产行业的债务水平极高，并非依靠行业属性就能解释的。从行业比较看，统计全部非金融行业的 A 股及 H 股上市、主营业务在内地的公司资产负债情况，可见房地产行业的资产负债率在所有非金融行业中最高，2022 年达到 84.7%，高于排名第二的资本货物行业13.2个百分点，高于其他行业17~50个百分点不等。

从国际比较看，中国上市房企的资产负债率也大幅高于主要发达国家的同行，2022年分别高于日本、德国、美国、法国和英国房企资产负债率18.1、24.5、29.8、29.9和44.9个百分点。

从上市公司的有息债务存量看，主营业务在内地的港股上市房企和A股上市房企的有息债务合计占主营业务在内地的全部港股企业和全部A股上市企业合计的比例从2012年的11.3%升至2020年的20.3%；2021年开始房企债务融资速度快速下降，这一比例降至16.3%。

拉长时间看中国房地产开发企业的资产负债率，以2010年前后为分界点，房地产业的债务水平不再像以前那样大幅波动，而是一路迅速走高。2000—2010年，房地产业整体负债率在波动中下降了1.1个百分点；2010—2021年，资产负债率整体提高了5.8个百分点。

2021年下半年开始，房地产行业融资受到更加严厉的约束，出现全行业的流动性紧张，部分房企出现公开债务违约。2022年房企债务违约范围继续扩大，根据中国指数研究院的统计，截至2023年上半年，已经有超过60家房企债务违约（见图9.4）。

2. 原因

2010年后房地产行业债务水平持续攀升，与这一现象同时存在的是房地产行业的高周转模式。高周转模式指的是房地产开发商通过加快前期的开工进度，快速获取预售资格，然后用购房者提供的预付款支撑下一阶段的购地支出和新开工。高周转模式可以追溯到2010年，万科等房企率先运用高周转模式创造了前所未有的销售额，这一年也被称为高业绩和高周转元年。高周转模式

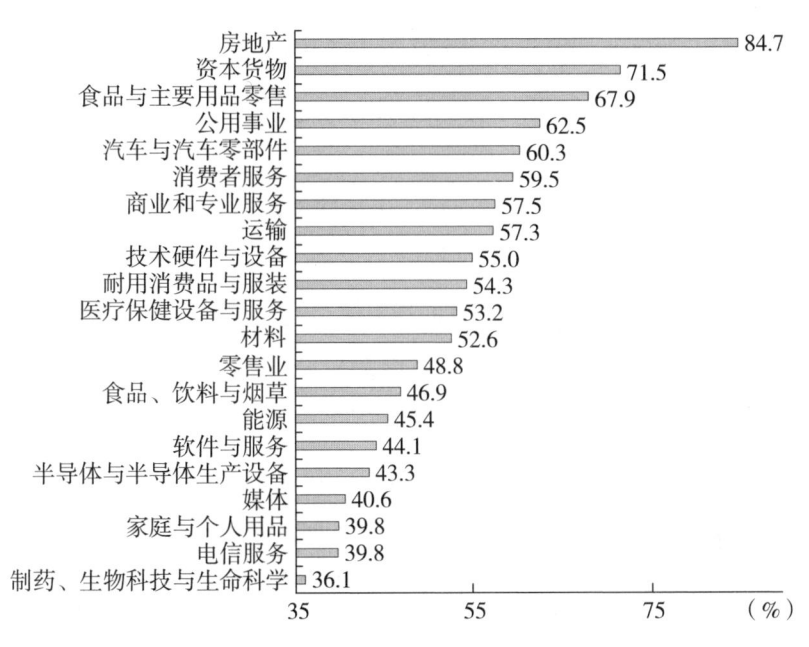

行业	资产负债率(%)
房地产	84.7
资本货物	71.5
食品与主要用品零售	67.9
公用事业	62.5
汽车与汽车零部件	60.3
消费者服务	59.5
商业和专业服务	57.5
运输	57.3
技术硬件与设备	55.0
耐用消费品与服装	54.3
医疗保健设备与服务	53.2
材料	52.6
零售业	48.8
食品、饮料与烟草	46.9
能源	45.4
软件与服务	44.1
半导体与半导体生产设备	43.3
媒体	40.6
家庭与个人用品	39.8
电信服务	39.8
制药、生物科技与生命科学	36.1

图 9.4　2022 年中国上市公司行业资产负债率分布[①]

资料来源：Wind。

在业内并没有立刻流行起来。直到 2016 年，房地产行业重新开启高周转模式，碧桂园将这种模式发挥到了极致。随后，全国范围内的各类房地产企业逐步接受这种房地产经营模式。至此，速度成为房企之间相互竞争的关键——拿地的速度、新开工到拿预售证的速度、卖房回款的速度。

房企转向高周转的背景是土地价格已涨至较高水平的同时，房价上涨的空间有限，行业毛利率随之降低，房企开始通过高速周转扩大收入和利润。其实现的条件是房企可以通过大量预售房屋也即销售"期房"来获取资金。现有的统计数据也可以证明高

[①]　A 股上市公司及 H 股上市、主营业务在内地的公司合计。

周转现象：2008—2021年，商品房销售中的期房比例大幅提高，从64.4%升至87%；同时，房地产开发资金中来自预收款的比例也从24.6%升至36.8%。当然，到了2022年，由于部分房企出现问题，交楼受阻、期房销售下滑，上述两个比例分别下降了4.3和3.7个百分点。

高周转模式的核心是资金的高周转，是追求现金流尽快为正，其结果应该是房企的资产周转率和收入实现速度加快，对应着资产周转率的提高、对债务的依赖程度下降。但是事实恰恰相反，在高周转模式高歌猛进的同时，房地产行业的资产负债率不减反增，资产周转率也在显著下降。我们整理了在沪深两市及香港上市全部内地房企的年报数据，计算得到全部房企的资产周转率从2010年的26.7%降至了2022年的20%，降幅为6.7个百分点（见图9.5）。这说明房地产行业整体的资产运营效率是在下降的。

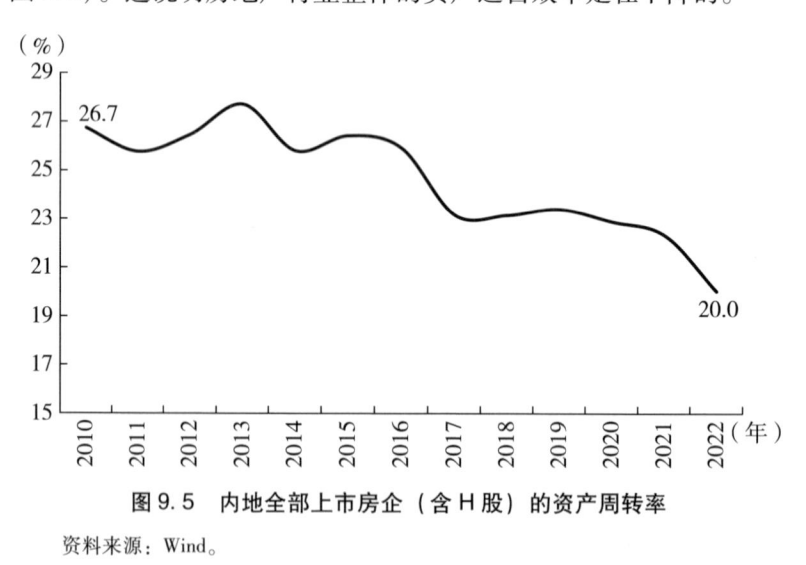

图9.5 内地全部上市房企（含H股）的资产周转率

资料来源：Wind。

基于高周转和高负债的并存，可以推断房地产行业在积累资产存量时，形成了规模较大的、难以通过销售收入和运营收益覆盖的"沉淀资产"。如果高周转模式可以覆盖房企的所有资产，其资产周转率高、收入实现能力好，房企的高债务也能被正常业务收益所覆盖，不至于持续积累债务。

房地产企业之所以积累了缺乏现金流覆盖的巨额沉淀资产，一方面是因为在房价快速上涨期房企希望囤积较多土地和建成建筑库存，另一方面是因为这些囤积的土地和建筑相当一部分是未能在持有、开发后获得预期现金流。房企拿地并不容易，它们需要从地方政府获取土地，地方政府则希望通过房地产开发完善地方基础设施建设、改善人居环境、吸引人口聚集、产生规模效应，从而促进经济发展。地方政府在推进城镇化和产业升级过程中，出售土地的同时往往会要求房地产开发企业配套建设养老院等准公益性物业或者自持部分住宅用于发展租赁市场，也会鼓励房企涉足产业园区开发并持有部分物业。房企在土地价格不断上涨、拿地难度不断提升的背景下，也主动或被动地对接地方政府的需求。由于不可预期的诸多原因（如准公益物业经营收益不如预期、自持住宅所在地人口流出以及产业园区闲置等），上述部分配建或自持的物业就成为房企的"沉淀资产"，其对应的房企债务由于缺乏现金流覆盖，也存在更大的债务风险。从公开资料观察，这些"沉淀资产"的来源主要有三个方向。

一是土地"限地价、竞配建"模式中房企的配建建筑。2010年前后，土地管理部门为了管控房价以及地价上涨速度，同时为了支持建设保障房、养老机构等公益性建筑，结合房地产行业特点，提出了"限地价、竞配建"这一土地出让模式。所谓"限地价、竞配建"，即在土地拍卖中，当报价达到最高限制地价后，竞买方式转为在居住用地中竞配建公共租赁住房的建筑面积，凡接受最高限制地价的竞买人均可参与竞配建,报出配建公共租赁住房建筑最大面积的房企竞得地块。

例如,2011年广州就以"限地价、竞配建"的方式推出位于番禺的三宗住宅用地。有两宗地块的竞买阶梯达1 000平方米,也就是每次拍地举牌,就要多建1 000平方米公租房。又如,2015年,在北京顺义的某宗土地出让中,招标文件规定建筑出让地块的建筑总面积为12.8万平方米,房企拿地后需建设机构养老设施和限价保障房的面积最低分别为3.5万和3.8万平方米。最后经过多轮竞拍,某开发商以多配建2.6万平方米限价房的条件竞得该地块。最终开发商仅有2.9万平方米可用于建设一般商品房。① 类似的举措是在侧面鼓励开发商参与保障性住房以及经营性养老机构的建设、经营。开发商对这些要求的积极对接也成为顺利拿地的条件之一。这些配建项目的收益并没有十分稳定的预期,且投资回报期限也较长。

二是房企拿地中被要求自持的住宅。2016年9月30日,北京出台房地产市场调控新政,要求强化"控地价、限房价"的交易方式,试点采取限定销售价格,将其作为土地招拍挂条件的措施,并鼓励房地产开发企业自持部分住宅作为租赁房源。随后,北京市推出了海淀、大兴等多块住宅用地,竞买规则要求土地报价达到竞价上限后,进入竞自持商品住宅阶段,部分地块自持比例达到100%。此后,全国多地效仿这一规定,鼓励房地产开发企业通过自持住宅开展住房租赁业务。通过出台相关管理办法,规定下

---

① 北京商报. 卖地新招瞄准养老投资困局[EB/OL]. https://www.bbtnews.com.cn/2015/0204/11416.shtml. 2015-02-04.

辖各级政府可根据房地产市场状况和住房租赁市场需求情况,在房地产开发项目建设条件意见书中要求房地产开发企业在新建商品住宅项目中自持一定比例的住宅用于租赁。

这一模式给房企带来两类经营压力。一是房企拿地成本较高时,自持住宅难以通过合适的租赁运营方式收回成本。例如,2016年,万科曾高价获得位于北京市海淀区的两个100%自持地块,其中一宗地块由北京万科以50亿元单独获得,另一宗由北京万科与北京住总组成的联合体获得,拿地资金同样高达59亿元。为平衡资金成本,该项目三居室月租金为1.5万~1.8万元,四居室月租金为3万~4万元。若项目全部建成且100%出租,每年租金收入大约为2.73亿~3.28亿元,10年租金收入为27.3亿~32.8亿元。这意味着在乐观情景下,万科在该项目上的投资回报周期至少在10年以上。[①] 二是某些资金实力弱的房企自持三、四线人口流出城市的住宅后,难以获得预期收益。在一、二线城市地价居高不下时,中小房企往往希望扩展地价较低的三、四线城市业务,它们在这些城市通过自持住宅项目获得可售住宅用地后,若城市居民购房需求不振,自持住宅亦难获收益。

三是按政府要求配套建设产业地产。通过前文的叙述可以发现,由于土地供给的政策性较强,房企拿地难度较大。对一些资金实力稍弱的房企,尤其是区域性房企而言,由于并无实力获得较多的高价住宅用地,面临着出局的风险,而通过各种间接手段获取相对廉价的土地成为其持续经营的可选路径。有房地产业内

[①] 界面新闻. 上山容易下山难,自持租赁房遭遇困境 [EB/OL]. https://www.jiemian.com/article/2064579.html. 2018-04-18.

人士称，部分房企有意愿通过产业园区建设、产城融合等业务间接获取自身所需土地。

在通常情况下，产业地产回报周期至少需要5~8年甚至更长时间，对开发商而言，不仅在开发过程中需要投入大量资金，在建成运营过程中，仍需要不断投入资金，这种投入大、回报周期长的模式多数企业难以承受。为了解决这一难题，一些产业地产开发商以降低自持比例、增加销售比例来回笼资金，也有一些企业通过与政府谈判获得一定可供销售的住宅用地。基于这一现状，部分开发商转而囤积一些相对容易获取土地且较为便宜的产业地产。这一模式的风险在于，如果缺乏足够的产业入住，如果城市规划和政策变动，房企不能获得预期的可销售比例，产业地产也将成为缺乏现金流的资产。

3. 问题

中国房地产行业的债务水平极高。如果商品房销售收入实现了高增长，房企利润足以弥补沉淀资产带来的额外债务成本，则房企还能保持正常运行。一旦高销售和高利润不能持续，巨额的沉淀资产对房企带来巨大的现金流压力，房企和房地产市场难以正常运行，对宏观经济稳定带来巨大冲击。

房企的债务及付息压力会持续损耗房企现金流，房地产企业丧失自救的空间。沉淀债务基本上源于难以出售、出租的沉淀资产，在现有的市场条件下，这部分资产难以产生足够的现金流。但债务和付息支出仍会持续存在，房企的现金流将被持续损耗。假设房企的沉淀资产和债务从2010年开始累计，这部分资产负债不能产生现金流，其对应的应付利息几乎相当于房企的一项固定成本，每年增长。按8%的平均融资成本计算，从2013年开始，每年应付沉淀负债的利息就占到全部房地产开发企业营业总收入的 10% 以上，2015 年达到 14.5%。到了 2022 年，房企沉淀债务累积到 20.25 万亿元。

房企受困于沉淀债务和现金流紧张难以正常运营，这将影响政府、工业企业信用基础和居民风险偏好，进而制约全社会的信用扩张。首先，当房企不再大规模开工拿地后，政府土地出让收入将会锐减，考虑到以往的显性专项债和地方平台公司隐性债扩张都或多或少地以土地收入加持的政府信用为支撑，土地出让收入增加不再，政府信用扩张将受到制约。其次，房地产开发联通了上下游，包括建筑、建材、家居等十余个制造业行业，其停滞将会显著影响工业体系的营收实现，影响工业企业的信用基础。最后，房企正常交房遇到困难，潜在购房者会更倾向于购买现房而非期房，甚至延缓购房计划。部分房企为了保交楼选择打折出售资产，这往往意味着价格下降。而在一个价格逐渐向下调整的市场环境下，购房需求会在短期受到抑制，直到价格明显低于预期水平。这些都会影响购房者的行为，并带动住房抵押贷款增速放缓。

高度金融化

1. 事实

房地产高度金融化的表现之一是房产在中国居民资产配置中的投资属性较高，房产是中国居民资产的最主要组成部分。根据中国人民银行调查统计司发布的《2019 年中国城镇居民家庭资产负债情况调查》，中国城镇居民家庭资产中有近 60% 是房地产，这一比例大幅高于其他国家。据广发银行与西南财经大学共同发布的《2018 年中国城市家庭财富健康报告》显示，中国居民有接近

80%的财富投资于房地产。美国、日本居民部门资产中房地产的占比分别为25.1%（2021年）和18.3%（2020年），见图9.6。住房资产在我国居民家庭资产配置中的投资属性较强，根据中国人民银行的调查数据，我国城镇居民家庭的住房拥有率为96%，有一套住房的家庭占比为58.4%，有两套住房的占比为31%，有三套及以上住房的占比为10.5%。超过40%的家庭拥有两套及以上住房，中国居民家庭在满足了基本居住需求后，倾向于继续多持有房产以达到保值增值的目的。

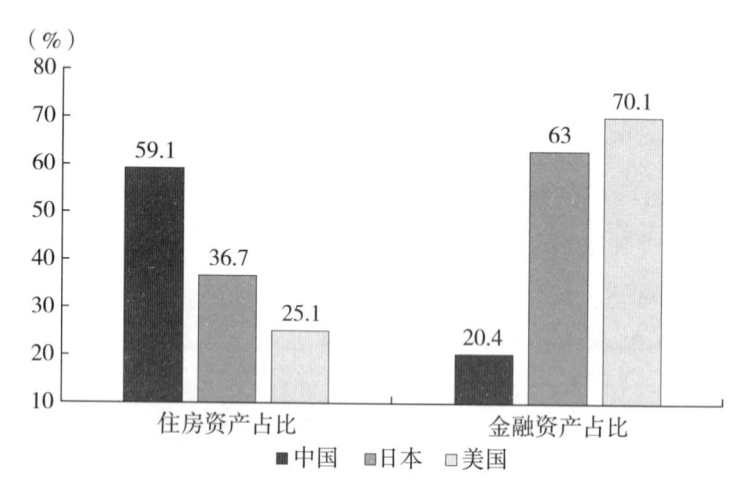

图9.6 中美日居民部门资产中的住房和金融资产占比[①]
资料来源：Wind，作者测算。

支撑居民部门购房的资金主要来自储蓄资金，而非高杠杆率举债。中国对居民购买住房有较高的首付比例要求，限制了通过

[①] 中国数据来源于中国人民银行发布的《2019年中国城镇居民家庭资产负债情况调查》，体现了2019年的数据；美国数据来源于美国经济分析局，为2021年数据；日本数据来源于日本内阁府，为2020年数据。

高杠杆举债买房。中国住房抵押贷款在全社会广义信贷中的占比不高。2021年，德国、日本、美国住房抵押贷款占商业银行贷款的比例分别为31.8%、25%和21%，均高于中国（19.9%）。2016年之前，英国的相应比例也高于中国；2016年以后，中国略微超过英国。

房地产高度金融化的表现之二是房地产相关贷款在全社会贷款中的占比较高。从房地产全口径融资看，2012年房地产全口径融资（包括房地产相关贷款、债券、非标存量）增量1.4万亿元，占当年新增社会融资总量的比例为8%；此后占比连续4年上升，在2016年达到32%，2017年政策收紧后降至23%，又在2018年回升，此后又连续两年下降。

2. 原因

家庭资产过度集中于房地产，主要原因有三个方面。一是房价持续上涨预期给投资者带来了较好的回报。房价上涨背后包含了合理因素，也有不合理因素，前文已有分析这里不再赘述。二是金融资产的投资回报率较低，投资工具匮乏。我国家庭部门的金融资产包括了以现金和银行存款为主的货币类金融资金，以及包括了私人借债、股票、债券、基金、衍生品和其他金融资产的非货币类金融资产。货币类金融资产当中，银行存款的名义利率较低，很多年份低于通胀率。非货币类金融资产当中，私人借债占据较高比重但难言回报，证券类金融资产对绝大部分家庭而言是负回报。根据中国家庭追踪调查（CFPS）数据，在2010—2018年期间，只有前10%的最高收入组家庭（平均）才能获得证券类投资的正回报，其他收入组的证券类投资都是负回报。与其他国家相比，我国家庭金融资产构成中严重缺乏收益率稳定的养老保险类金融资产，这类资产只占全部金融资产的 11%，远低于 30% 左右的世界平均水平。这在一定程度上也强化了居民部门买房保值的动机。三是持有房产的成本较低，我国对人们持有的存量房地产还没有广泛开征税收。

房地产企业大量举债，原因也有多个方面。一是房地产长期高速发展的背景下，部分房地产放弃通过大量运用债务杠杆扩张规模，以此实现业务超常规发展。二是房企在地方政府的要求下，为了配合拿地开发持有了大量缺乏现金流回报的沉淀资产，并由此形成了债务的滚动积累。三是房地产融资的正规金融渠道较窄，房企不得不大量借助高成本的非正规融资渠道，这也加剧了房企的被动高额负债。

3. 问题与争议

针对居民部门举债购房、金融机构将大量资金给予住房抵押贷款或者房企，一种看法是，信贷资源过度涌入房地产部门，挤压了其他部门的发展。与此相对立的一种看法是，房地产住房抵押贷款和开发商贷款的增长创造了金融资产，创造了全社会的购买力，支撑了对其他部门的产品和服务需求，不是挤压了其他部门的发展，而是支撑了其他部门的发展。

这两种看法哪个能站得住脚，要看当时的宏观经济环境。如果市场自发的信贷需求旺盛，金融部门普遍采用信贷配给的方式分配信贷，信贷资源过度流入房地产行业会挤占其他部门的发展机会。如果市场自发的信贷需求不旺盛，金融部门缺乏优质信贷客户，房地产行业相关的贷款则不会挤占其他部门发展。不仅如此，房地产行业创造的贷款，无论是住房按揭贷款还是开发贷款，都会提高企业、政府和居民的收入增长，支撑全社会购买力增长，提升对其他部门商品和服务的需求。

在 2012 年以后，我国的资本密集型行业跨过了发展高峰期，市场内生的企业部门信贷需求大幅下降。企业发展最短缺的不是信贷，而是收入和利润，有了这些企业不难拿到信贷，没有这些信贷多数成了坏账。在这种环境下，房地产行业的相关贷款支撑了全社会的信贷增长，支撑了对企业商品和服务的购买力，对其他行业发展起到的作用是支持而不是挤占。

面向未来的房地产市场

1. 房地产市场的主要矛盾

高房价、高负债和高度金融化的三高现象下，房地产市场发展进程中存在的突出问题主要有两个。一是都市圈房价过高，以农民工为主体的大量劳动力在大城市工作但难以负担都市圈的高房价。二是房地产企业大面积破产，威胁到宏观经济稳定。房地产企业的高销售和高盈利时代一去不复返，企业盈利难以覆盖巨额沉淀资产带来的利息负担，大量企业陷入破产边缘，未来相当长时间内房地产行业面临资产负债表缩表压力。房地产企业破产不仅给金融市场带来冲击，更重要的是与此相关的住房抵押贷款、房地产行业上下游关联企业贷款、由卖地收入支撑的地方平台公司贷款都会受到严重冲击，这将影响全社会的信贷扩张，引发需求收缩和宏观经济不稳定。

普遍性的房价上涨不再是未来房地产市场的主要压力。随着房地产发展环境的变化，全国性的房价趋势性上涨压力将会大幅缓解，个别大城市可能依然面临住房供不应求和房价上涨压力，大部分城市的房价上涨压力将得到极大缓解，部分人口流出城市可能主要面临房价下行压力。

房价上涨压力的缓解，再加上对购买住房的高首付比例限制，以及其他各种限制购买住房的政策影响下，"房住不炒"已经落实，不再成为房地产行业存在的突出问题。

资金过度流入房地产行业并挤占其他行业发展信贷资源的判断在当前和未来环境下不再成立。在信贷需求不足的环境下，通过房地产行业带动的信贷增长对全社会购买力增长，对其他部门的销售收入和利润增长是重要保障。当前和未来需要担心的主要问题并非房地产行业占用了过多信贷资源，而是该行业的信贷收缩。

以下我们针对当前和未来房地产市场发展面临的两个突出问题，提出房地产新模式下的解决方案。一是面向新市民的都市圈建设方案，二是稳定房地产行业发展的债务化解方案。

2. 面向新市民的都市圈建设方案

面向新市民的都市圈建设方案主要包括两方面内容：一是大幅提高面向新市民的住房或租赁房供给，不仅是房屋供给，也包括相应的教育、医疗配套资源供给，尤其是中小学教育供给；二是面向新市民的住房购买力支持。在我们的建设方案中，无论是建房还是提供教育和医疗服务，都要尽可能地利用新市民和企业的市场自发力量，政府发挥的作用是对开发住宅所需的土地交易、设立学校和医院开绿灯，对低收入群体给予一定的税收优惠政策支持。考虑到新市民定居对经济增长和税收的贡献，都市圈建设并不会增加额外的财政负担。

在改善供给方面：（1）为没有户籍和自有住房、长期在该城市工作的打工者发放"长期工作签证",以此作为新市民的身份。(2) 允许郊区集体建设用地转为新市民合作建房用地,不占用当地住宅用地指标。(3) 支持为新市民提供众筹合作建房服务,新市民合作建房免税,在出售时只能卖给别的新市民。(4) 现有开发商持有的缺乏现金流回报的工商业房产可变更用途,改造为新市民住房,可用于出售或者租赁给新市民。(5) 鼓励企业为新市民及其家庭成员提供医疗、教育服务,鼓励正规职业医生开设诊所,鼓励开设新市民子弟学校,为新市民教育和医疗服务提供税收优惠和开设场地的政策支持。

在支持需求方面:设立针对新市民的住房金融机构,该类机构应采取股份公司形式,保持多家竞争的市场格局。机构的资金来源于新市民的低息存款和政府贴息债券;资金用途是针对新市民的低息贷款,贷款额度与新市民的存款时间和数量挂钩。

3. 房地产行业债务重组方案

推进房地产行业债务重组不仅是为了稳定房地产市场,也是当前和未来宏观经济稳定的重要保障。房地产行业债务重组成功的切入点是改善房企现金流,优化房企资产负债表,关键措施包括两个方面:一是确保房地产销售收入不过度下滑,有新的现金流支撑房企偿债;二是盘活房企现有的部分沉淀资产,减轻房企存量债务负担。与之相对应的政策主要包括两个方面。

推动住房抵押贷款利率市场化,缓解居民部门的偿债负担,稳定居民部门的购房需求。按照发达国家的平均水平,住房抵押贷款利率要高于同期国债利率1.5%左右。同样是银行为主的金融体系,德国和日本的住房抵押贷款利率与同期国债收益率的利差只有1.15%左右。

目前中国住房抵押贷款利率是按照 5 年的 LPR 利率为基准，2021 年第四季度个人住房贷款平均利率是 5.63%，同期 5 年期国债到期收益率均值是 2.75%，二者利差 2.88%。2021 年第四季度，个人住房贷款规模是 38.3 万亿元。参照发达国家 1.5% 的平均利差水平，房贷利率有 1.3~1.6 个百分点的下降空间，对应的居民房贷利息支出每年可减少 5 000 亿~6 000 亿元。

房贷利率下降带来的利息支出减少不仅可以缓解居民部门的偿债负担，改善居民的现金流，同时也可以稳定居民部门的购房需求。从历史数据看，居民部门的按揭贷款与住房抵押贷款利率有比较明确的负相关性。

"财政贴息+REITs"模式盘活沉淀资产，在化解房企债务风险的同时增加面向中低收入群体的住房供给。"财政贴息+REITs"模式的核心思路是借助金融市场，通过资产证券化的方式把房地产企业的部分沉淀资产转化为具有准公共资产属性的公共住房。这样既能够在一定程度上缓解房地产企业面临的债务压力，也能增加地方政府的公共住房供给。最初可以选择部分城市试点上述模式，待积累一定经验后，采取项目转化备案制并逐步向全国范围推广。

具体来说：第一步，允许房企沉淀资产转化用途，根据存量资产特征可选择做成保障房、长租房、公租房等具有准公共性质的住房产品。

第二步，由金融机构收购住房产品。

第三步，按照市场化原则实行项目制管理，引入职业经理人，对金融机构收购的住房产品做资产证券化处理（REITs、ABS、MBS）。职业经理人同时负责将住房产品通过出租或者出售的方式提供给享受住房政策保障的个体。

第四步，由财政为证券化产品提供贴息。如果项目提供的稳定收益现金流能保持在2%，财政贴息2%可以让该类金融产品具有市场吸引力。有限规模的财政贴息可以撬动和盘活大量沉淀资产，为大量家庭提供政策保障性住房。

第十章
金融补短板

在中国经济的结构转型过程中,居民、企业和政府的金融服务需求发生了重大变化。居民部门的收入和财富快速增长,对金融资产配置提出了新需求。企业投资和经营活动风险上升,以及政府收支缺口持续放大,对融资工具提出了新需求。

面对居民、企业和政府的金融服务新需求,当前金融体系在不断调整适应,但是金融服务供求不匹配现象仍然普遍存在。金融服务"正门不通走后门"的绕道现象凸显,一度表现为影子银行、同业以及大量通道业务的快速崛起。实体经济部门的金融服务需求没有被充分满足,还要为复杂的金融服务绕道付出更高的成本。实体经济活动风险没有被有效分散,仍然集聚在金融中介。一些金融中介通过缺乏监管的金融服务绕道放大杠杆和期限错配,增加了新的风险。

解决当前金融体系面临的问题需要依托两方面。一方面是完善金融监管,另一方面是金融补短板,更好地满足实体经济对金融服务的新需求。当前,金融补短板的角色尤为重要,没有金融补短板,实体经济需求变化只能通过更复杂的金融服务绕道实现,该过程花样百出,让金融监管部门处于被动救火的局面。金融补短板打开了金融服务的正门,不仅能更好地服务实体经济,对于遏制金融服务绕道带来的风险和挑战也是釜底抽薪。

金融补短板需要在金融产品和市场、金融中介以及金融基础设施方面做出大的调整。发展资本市场是满足金融服务新需求的必选项。当前需要迫切推进的金融补短板工作包括发展以权益类REITs产品为代表的标准化、长周期金融资产；推动税收优惠的个人养老金账户发展；提高地方政府债务限额，提高国债和地方政府债务在政府总债务中的占比，拓宽和规范基础设施建设的融资渠道。

这些举措可以帮助满足居民部门对养老保险日益迫切的投资需求，满足企业对风险投资的融资需求，满足政府对具有公益特征、长周期的基础设施投资需求。新的金融产品有助于避免金融风险过度集聚在金融中介部门，有助于避免金融服务绕道，从而有效降低融资成本和债务杠杆。

经济结构转型与金融服务新需求

1. 家庭部门

中国在经历收入赶超的同时，也在经历人均金融财富的赶超。2006 年全球中等金融财富人数有 4.6 亿，2021 年上升到 7 亿，增量部分的 80% 来自中国。[①] 2006—2022 年，中国家庭部门的金融资产从 24.6 万亿元增加到 230 万亿元，平均每个家庭达到 50 万元，

[①] 根据安联集团发布的《2022 年全球财富报告》，纳入全球中等金融财富的标准是当年全球人均金融财富均值的 30%~180%。2021 年全球人均金融财富均值为 41 980 欧元，折合人民币约 32 万元，进入全球中等金融财富的范围是 9.6 万~57.6 万元。

年均增速16%。①

国际经验显示，随着人均收入的提高，家庭金融资产/GDP 也随之提高。中国的人均金融财富与收入增长相匹配，不存在金融资产过度积累。2021 年，全球人均家庭金融资产/人均 GDP 是 3，美国、德国、法国、日本、韩国、印度的人均家庭金融资产/人均 GDP 分别是 5.1、2.2、2.7、3.8、2.4、1，中国截至 2022 年的数据是 1.9（见图 10.1）。

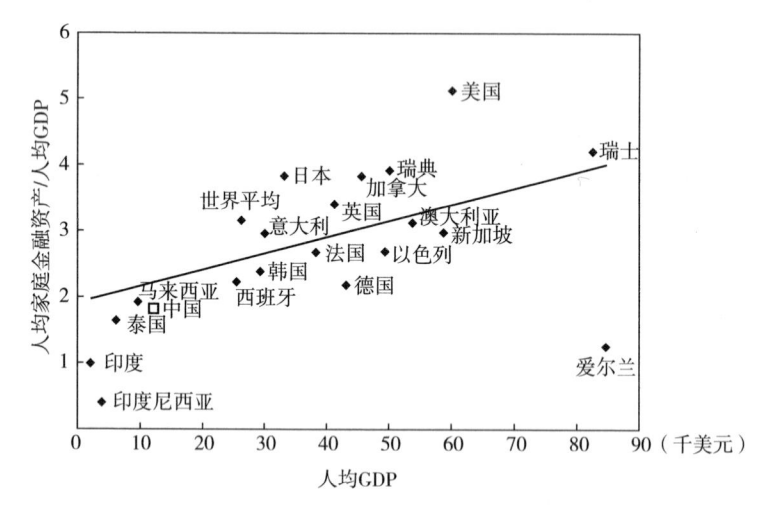

图 10.1　人均家庭金融资产/人均 GDP

资料来源：其他经济体数据来自《2022 年全球财富报告》，中国数据来自作者估算。

---

① 对中国家庭部门金融资产有多种估计，《2022 年全球财富报告》估计 2021 年中国家庭金融财富总额为 31.8 万亿欧元，折合人民币约 243 万亿元，但这份报告没有详细披露具体的估算口径和方法。我们这里的估计标准是截至 2022 年中国家庭部门金融资产（不包括房地产）合计约 230 万亿元。2012 年，中国人民银行金融稳定分析小组的《中国金融稳定报告（2012）》发布了 2004—2010 年我国家庭部门金融资产的存量数据，国家统计局各年统计年鉴中的资金流量表（金融交易）公布了我国家庭部门金融资产的流量数据。作者利用这两组数据，并利用基于历史数据测算的一些参数，对我国家庭金融资产的总量和结构数据进行整理测算。

与收入增长相匹配的家庭金融资产增长意味着家庭借助金融市场的发展分享经济增长红利。从国际比较看，中国家庭部门的家庭金融资产/GDP 与收入水平大致匹配，不存在家庭金融资产的过度积累。社会上流行的"中国存在货币超发"的观点，其主要依据是从国际对比角度看，中国的 M2/GDP 过高。中国家庭部门确实积累了较多的银行存款形式的金融资产，但是考虑到其他形式的金融资产欠缺，总的金融资产并未过度积累。

　　中国家庭金融资产中，现金、存款以及代客理财产品占比居高不下。中国家庭部门持有的金融资产形式主要包括以下几种：（1）现金、存款以及近似于银行存款的银行理财产品[①]；（2）证券，包括家庭部门直接购买的债券、股票和证券客户保证金，以及家庭部门通过购买基金份额间接持有的股票和债券；（3）保险准备金，包括五险（养老保险、医疗保险、失业保险、工伤保险和生育保险）、企业年金和职业年金以及个人商业保险等。[②] 截至 2022 年，现金、存款以及代客理财产品合计约 154.3 万亿元，在全部金融资产中占比约 67%；证券类金融资产约 48 万亿元，在全部家庭金融资产中占比约 21%；保险准备金约 27.8 万亿元，在全部家庭金融资产中占比约 12%（见图 10.2）。过去十年，养老保险准备金比例没有像国际经验显示的那样随着收入水平增长而增长。

　　从国际经验看，收入/金融财富水平的提高带来了金融资产配置结构的显著差异。随着家庭收入/金融财富水平的提高，从其他

[①] 理财产品的投向有债券（40%）、现金与存款（20%）、非标准化债券类资产（20%）以及权益类资产（20%），收益率有较大波动，但是家庭部门在购买理财的过程中往往得到较稳定的隐性投资收益承诺，投资收益率稍高于普通的银行存款且鲜有难以兑付的情况。

[②] 在全球金融资产的统计实践中，均把居民缴纳的养老保险金计入居民部门的金融资产。

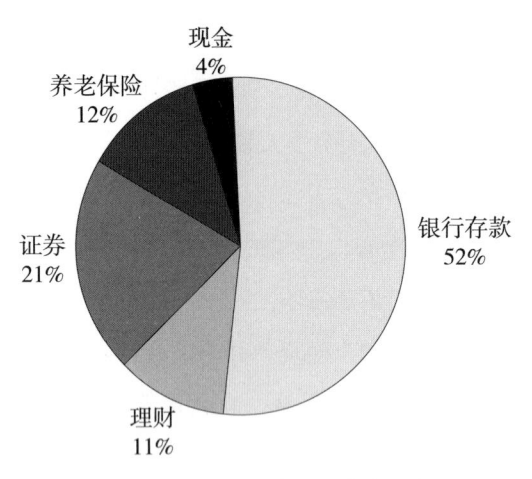

现金 4%
养老保险 12%
证券 21%
理财 11%
银行存款 52%

图 10.2 中国家庭金融资产分布

资料来源：中国人民银行，国家统计局，作者估算。

国家家庭部门的金融资产配置情况看，银行存款在全部金融财富中的占比会下降，养老保险的占比会上升，证券类金融资产的占比与收入水平没有明显的相关关系（见图 10.3）。这说明随着收入和金融财富水平的上升，家庭的金融资产配置对低风险、低收益且期限结构较短的存款类金融产品需求下降，对有养老保险功能、期限结构较长的金融产品的需求上升（见图 10.4）。国际上对养老保险金融产品多有税收方面的优惠政策，再加上养老保险类金融资产的收益率高于一般的银行存款，这是吸引家庭投资者配置养老保险类金融资产的重要诱因。

中国家庭部门金融财富在快速提升的同时，也对金融财富配置提出了新要求，但新要求没有被满足，最突出的缺口是养老保险类金融资产。 过去 15 年，尽管中国家庭部门的金融财富增长超过 7 倍，但是资产配置结构没有发生显著的变化。中国居民的金融财富过度集中在货币和银行存款以及类似银行存款的代客理财产品

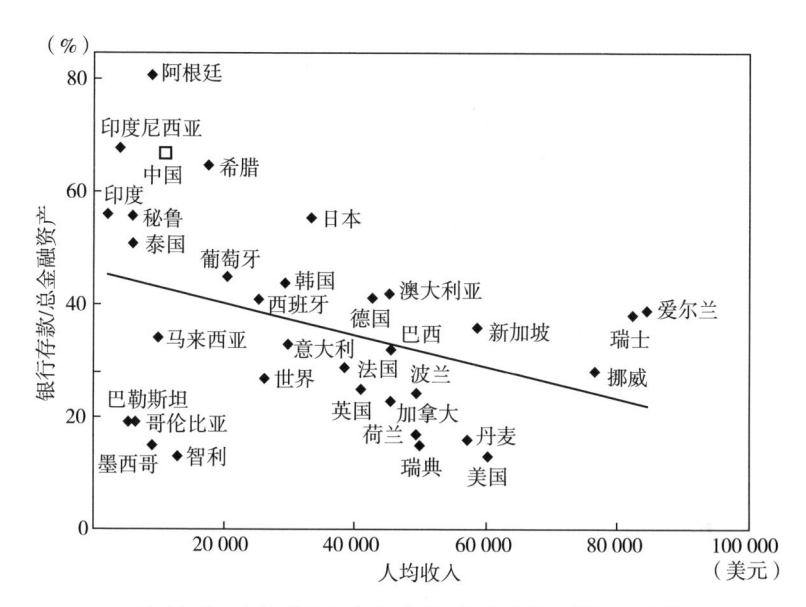

图 10.3　人均收入与银行存款/总金融资产的国际比较

资料来源：《2019 年全球财富报告》，《2022 年全球财富报告》，中国人民银行，国家统计局，作者估算。

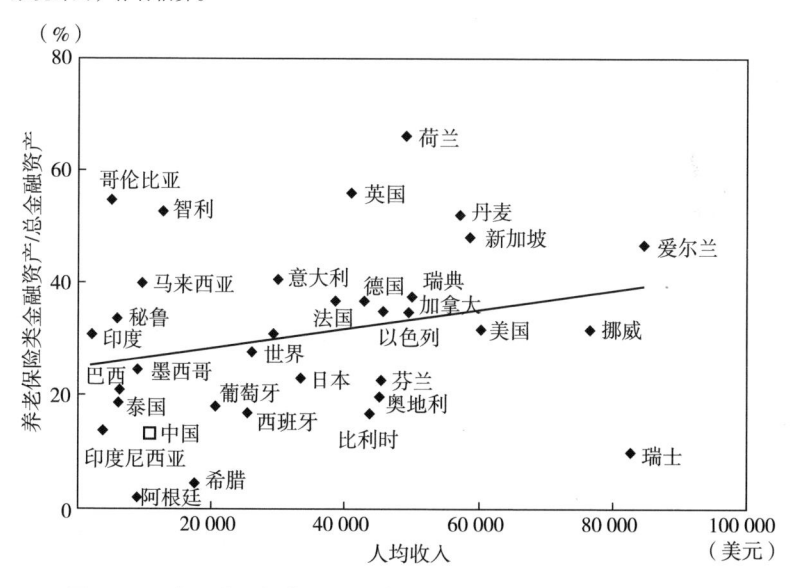

图 10.4　人均收入与养老保险类金融资产/总金融资产的国际比较

资料来源：《2019 年全球财富报告》，《2022 年全球财富报告》，中国人民银行，国家统计局，作者估算。

第十章　金融补短板　255

上，证券类金融资产偏低，最突出的缺口是养老保险类金融资产比例过低，且没有伴随中国的家庭财富增长相应提高。2006—2022年，中国银行存款产品在全部家庭金融财富中的占比虽然有所下降，但是下降幅度有限，仍然远远超过其他所有金融资产之和；养老保险类金融资产占比上升非常微弱，从2006年的9%上升到2022年的12%，养老保险类金融资产占比从全球范围看也处于较低水平（见图10.5）。造成上述局面的主要原因，并非中国家庭部门不愿持有比银行存款风险更高且期限结构更长的养老保险类金融产品，而在于缺少相应的政策引导配套措施以及养老保险类金融产品供给短缺。

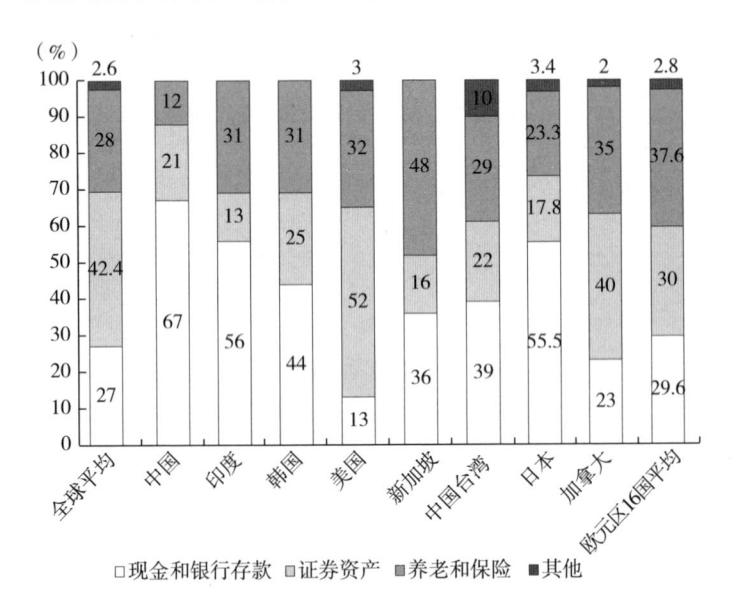

国家/地区	现金和银行存款	证券资产	养老和保险	其他
全球平均	27	42.4	28	2.6
中国	67	—	21	12
印度	56	13	31	—
韩国	44	25	31	—
美国	13	52	32	3
新加坡	36	16	48	—
中国台湾	39	22	29	10
日本	55.5	17.8	23.3	3.4
加拿大	23	40	35	2
欧元区16国平均	29.6	30	37.6	2.8

图 10.5　家庭金融资产配置的国际比较

注：这里把理财也纳入了银行存款。在银行理财产品的新管理规定下，这部分资产会更趋近于公募基金。

资料来源：《2017年全球财富报告》，中国人民银行，国家统计局，作者估算。

2022年以来，我国家庭部门面临的金融资产供需失衡问题更加严峻。一方面，房地产市场低迷使家庭部门减少购房支出并积累更多的盈余；另一方面，以股票为代表的风险资产价格持续低迷，导致家庭部门的金融资产向现金和银行存款集中的趋势更加明显。2022 年，我国新增居民存款高达 17.9 万亿元，其中新增活期存款 4.1 万亿元，新增定期和其他存款 13.8 万亿元。为鼓励居民增加养老金融类资产配置，近年我国在政策上做了一系列调整和尝试，例如推出个人养老金账户等。但个人养老金账户的额度每人每年只有 12 000 元，对增加个人养老金配置的促进作用有限。

2. 非金融企业部门

经济结构转型伴随着产业发展格局的显著变化。中国经济在 2010—2012 年跨过了工业化的高峰期，正在经历迈向更高收入水平进程中不可避免的经济结构转型。[①] 经济结构转型过程中的非金融行业的发展轨迹会发生以下几个方面的持续变化。

（1）投资从制造业转向服务业。中国经济在工业化高峰期之前，第二产业固定资产投资在全部固定资产投资中的占比持续提高，工业化高峰期以后则开始持续回落。2022 年第二产业固定资产投资在全部固定资产投资中的占比为 32%，较 2012 年 44% 的高点下降了 12 个百分点。2022 年第三产业固定资产投资占比为 65%，较 2012 年上升了 12 个百分点。

（2）人力资本密集型服务业的崛起。高收入国家的经验显示，并非所有服务业都在工业化高峰期以后出现更快的增长，只有技术密集型服务业才会更快增长。中国工业化高峰期以后的情况与此类似，从增加值增速看，工业化高峰期以后的中国人力资本密集型服务业增速快于 GDP 增速。

---

① 张斌. 从制造到服务：理论经验与中国问题［J］. 比较，2015（5）.

（3）制造业持续升级。跨过工业高峰期的制造业部门总体投资增速放缓，但是基于研发投入、生产和产品多个环节的证据共同显示中国的产业升级依然保持较快进程。① 在产业升级过程中，研发投入开支快速增长，从 2012 年到 2022 年，大中型工业企业的研发经费与工业增加值之比从 2.8%上升到 3.2%。

非金融企业经营活动风险提高且难以辨认。产业发展格局的显著变化，落实在企业层面是更多企业不得不从传统的劳动/资本密集型要素投入转向人力资本密集型要素投入。对于传统的劳动/资本密集型制造业：（1）需要厂房、设备等大量易于估值的有形资产投入；（2）普遍存在从生产到消费的时滞，这个时滞带来了订单、信用证的使用；（3）产品标准化程度高，存在可供学习的成功模板，易于从事复制生产，且面向全球市场，失败概率低。对于人力资本密集型行业：（1）需要大量难以估值的人力资本投入，有形资产投入较少；（2）生产和消费同时发生，没有时滞，很少使用订单、信用证；（3）标准化程度低，缺少可供学习的成功模板，难以从事复制生产，且主要局限在本地市场，失败概率高。

劳动/资本密集型企业在获取抵押品方面具有优势，容易与银行贷款形成对接，大型企业则可以借助债券市场获得更廉价的融资。而人力资本密集型企业在起步阶段，或者项目在开展初期面临较高的风险且缺少抵押品，难以获得债务融资，只能与权益投资形成对接。企业或者项目进入稳定发展期并积累了声誉以后，可以借助债券市场获得廉价融资。

---

① 参见张斌、邹静娴《中国经济结构转型的进展与差距》。http：//www.cf40.org.cn/uploads/PDF/CF40WP2017023a.pdf.

在过去相当长的一段时间里，权益类融资无法满足企业转型的发展需要，这是制约中国非金融企业融资的短板。截至 2023 年 7 月，国内金融市场为非金融企业提供的各种类型的融资存量中，贷款余额、债券融资余额和境内股票融资余额分别为 170 万亿元、31.4 万亿元和 11.2 万亿元，股票融资余额占比只有 6%，其余都是债务融资工具。

这不是完整的企业融资余额口径，更完整口径的资金流量表（金融交易）中的非金融企业外部融资流量数据只发布到 2015 年，目前还没有公开发布的存量数据。从 2011 年到 2020 年的资金流量表看，贷款和未承兑商业汇票、债券、股票、直接投资和其他项目在非金融企业新增融资中的平均占比分别为 64.3%、25.6%、8.1%、9.7% 和 -7.7%。

为解决企业部门权益类融资渠道短缺的问题，近年来中国在资本市场上做出了许多重大改革。一是推出了科创板。2019 年 7 月 22 日科创板正式开市，首批上市 25 家公司。截至 2023 年 6 月末，科创板累计受理企业超 930 家，上市超 540 家，首发融资额超 8 400 亿元。二是全面实行注册制改革。2023 年 2 月 17 日，全面实行股票发行注册制。截至 2023 年 8 月 16 日，A 股新增上市公司 205 家，首发募集资金 2 672.02 亿元。其中，50 家科创板公司募集资金 1 255.36 亿元，78 家创业板公司募集资金 850.67 亿元。三是大力推动私募股权和创投基金发展。2015 年 1 月，中国的股权和创业私募股权基金规模只有 1.68 万亿元，而到 2023 年 7 月已上升到 14.4 万亿元，增加了近 8 倍。

上述改革在一定程度上拓宽了非金融企业的权益类融资渠道，但迄今为止，中国非金融企业融资工具仍然过度依赖债务融资，权益类融资占比过低。与中国非金融企业融资结构形成鲜明对比的是，欧、美、日等发达经济体以及东亚的韩国和中国台湾，它们的股票及其他权益类融资在全部融资存量中的占比都在40%以上。中国迫切需要拓宽针对非金融企业的权益类融资渠道。这是从劳动/资本密集型行业向人力资本密集型行业转型的需要，也符合高收入经济体的国际经验，同时也是金融更好地支持科技创新的必由之路。

3. 政府部门

工业化高峰期以后，政府收入增速显著下降。政府收入与名义GDP增速高度相关，工业化高峰期以后的名义GDP增速下降，政府收入的主体部分，即公共财政收入增速也随之下降。2022年公共财政收入增速只有0.6%，是近30年来的最低点。不仅如此，作为广义政府收入的政府性基金收入、国有资本经营收入、社会保险基金收入增速近年来也在放缓。

财政支出增速下降，但财政收支差额仍快速放大，政府融资需求增加。随着公共财政收入增速下降，政府为了避免公共财政收支差额过快增长下调了财政支出增速。尽管如此，财政赤字余额/GDP还是快速上升。2022年公共财政支出增速为6.1%，财政收支差额/GDP达到了-4.7%，都是近30年来的最低点。政府融资需求快速增加，政府债务/GDP也随之快速上升。

政府仍面临较大支出压力和大规模融资需求。从国际经验看，高收入经济体在工业化高峰期以后，政府服务（基于国际标准产业分类3.1版，政府服务包括公共行政、国防、强制性社保、教育、健康和社会工作等）支出在GDP中的占比会持续快速提升。中国目前的政府服务支出在GDP中的占比显著低于高收入国家处在类似发展阶段时的水平。① 填补政府服务的短板意味着政府未来面临更大的支出增长压力，这些政府服务支出增长是进一步改善居民生活福利的必要保障。在给定财政收入的情况下，为满足日益增加的政府服务支出需求，政府可以选择减少建设投资支出以实现财政收支平衡。但是，中国不同于高收入经济体发展进程的一点是目前的城市化进程滞后，我国仍会面临推进城市化和相关基建投资的需求。给定政府收入增速下降和支出增长压力，政府未来会面临较大规模的融资需求。

债券融资和权益融资是政府融资工具的短板。中国的政府债务规模近年来快速增长，2020年广义政府债务/GDP达到80%～90%，狭义政府债务/GDP达到45.4%。② 在政府的众多融资工具中，债券融资的利息低且期限较长，这也是发达国家普遍采用的融资方式。而目前中国政府债券融资占比仍然较低。截至2022年，国债余额/GDP是29%，国债和地方政府债券余额在GDP中占比为50%，而欧、美、日等发达经济体的占比分别达到了75%、112%和197%。

缺少与庞大基础设施建设规模相匹配的融资配套机制。截至2022年，中国基建投资规模达到21万亿元③，基建项目的内部结

---

① 参见张斌、邹静娴《中国经济结构转型的进展与差距》。http://www.cf40.org.cn/uploads/PDF/CF40WP2017023a.pdf.

② 对中国广义政府债务的估算口径不一，这里采用了国际货币基金组织2022年第四条款年度磋商报告的估算。参见 https://www.imf.org/en/Publications/CR/Issues/2023/02/02/Peoples-Republic-of-China-2022-Article-IV-Consultation-Press-Release-Staff-Report-and-529067。

③ 2018年之后国家统计局停止公布基建投资的绝对规模，此处是根据增速倒推得到的绝对值。考虑到基期值和统计数据挤水分的影响，该结果或许存在一定程度的高估，但量级不会有太大差异。

构也在持续变化①，原来作为基建代名词的铁路、公路、机场的投资规模占比持续下降。2013年以来基建投资中占比最高的是公共设施管理业，占据了基建投资的半壁江山。在基建投资的资金来源中，预算内资金占16.8%，国内贷款占11.2%，主要来自自筹资金和其他资金，而这些资金中的一大部分借助融资成本较高且期限较短的地方平台公司债、影子银行贷款以及信托和其他非银行金融机构贷款，这些高成本且期限结构较短的资金来源构成了地方政府隐性债务的主要来源。

供求失衡与金融服务绕道

供求匹配的金融服务大路还不通畅，导致实体部门和金融中介通过绕道方式满足新的需求变化。家庭部门投资在绕道，企业和政府融资也在绕道，商业银行和非银行金融机构则是寻找绕道的服务中介。金融服务中介的绕道业务是在金融中介之间以及金融中介和实体经济部门之间建立复杂的债权债务关系。金融中介从中获得了较高的利润，同时也承担了较高的风险，实体经济部门则为此承担了更高的融资成本和更高的债务杠杆率。

房地产成为家庭养老和保险的替代金融投资工具。 从前面的

---

① 基建投资主要包括三类：（1）电力、热力、燃气及水的生产和供应业，（2）交通运输、仓储和邮政业，（3）水利、环境和公共设施管理业。公共设施管理业（包括市政设施管理、供水设施管理、公交设施管理、园林设施管理、环卫设施管理等）在全部基建投资中占比最大，2016年达到37.3%。从增速变化看，2013年以来（1）和（2）持续下降，（3）的增速高于（1）和（2）且没有持续下降，2016年（1）（2）（3）的增速分别达到12%、10%和23%。

国际经验中可以看出，随着居民部门金融财富水平的提高，财富的配置方式也会发生变化，中国也不例外。中国居民部门快速增长的金融财富不再满足于低风险、低收益的银行存款。在更高的金融资产水平上，居民部门愿意持有更多高风险、高收益的金融投资产品，愿意持有长期、带有养老和保险功能的金融投资产品，但由于这些金融服务需求得不到满足，因此对金融资产的需求转向房地产。房地产成为高风险、高收益的金融投资产品以及养老和保险金融投资产品的替代投资工具。

对房地产旺盛的投资需求也支撑了高房价，并催生了房地产的高周转模式。这一机制在前面围绕房地产问题的分析中已有详细论述。每当政府为房价过高而采取对房地产信贷的遏制政策时，房地产部门就不得不借助更高成本和更扭曲的方式得到融资。房地产部门一直都是金融服务中绕道业务的重要客户。2022年以来，随着房地产市场大幅降温，房地产企业债务问题成为悬在中国金融系统之上的"达摩克利斯之剑"，为房地产提供融资的金融产品面临巨大压力。

企业融资工具不匹配加剧企业融资难和融资贵。 企业投资过度依赖以银行贷款为代表的债务融资工具，权益类融资发展滞后，这使得中国企业债务保持在较高水平。这种情况如果发生在工业化高峰期以前，问题还不严重，因为那时的劳动/资本密集型制造业正处于快速扩张期，利润增长有保障，对银行而言也有相对充足的抵押品。但是在工业化高峰期以后，情况会大不相同。

传统企业面临结构转型的挑战。银行对企业发展前景缺乏信心，对厂房设备这些抵押品的价值评估动摇，导致企业从银行获取贷款更加困难，为了获取资金不得不付出更高成本。

新企业/新业务往往是缺少抵押品且高风险的经营活动，银行的传统贷款业务很难评估这些经营活动的风险，因而也很难提供贷款。权益类融资因为总体规模有限，也难以对新企业/新业务的发展提供充分支持。企业融资需求在传统银行贷款模式和权益类融资模式中双双受阻，部分融资需求只好借助于银行与非银行金融机构合作的更复杂的金融服务绕道。企业要为这些金融服务绕道支付更高的融资成本。过高的融资成本使企业投资愈发无利可图，企业投资需求也因此被抑制。

政府融资工具不匹配抬升政府债务成本。政府融资工具不匹配主要体现为以政府信用为依托的债券融资不充分。中国经济的发展仍需要进一步推进城市化进程，需要大量基础设施，这些基础设施需要低成本、长周期的债务融资工具。而政府并没有充分利用其信用优势降低融资成本，地方政府债务中的40%来自地方平台公司债、影子银行贷款以及信托和其他非银行金融机构贷款，这些高成本的中短期融资工具不仅增加了融资成本，也降低了债权债务关系的透明度，加剧了金融风险。

对于一些政府支持并且有较高收益的建设项目，可以通过权益融资方式吸引社会公众投资，有效降低融资成本和政府债务水平。中国近年来推进的政府和社会资本合作（PPP）模式是对权益融资方式的尝试，但实质进展有限。根据国际货币基金组织的报告，大多数政府和社会资本合作项目集中在传统的公共基础设施领域（80%以上），其合作方通常由政府控制（纯私人合作方仅占投资的30%左右）。[①] 合作方的范围包括政策性银行、政府性基

---

① http://www.imf.org/~/media/Files/Publications/CR/2017/Chinese/cr17248c.ashx.

金、私人资本和其他国有实体，如中央和地方国有企业，甚至地方平台公司。2016 年底，政府和社会资本合作项目的资本值达到 GDP 的 27%，实施部分却不足五分之一。

在金融不匹配造成的问题中，政府投融资渠道不匹配是当前最突出也最值得重视的问题。由于缺乏有效的直接融资渠道，借助地方平台公司从地方银行获得贷款成为地方政府的主流融资模式。其结果是地方政府隐性债务风险与地方金融稳定牢牢绑定在一起。

尽管地方政府隐性债务问题已经开始暴露，但是其剧烈程度和公开性远不如房地产企业的债务风险。地方政府不同程度的隐性担保一直存在，结果是银行部门在缺乏资产的情况下，非但没有减少对地方平台公司债的配置，反而选择将更多的资金投向地方平台公司。这些资金既包含向地方平台公司直接提供的贷款，也包含认购的地方平台公司债。

供需失衡带来的金融结构失衡问题还会逐渐升级，在此过程中，金融风险不断积累。居民部门由于缺乏养老保险类金融资产，而且对房地产配置的热情也在迅速下降，叠加风险资产的收益率偏低，只能将越来越多的资产集中在银行存款。对银行来说，负债端积累了越来越多的居民存款，资产端又越来越缺乏实体融资需求（实体融资需求既包括企业融资需求，也包括居民的按揭贷款需求），因此为维持基本的贷款增速，银行将更多资金投向地方平台公司。地方平台公司主要从事带有一定公益项目特征的长周期基建投资，这些投资的商业回报率很低。所有这些加在一起，导致银行资产质量堪忧，金融风险不断积累。

金融补短板

金融补短板的关键内容是把目标明确、权责匹配的专业化决策机制落在实处。政策目标尽可能单一、合理分工和专业化决策是实现目标的根本保障。金融补短板应在金融产品及其市场、金融中介和金融基础设施方面做出大的调整，需要大量的改革和长时间的市场培育，所涉及的也不仅是金融领域。以下重点讨论当前比较迫切的金融补短板内容。

（1）推动以REITs为代表，能带来现金流的长周期、标准化的基础金融资产。REITs的全称是房地产投资信托基金（Real Estate Investment Trusts），是通过发行信托收益凭证汇集资金，交由专业投资机构进行房地产投资经营管理，并将投资收益按比例分配给投资者的一种信托基金。可以用于发行REITs的资产包括租赁房、工业园区、度假公寓、办公楼、仓储中心、商场等所有能够产生长期稳定现金流的不动产和基础设施。REITs有多种类型，国际上占主导的是权益型REITs，与股票类似。

权益型REITs为居民部门提供中长期金融投资工具，为企业和政府的不动产投资找到权益型融资工具，降低企业和政府杠杆率，降低金融中介风险，是同时解决居民、企业和政府金融服务供求失衡的有效工具。不仅如此，无论是存量不动产还是新建不动产，借助REITs可以改善对不动产管理的激励机制，把不动产交给更专业的管理者，提高不动产管理的质量和收益水平，实现更好的资源配置。

REITs具有广阔的发展空间。美国REITs占GDP的比重在

6.7%左右，如果中国也能发展到类似水平，对应的是超过 5 万亿元的市场规模，等同于中国股票市场建立以来的融资规模。北京大学光华管理学院的《中国不动产投资信托基金市场规模研究》指出，中国公募 REITs 的规模可以达到 4 万亿~12 万亿元。[1] 此外，REITs 主要对接不动产项目，而中国固定资产投资中的 70%是建筑安装类投资，远高于美国和其他发达国家，这种投资模式意味着 REITs 在中国有更大的发展空间。

推动 REITs 发展需要两方面的政策支持。[2] 一是税收政策支持，按照国际惯例，REITs 将 90%以上的应税所得分配给投资者时，免征企业所得税；REITs 经营中包含物业出租时，免征房产税；REITs 发行过程中需新增缴纳的土地增值税、企业所得税、契税递延转让给第三方时进行税务处理。二是金融政策支持，为 REITs 设立单独备案通道，制定相应的审核、发行规定；对租赁经营管理情况良好、市场认可的项目，允许发行无偿还（赎回）期限、无增信措施的产品；允许公募发行；允许公募基金投资 REITs 产品。

（2）发展税收优惠的个人养老金账户。从国际比较看，中国家庭部门金融资产中的养老保险类资产不仅规模小，且养老保险类资产的配置比例也非常畸形。现有的养老保险类资产主要来自

---

[1] 参见 http://www.gsm.pku.edu.cn/2.pdf。
[2] 发展 REITs 有两种模式。一种是企业发行 ABS、以资产支持专项计划名义发行的类 REITs，允许公募基金购买。这种模式不要求现行法律有太大突破，但本质上还是债权融资，附带本金偿还（赎回）期限，并且要求提供抵押、担保等增信措施，对企业吸引力不大。另一种是标准的权益型 REITs，类似股票，需要对现行法律做较大突破。

社会统筹账户建立的公共养老金，企业和职业年金规模很小，个人养老金规模更小。① 从国际经验看，带有税收优惠的个人养老金账户有三个特点：一是税收递延优惠，二是个人账户，三是个人投资选择权。个人养老金是养老体系的重要组成部分，在中国也有巨大的发展空间。现有每年 12 000 元的额度远不能满足居民部门将养老金作为重点金融资产的配置需要。

发展个人养老金账户满足了家庭部门对养老保险类金融资产的需求增长，有助于减少对房地产的投资性需求，也为实体经济发展提供了长期资金。此外，从国际经验看，养老金多关注中长期投资，投资风格相对稳健，是资本市场发展的支柱力量，有助于熨平资本市场的短期剧烈波动。金融市场要提供有更多选择余地、期限结构较长的基础金融资产，以及培育长周期资产配置和风险管理，开发出满足不同人群生命周期需求的专业养老金管理机构。

（3）提高政府债务限额。提高国债和地方政府债务在政府总债务中的占比，拓宽和规范基础设施建设融资渠道。考虑到各级政府出于弥补公共服务缺口和推进城市化的需要，未来仍面临着规模庞大的融资需求，需要尽可能地使用低成本的国债和地方政府债务满足这些融资需求，避免地方政府利用复杂的通道业务获取高成本、期限错配的资金。通过建设项目的专项债、基建项目 PPP 和 REITs 等多种方式拓宽基建融资渠道，不仅能降低基建的债务成本，还能利用市场力量对项目进行评估和监督。

---

① 公共养老金大概占养老金总量的 78%，企业和职业年金占总量的 8%，个人养老金只占 4%，这个结构比例严重失衡。

第十一章
提高金融业的性价比

第十章重点讨论了我国金融业可以在哪些方面更好地服务实体经济，本章重点讨论金融业要做出怎样的改变，才能为实体经济提供更具"性价比"的金融服务。

在相当长的时间里，我国金融业也有"三高"特点，即高盈利、高薪酬和高税收。金融业增加值在 GDP 中的占比远高于同等收入国家和发达国家。金融业高增加值主要来自银行业。银行业的高盈利是高薪酬和高税收的支撑，高盈利有合理的成分，也有不合理的成分。消除银行盈利中不合理成分的改革措施包括住房抵押贷款利率市场化、存款利率市场化和基础设施投融资体制改革，这些改革带来的银行业对其他部门的让利空间超过 1 万亿元。需要关注改革带来的风险集中爆发，可以通过在某些区域、某些领域局部试点的方式推进改革。

高盈利、高薪酬、高税收的中国金融业

中国非金融部门对金融服务支付了高额成本。2020—2022 年，中国金融业增加值在 GDP 中的占比均值为 8%，不仅超过了同等收入水平的国家，也超过了发达国家的平均水平 5.1%（见

图 11.1）。从收入法核算 GDP 的角度看，金融业增加值在 GDP 中的占比越高，说明该国金融业获得的收入在总收入中的占比越高。从生产法核算 GDP 的角度看，金融业增加值在 GDP 中的占比越高，说明其他部门对金融业支付的成本越高。如果金融服务供给的数量和质量很高，其他部门从中获益很多，为此支付更高成本是合理的。如果金融服务供给的数量和质量并不高于其他国家，金融业增加值在 GDP 中的占比过高则说明该国金融业的性价比较低。回到中国的情况看，如果中国金融业提供的服务数量和质量并不好于大部分发达国家，金融业增加值在 GDP 中的占比过高则说明中国的非金融部门向金融部门支付了过高的成本。

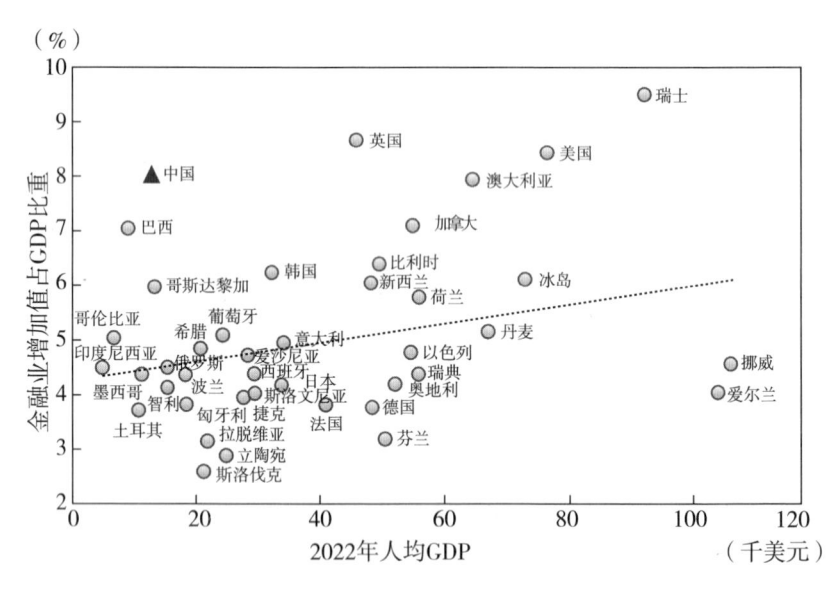

图 11.1　金融业增加值占比与人均 GDP

注：金融业增加值占比数据来自 OECD，取 2020—2022 年平均值（个别国家无 2022 年数据，取 2019—2021 年平均值）；人均 GDP 数据来自世界银行，为 2022 年人均 GDP。

资料来源：OECD，世界银行。

中国金融业是利润大户，金融业利润在全部企业利润中的占比远高于其他国家。从收入法看，金融业增加值分为营业盈余、生产税净额、劳动者报酬和固定资产折旧四个部分，固定资产折旧相对较低。根据 OECD 的可比数据，中国金融业营业盈余在全部企业营业盈余的占比达到 13.7%，不仅远远超出了同等收入水平的国家，也超过了高收入水平国家和地区的平均水平（5.3%）。[①]

中国金融业从业人员的相对薪酬远高于其他国家。考虑到各个国家发展水平的巨大差异，我们用银行业人均薪酬/人均 GDP 反映该国银行业从业人员的相对薪酬水平，2019 年中国银行业从业人员的相对薪酬平均约为 5，远高于发达国家的平均水平 2.3，高于所有样本国家：韩国（3.5）、英国（3.1）、法国（2.8）、德国（2.2）、加拿大（2）、美国（1.9）、日本（1.8）、新加坡（1.1）。我们这里的银行业样本包括资产规模较大的五大国有银行、全国性股份制银行和部分城市商业银行、农村商业银行等 140 家银行。在 2022 年的上市银行中，股份制银行、城市商业银行、农村商业银行和国有大型商业银行的人均劳动报酬分别为 51 万元、43.2 万元、38.4 万元和 35.6 万元，分别约是 2022 年人均 GDP 的 6 倍、5.1 倍、4.5 倍和 4.2 倍。

中国金融业纳税在全部税收中的占比处于中等偏上水平。

[①] 样本中共 42 个高收入国家和地区：卢森堡、瑞士、爱尔兰、挪威、冰岛、美国、新加坡、丹麦、澳大利亚、荷兰、瑞典、奥地利、中国香港、芬兰、德国、加拿大、比利时、以色列、英国、新西兰、法国、日本、意大利、韩国、文莱、西班牙、马耳他、塞浦路斯、斯洛文尼亚、爱沙尼亚、葡萄牙、沙特阿拉伯、捷克、希腊、立陶宛、斯洛伐克、拉脱维亚、匈牙利、波兰、智利、克罗地亚、罗马尼亚。

2015年中国生产税净额在全部企业生产税净额中的占比达到8.26%。从国际比较看，中国生产税净额占比整体处于中等偏上水平，高于大部分同等收入水平国家。

理解中国银行业高盈利、高薪酬和高税收的三高特征，关键是理解金融业的高盈利。高盈利是高薪酬和高税收的源头和支撑。金融部门包含三个子门类，分别是货币金融和其他金融服务、资本市场服务、保险。其中，货币金融和其他金融服务主要是指银行业。2017年和2020年，货币金融和其他金融服务业的增加值占金融业增加值的比重分别是77.9%和80.5%，是金融业增加值的主要组成部分。理解中国金融业的三高特征，关键是理解中国银行业的三高现象。下面首先讨论银行业的高盈利从何而来。

银行业的高盈利

中国银行业高盈利并非来自更高的ROA（资产回报率）和ROE（净资产收益率）。中国银行业的ROA和ROE与国际同行相比并不算高。2000—2021年，中国银行业税前ROA持续低于世界平均水平，仅在2009年及2012—2014年高于世界平均水平。[①] 与不同收入国家比较看，中国银行业税前ROA也长期低于低收入、中高收入和中低收入国家。中国银行业税前ROE自2002年起长期高于世界平均水平。在较低的ROA水平上，中国银行业主要凭借

---

① 2009年中国银行业税前ROA为1.2%，世界平均水平为0.7%；2012—2014年，中国银行业税前ROA分别为1.8%、1.7%、1.6%，世界平均水平分别为1.7%、1.6%、1.5%。

巨大的资产和负债规模扩张才能获得如此高的盈利，而资产和负债规模扩张则来自中国经济高增长及其伴随的信贷高增长。

了解银行业的资产和负债结构，可以为银行业的高盈利找到更具体的来源。

1. 负债结构

银行部门负债的主体部分是家庭存款和单位存款，占银行全部负债的比重分别为33%和27%（见图11.2）。此外，银行负债还包括了对央行和其他金融机构的负债、债券发行以及其他负债。

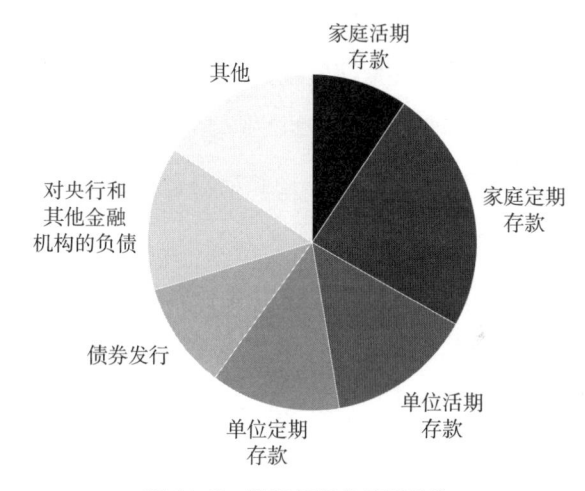

图 11.2　银行部门负债端结构

资料来源：Wind。

在商业银行的各种负债中，对其他金融机构的负债、债券发行和单位存款的负债市场化程度较高，成本相对较高；部分居民存款利率一定程度上受到利率管制政策的影响，市场化程度相对较低，负债成本也相对较低。

2. 资产结构

银行部门资产的主体部分是对居民部门的债权和对非金融机

构的债权，前者主要是对居民部门的贷款，在银行全部资产中占比22%；后者主要是对非金融企业各种形式的贷款，在银行全部资产中占比41%。此外，银行的资产还包括对其他存款型金融机构和其他金融机构的债权、储备资产和其他资产。

在商业银行的各种资产中，对企业贷款、对其他存款型金融机构和其他金融机构债权的收益率市场化程度较高，对居民部门的部分抵押贷款和储备资产不同程度地受到利率管制政策的影响。

银行对居民部门的贷款在2022年之前持续增长，这一阶段居民贷款在全部贷款中的占比持续上升。2022年以来受房地产市场调整的影响，居民贷款占全部贷款的比重有所下降。住房贷款是居民贷款的主要组成部分。截至2023年，居民贷款累计80.1万亿元，其中消费贷款57.9万亿元，中长期消费贷款主要是住房抵押贷款，2023年底为38.17万亿元。

银行对非金融企业的贷款广泛分布在各个产业。从贷款规模的比重看，依次是基础设施（33%）、制造业和采矿业（21%）、建筑业和房地产业（16%）、批发和零售业（11%）、其他服务业（5%）以及农林牧渔业（1%）。对基础设施行业的贷款包括三个行业，分别是电力、燃气及水的生产和供应业，交通运输、仓储和邮政业，水利、环境和公共设施管理业。

对制造业和采矿业的贷款以短期贷款为主，中长期贷款占比只有30%左右，这表明银行对工业部门的贷款主要来自流动性管理的需求。对批发和零售业、租赁和商务服务业的贷款大多也以短期贷款为主，主要用作流动性管理。对基础设施、建筑和房地产的中长期贷款占比较高，这些行业同时也是中国新增固定资产投资中占比较高的行业。

不良贷款主要集中在制造业，批发和零售业以及交通运输、仓储和邮政业。2010 年至今，上述行业的不良贷款率在上升，其余行业的不良贷款率在整体下降。2020 年，不良贷款率最高的行业是批发和零售业以及制造业，分别为 4.1% 和 5%，这也是民营中小企业比较集中的两个行业。交通运输、仓储和邮政业的不良贷款率从 2019 年的 1.2% 迅速抬升至 2020 年的 3.9%。个人的不良贷款率只有 0.8%。不良贷款率最低的是水利、环境和公共设施管理业，只有 0.1%。

3. 盈利来源

对居民的贷款：银行的营业收入主要来自各种类型的贷款利息。居民的住房抵押贷款不良率极低，收益率较高且非常稳定，这是银行业当前最重要的盈利来源之一。对居民的消费贷款，比如信用卡贷款、汽车贷款和其他个人贷款不良率较高，达到了 1%~3%，贷款利率较高（根据不同抵押条件和贷款人资质，集中在 5%~15%），这也成为银行业新增的重要盈利来源。

对企业的贷款：对制造业以及批发和零售业（企业贷款中占比 32%）的贷款中，短期流动性贷款比重较高，贷款的不良率高达 4%~5%，贷款利率市场化程度较高，虽然高不良贷款率使贷款利率处于高位，但银行难以从这些行业中获得明显的盈利。对基础设施行业的贷款（企业贷款占比 33%）期限长、收益率稳定且不良率长期较低，是银行对企业贷款中最重要的盈利来源。对建筑和房地产（企业贷款占比 16%）、租赁和商业服务业（企业贷款占比 13%）的贷款虽然不良率稍高，但也是银行重要的盈利来源。

利率管制的政策红利

银行业的盈利包括了合理盈利部分，也包括政策红利带来的盈利部分。政策红利带来的盈利部分主要是指那些由于政策管制或者特定的制度安排带来的银行盈利，这些盈利在市场充分发育和充分竞争的环境下难以存在。

随着利率市场化进程的不断推进，许多显性的利率管制措施已被取消。2013年7月20日，央行取消了金融机构贷款利率（基准利率）0.7倍的下限。2015年10月24日起，央行取消了对商业银行和农村合作金融机构等的存款利率浮动上限。对非金融企业，银行的贷款利率基本实现了市场化定价。银行主要依据贷款企业的实际经营状况和抵押品价值来确定贷款额度和利率。对居民部门，无论是存款利率还是个人住房贷款利率，还存在一定程度的利率管制。一方面，银行存款利率仍面临隐性干预，如央行的窗口指导或市场自律机构的约束。从实际情况看，商业银行存款利率最高上浮30%~40%，其中大型商业银行最多上浮1.3倍，中小银行上浮1.4倍。另一方面，个人住房贷款利率与LPR完全挂钩，二套房的上浮标准也受调控政策限制，银行在发放住房抵押贷款时很少采用利率这一价格手段竞争。

1. 住房抵押贷款利差偏高

在住房抵押贷款市场缺乏竞争的环境下，银行业从住房抵押贷款中获得了高额盈利。我们选取了主要经济体的数据，计算住房抵押贷款利率与同期国债收益率（以此大致反映银行的融资成本）的利差。2015年至2020年第二季度，中国住房抵押贷款利率与国债收益率之差显著高于大部分经济体，只有澳大利亚和加拿大的利差高于中国（见图11.3）。平均而言，中国比发达国家和地区的利差均值高出了 50~100 个基点。如果只考虑美国、日本和德国三个经济体，中国比它们的利差高出了 100 个基点，而日本和德国同样是银行主导的金融体系。

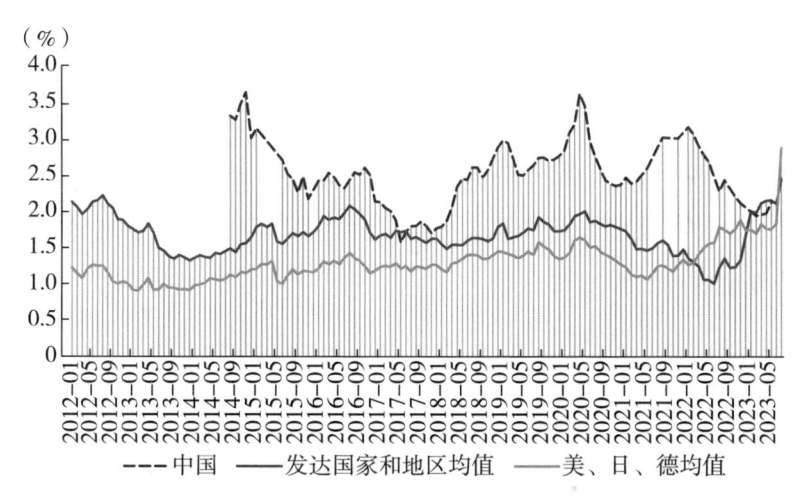

图 11.3 住房抵押贷款利差：中国与发达国家和地区的对比

注：发达国家和地区包括美国、日本、德国、加拿大、韩国、新加坡、澳大利亚以及中国台湾。

资料来源：Wind。

在给定的负债成本下，中国银行部门对居民部门收取更高的房贷利率并非因为中国的住房抵押贷款风险更高。我国房贷对首付比例的要求比较高，一套房至少 30%，二套房更高，实际的平均首付比例比政策要求还要高。国内银行承担的实际违约损失其实非常小，即使出现了违约，高首付比也为银行提供了很好的缓冲垫，银行在处置抵押资产时面临的损失风险并不高。中国房贷违约率远低于美国大于 2% 的违约率，低于澳大利亚接近1%的抵押贷款违约率，与加拿大的住房贷款违约率接近。

2. 现行存款基准利率持续低于类存款金融产品利率

在过去数年中，理财产品有充分的市场竞争且存在刚兑性质，这给了我们一个可以比较的居民获得的市场化存款收益率与银行存款收益率。在相当长的时期内，我国1年期定期存款基准利率基本是其他定期类金融资产收益率的底线，显著低于其他市场化竞争程度较高的类似金融资产的收益率（见图11.4）。大型商业银行1年期存款利率在存款基准利率的基础上有一定上浮，即便上浮以后的利率在大多数时间里也远低于其他市场化竞争程度较高的类似金融资产的收益率。

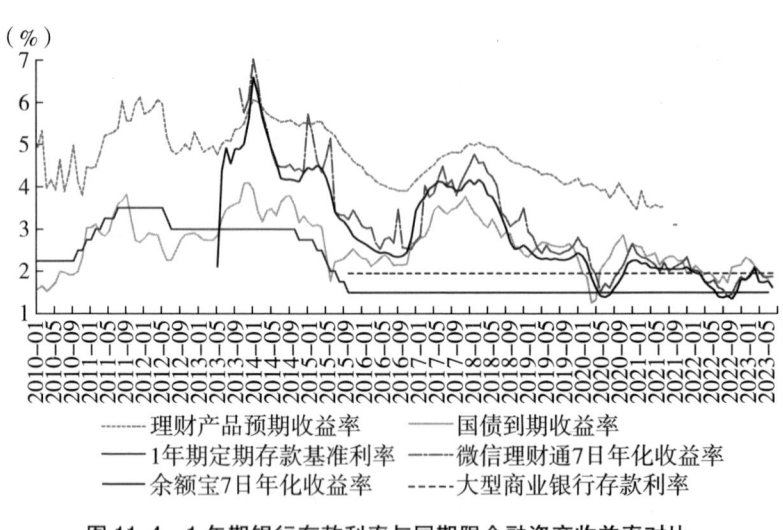

图11.4　1年期银行存款利率与同期限金融资产收益率对比

资料来源：Wind。

3. 政策红利盈利的估算

住房抵押贷款利率市场化。按照发达国家的平均水平，住房抵押贷款利率大概要高于同期国债利率 1.5 个百分点。同样是以银行为主体的住房金融体系，德国和日本的住房抵押贷款利率与同期国债收益率的利差只有 1.15 个百分点左右。目前，中国住房抵押贷款利率以 5 年期的 LPR 为基准，2020 年第二季度个人住房抵押贷款平均利率是 5.42%，第二季度 5 年期国债到期收益率均值是 2.2%，二者利差约为 3.2 个百分点。个人住房抵押贷款规模是 32.5 万亿元。如果参照发达国家住房抵押贷款利率与国债利率 1.5 个百分点的平均利差水平，中国需要把房贷利率下降 1.7 个百分点，居民房贷利息支出会减少约 5 500 亿元。

居民存款利率市场化。2020 年第二季度居民部门定期存款为 59 万亿元，包含一般定期存款、大额存单和结构性存款三个部分。结构性存款大概有 3.6 万亿元，这部分不受利率政策限制，利率水平与同期理财大致相当。一般定期存款和大额存单在安全性方面和流动性方面都低于国债，但是这类存款的基准利率和经过银行上浮以后的收益率低于同等期限结构的国债收益率。以 1 年期定期存款为例，其基准利率为 1.5%，商业银行在基准利率基础上有一定的上浮比例，目前普遍在 2.1%~2.2%；大额存单最高能比基准利率高 50%（有银保监会的窗口指导），大概在 2.2% 左右；1 年期国债收益率在 2.6% 左右。通过更进一步的存款市场化竞争，一般定期存款和大额存单不低于相同期限结构的国债收益率水平，居民部门利息收入增加 2 400 亿元。

综上，如果取消现行的利率管制措施，实现进一步的利率市场化，银行将向居民部门让利大约 8 000 亿元。

政府投资项目的政策红利

1. 地方平台公司与银行之间的"双赢游戏"

地方政府的融资方式主要是发债,包括一般债和专项债,这两者通常被称为地方政府的显性债务。这两类地方政府债的发行规模受到严格限制,远不足以支撑地方政府的基建投资需求。为满足基建投资的资金需求,地方政府还通过地方平台公司获取资金,主要融资方式有三种:一是地方平台公司债,二是从银行获取的贷款,三是从信托等非银行金融机构获取的资金。

地方平台公司融得的资金,大部分用于基建项目。半数的基建投资以城市公共设施为主,具有公共品或者准公共品性质,这类基建投资普遍缺乏现金流支撑,偿债能力较差。尽管如此,银行是地方平台公司的重要资金来源,银行与地方平台公司之间形成了某种形式的"双赢游戏"。在过去很长一段时间里,地方平台公司依托地方政府信用不断从银行获得融资支持,用于付息或者新增投资。银行通过向地方平台公司提供连续融资,后者就可以向银行支付利息,银行从中也获得了不菲盈利。

我们通过以下步骤估算了地方平台公司的债务状况。(1)用发行债券的地方平台公司的带息债务余额衡量其债务规模。(2)用中国信托业协会公布的资金信托项目投向基础产业的资金余额来衡量相关地方平台公司的信托融资规模。(3)选取了在银行间、交易所公开发行公司债券的各地 3 600 余家地方平台公司,并通过资产负债表中的借款减去信托融资,估算贷款规模。

通过以上估算得到,截至 2023 年第二季度,地方平台公司三大有息债务约56.3万亿元，其中贷款占比最多，约39.3万亿元；其次是城投债券，约15.4万亿元；信托融资约1.6万亿元。

在地方政府隐性债务的融资成本测算方面，城投债券用当季的平均发行利率，信托融资成本用当季基建信托产品预期收益率均值加上信托公司的收益，贷款成本用每季度的金融机构一般平均贷款利率。公司债券成本最低，贷款次之，信托融资最高。2019年以来，公司债券占隐性有息负债的比重在上升，而信托融资受监管约束，占比在不断下降。银行贷款的占比最多，比例也相对稳定，在65%左右。

2. 政策红利的估算

将地方平台公司的债务替换为地方政府一般债或者专项债，可以大幅降低地方政府融资成本。以债务规模占比为权重，可以计算出地方平台公司的有息负债的综合成本，并与政府显性负债成本进行对比。显性债务成本十分稳定，年利率维持在3.3%左右；地方平台公司的债务成本在近3年有所下降，但仍比显性债务的融资成本高1.2%~1.5%。

为了降低地方政府的融资成本，如果将所有地方平台公司的有息债务替换为地方政府一般债或者专项债，给定当前56.3万亿元的债务规模以及高于显性债务成本1.2%~1.5%的利率，将会为地方政府减少0.67万亿~0.84万亿元的利息成本。对银行部门而言，假定银行从过去持有对地方平台公司的贷款转而持有地方政府一般债或者专项债，利息损失为4 700亿~5 900亿元。

通过进一步的存款利率市场化改革和地方平台公司债务置换，商业银行向居民、企业和政府的让利规模为1.3万亿~1.4万亿元。

金融对实体经济的合理让利

纠正政策扭曲，进一步推进公平市场竞争才能减少银行业高盈利中的不合理成分，对实体经济部门合理让利。重点的改革措施包括：(1) 推进住房抵押贷款的利率市场化改革；(2) 进一步的存款利率市场化改革；(3) 通过发行一般债和专项债而不是用银行贷款的方式为地方政府的基建项目融资。

这些措施符合大的金融市场化改革方向，但是在具体的推进方法、策略和时机上要仔细推敲。与其他行业不同，金融业是外部性非常大且对国民经济影响巨大的部门，对金融业的改革需要更加慎重地考虑风险，相关改革需要在金融市场正常运行的前提下进行。在讨论改革措施以前，我们先讨论与银行业风险有关的内容。

尽管银行业获得了高额盈利，但是其盈利前景并不乐观。抛开各家银行的具体经营状况，从宏观层面看，有以下四方面的因素正在挑战银行业的盈利状况。

一是产业转型带来了企业信贷需求的大幅下降，银行难觅好的信贷客户。能源、化工、装备制造等各种资本密集型工业部门都跨过了行业发展的高峰期，这些行业在过去五年的新增投资增速大幅下降，未来的增长也非常有限，对银行信贷的需求大幅下降。

二是政府正在逐步用发行债券来替代银行贷款。政府在过去几年中加大了对地方平台公司举债的限制，加强了对影子银行业务的规范管理，同时采取债务置换的方式用债券置换部分银行贷款，通过增加发行专项债为新增基建融资。这些举措减少了地方平台公司对银行贷款的需求。

三是商业银行不同程度地承担了部分政策职能。这里所指的政策职能并非商业银行为了搞好与地方政府的关系而满足一些地方政府的特殊要求，此种行为本身对商业银行而言有利可图，更多是一种利益交换。这里所指的政策职能更多的是要求银行对某些类型企业（比如小微企业）的贷款支持，或者对某些行业贷款的支持或者限制，这些措施要么放大了银行业经营的风险和损失，要么限制了盈利。

四是债券市场和货币基金快速发展以及存贷款利率的市场化竞争。企业债券市场近十年的快速发展显著分流了企业的银行贷款，货币基金的快速增长则显著分流了居民的银行存款，银行在吸引存款方面的竞争也日趋激烈，这些变化对银行业的高盈利造成了持久冲击。

以上多方面的冲击给银行的负债成本和资产质量带来了双重挑战，银行业虽然总体盈利水平很高，但是盈利增速已经呈现趋势性的显著下降。在银行业内部，因为经营不善而陷入经营困境的银行不在少数，银行破产的风险也在上升。这是否意味着当下并非进一步推进利率市场化改革和基础设施投融资体制改革的好时机呢？

首先，住房抵押贷款利率、存款利率等进一步的市场化改革给银行带来压力的同时也带来了新的竞争，会倒逼行业内压低成本、提升效率，提高整个银行业服务实体经济的能力。推进政府投融资体制改革，更大范围地使用债券融资替代银行贷款，对银行来说虽然丧失了一部分盈利来源，但也降低了未来的不良资产率。相当大一部分政府主导的投资项目本身具有公益和准公益特征，项目现金流不佳。

其次，尽管银行业整体上的盈利增速放缓，但至少目前银行业相对其他行业仍然保持了非常高的盈利水平和相对薪酬水平。这些改革措施会带来银行业向实体经济部门的让利，我们的估算表明，推进上述改革会带来银行对其他部门让利1.3万亿~1.4万亿元，2022年商业银行的整体净利润接近2.3万亿元，让利部分会分摊到银行盈利、薪酬和税收多个方面，银行业仍能保持相当水平的盈利。与国际同行相比，让利后的银行业利润在全社会企业利润中的占比、银行业从业人员的薪酬仍处于高位。

最后，确实需要考虑推进改革过程中可能会遇到的大量银行在财务上难以为继或者其他形式的风险集中释放。中小金融机构风险是防范系统性金融风险的重要方面，部分中小银行的资产质量不高，因此，要避免同时推进多种改革举措，而是采取在某些区域、某些领域局部试点的方式推进改革，这可以为改革留下时间窗口期，给银行留下充足的时间做内部调整和准备。

第十二章
改革还是刺激

潜在经济增速下降和需求不足，都会造成实际经济增速下降，这是两个不同类型的问题，需要不同的解决方案。我国在应对经济增速下行的学术研究和政策讨论中，高度认同结构问题，把解决问题的希望寄托在结构改革上。对逆周期政策多有顾虑，担心过度使用逆周期政策会带来后遗症。

从实践情况看，结构改革政策尽管备受重视但往往难以真正落地。力度充分的逆周期政策能够迅速扭转需求不足和经济低迷局面，提高经济增速。但是出于对逆周期政策的担心和怀疑，即使在疫情防控期间经济低迷的环境下，逆周期政策的使用力度也大幅减弱，需求不足的问题迟迟得不到解决，严重损害了经济活力。

改革不是随叫随到

改革是通过改变激励机制和资源配置结构，提高要素生产效率，提高潜在经济增速。改革涉及重大的利益分配调整。本书回顾了部分欧洲国家、日本和韩国等发达经济体处在与中国类似收入水平和发展阶段时经历的经济结构转型及改革举措。从这些国际经验和中国过去的历史经验看，实现重大利益调整并能够维持下去的改革，离不开几个条件：一是过去的模式难以为继，吃了大亏；二是新的观念进步和认知变革；三是强有力的政治推动。

在农业社会，真正的改革非常罕见，几百甚至几千年里鲜有发生，王朝更替并不改变传统的激励机制和利益分配格局，不一定带来真正的改革。进入工业社会后，快速的生产率变化要求快速的相对价格变化，要求利益分配格局的巨大调整，各种矛盾随之而来，对改革的需求更加迫切，改革更加频繁。改革是一场对未知的探索和试验，结果可能很好，但也不乏悲剧。

20世纪二三十年代，工业革命给欧洲国家、美国和日本带来快速的经济增长，同时也使经济矛盾和社会各阶层之间的矛盾日趋尖锐。20世纪20年代末到30年代初爆发了大萧条，大量工人失业，经济大幅下行。当时对改革的诉求非常强烈，思想界非常活跃，各种新思潮层出不穷，特别是国家干预主义盛行，巨大的改革也确实在发生。大萧条以后，美国有罗斯福新政，欧洲有德国希特勒政府上台，日本是军人全面接管政府。后面的结果大家也都知晓。

改革的阻力不容小觑。最大的阻力是认知和观念的改变，也即如何让民众和政府相信市场能提供可靠、高质量的医疗和教育服务，如何让民众和政府相信凭借市场竞争能带来持续的产业升级，如何让民众和政府认同政府应该把更多精力和资源投到完善公共服务和社会福利保障等领域。倘若没有观念的改变和信念的支撑，对各行各业发展一碗水端平、减少市场准入限制、完善公共服务和社会福利保障等改革目标在操作环节得不到真正认同，也很难取得进展。

观念是慢变量，需要在经济发展过程中完成一代人到下一代人的代际转换，而处于赶超时代的市场是快变量。① 市场变化很快的时候，观念改变往往跟不上市场前进的步伐。现实中的观念与市场变化所要求的观念之间的差距越来越大，观念对立更突出，改革分歧更大，改革走回头路的概率也就越高。改革有众多的约束条件，不是随叫随到。当面临较大经济困境的时候，未必能等到有针对性的结构改革。

需求不足的伤害

经济困境并非都来自效率低下和结构问题，改革不是万能药。 20世纪二三十年代世界经济大萧条的主要原因不是效率低下而是需求不足；2008年全球金融危机以后经济低迷的主要原因不是效率低下而是需求不足；日本"失去的二十年"的主要矛盾也不是效率低下而是需求不足。相比效率难以提高（改善供给）对经济的伤害，需求不足的伤害不遑多让。严重的需求不足对市场经济的伤害是致命的。改革不是解决经济问题的万能药，解决需求不足的药方不是改革。

对于还没有经历过充分工业化的经济体，经济的主要矛盾往往是效率低下和供给不足之间的矛盾，通胀是日常烦恼。对于经历了充分工业化和生产率大幅提升的经济体，经济矛盾更频繁地体现为市场自发需求不足，物价低迷。市场自发需求不足带来的

---

① 罗纳德·英格尔哈特. 静悄悄的革命 [M]. 叶娟丽 译. 上海：上海人民出版社，2017.

不仅是经济不景气，难以充分就业和资源配置损失，还包括恶化收入分配，尤其是低收入阶层的工作时间和收入对经济景气程度更敏感。需求不足和经济过度低迷时期往往也是收入分配恶化和社会矛盾激化的时期。大萧条带来的不仅是经济损失，还包括严重的社会动荡。有些情况下需求不足是短期的，有些情况下需求不足持续时间会很长，还会带来持续的后遗症。①

市场供求难以自发平衡，需求不足严重威胁到经济和社会稳定，由此诞生了宏观经济学。宏观经济学不涉及改革，主要立足于总需求管理。宏观经济学的鼻祖凯恩斯认为，需求不足主要来自投资者对未来的悲观预期②，投资下降会通过乘数效应进一步放大需求不足，资源不能充分利用，失业率上升。

凯恩斯之后几十年的宏观经济学研究强调，需求不足可能来自劳动力市场、商品市场、信贷和金融市场等多方面的市场失灵，尤其是价格黏性。如果需求下降了，价格保持黏性，不能通过价格的灵活下降重新激发需求回升，经济就会停留在更低的产出水平上，资源得不到充分利用。2008年全球金融危机以后，对需求不足的研究进一步深化，特别强调了金融部门在其中发挥的作用。如果金融市场流动性和资产交易出现严重问题，全社会信用扩张

---

① 过去十多年国际经济学界热议的话题是长期停滞，克鲁格曼、萨默斯、布兰查德等众多宏观经济学家认为，长期停滞是指真实利率高于实现充分就业对应的中性真实利率，由此带来长期持续的市场自发需求不足，经济运行难以达到潜在增速和充分就业。参见 Teulings C., Baldwin R. 2014. *Secular Stagnation: Facts, Causes and Cures*. London: Centre for Economic Policy Research Press。

② 对需求不足还有其他多种解释，比如收入分配差距不断扩大导致消费和投资不足。这种解释遇到的挑战是日本和北欧这些国家虽然收入分配状况远好于美国，但是需求不足情况反而更加突出。

受阻，同样会带来投资大幅下降和严重的需求不足。① 目前，我国需求不足的原因除了上述文献中讨论的因素，同时还具有发展阶段的特征。

需求不足和信贷低迷是孪生兄弟，没有信贷增长就没有购买力增长，需求增长得不到支撑。经济高增长期，资本密集型行业高速增长，投资高速增长，对信贷需求旺盛，信贷高速增长。高增长时期，我国市场自发的企业信贷增长占全社会信贷增量的70%以上，是支撑全社会信贷增长的主要力量。随着经济结构转型的发生，需要大量资金的资本密集型企业从投资高峰期进入运营成熟期，信贷需求大幅下降。更具发展潜力的人力资本密集型行业重人力资本而非实物资本的行业属性，使信贷需求大幅下降，来自企业的信贷增长（不包括地方平台公司）占不到全社会信贷增长的30%。仅凭市场自发的企业信贷增长远不足以支撑足够的全社会信贷增长和购买力增长，即便考虑家庭部门住房抵押贷款的显著上升，全社会信贷增长还是不足以支撑合意的总需求水平。

与中国处于类似发展阶段的其他经济体也有类似的经历。经济高增长阶段结束以后的1970—1980年，欧洲的德国、法国和意大利以及东亚的日本都出现了非政府部门新增信贷占比下降的现象。非政府部门信贷包括对非金融企业的信贷和对居民部门的信贷，其中对非金融企业的新增信贷占比下降尤其突出，这与全社会私人部门投资增速的大幅放缓也形成了对应。高速经济增长的结束同时宣告了高资本回报率的结束，持续下降的资本回报率使

---

① Nobuhiro Kiyotaki, John Moore. Liquidity, Business Cycles, and Monetary Policy [J]. Journal of Political Economy, 2019, vol. 127 (6), 2926-2966.

得企业部门信贷扩张大幅放缓，市场自发的总需求不足愈发频繁出现。政府通过举债增加投资成为全社会信贷增长和需求增长越来越重要的支撑力量。

被误解的"货币"

如果经济增速和就业下行，通胀显著上行，那就意味着供给方出了问题，需要结构改革政策提高效率，辅以需求管理以稳定物价。典型案例是20世纪七八十年代的滞胀，最终依靠市场化导向的改革和通胀管理走出了滞胀困境。如果产出（就业）下降，物价低迷，主要矛盾不在于供给方，而在于需求不足。根据就业、产出和物价几方面的综合信息判断，近年来中国经济低迷的主要原因不在于供给方，而在于需求不足，对症下药的做法是以逆周期政策支撑需求扩张。

在我国过去十余年的逆周期政策实践中，无论是放松货币政策，还是增加地方政府投资，都引起了众多疑虑，担心这些政策增加了货币和信贷，"放水"解了一时之困，但恶化经济结构，带来了后遗症。比较典型的疑虑包括：（1）货币超发；（2）宽松货币政策会带来资产价格泡沫，增加杠杆和金融风险；（3）地方平台公司的债务难以持续，浪费资源，挤出民间投资，带来系统性金融风险；（4）政府举债是寅吃卯粮，债务难以持续，给后人留下更大负担。这些疑虑揭示了一些问题，但也造成了很多认识上的模糊。

1. 被误解的货币超发

长期以来，中国的M2增速远高于名义GDP增速，货币超发的说法在中国非常流行。货币超发的主要理论依据是货币数量论。货币数量论有着悠久的历史，有基于交易的费雪方程式，也有基于货币需求的剑桥方程式。费雪方程式中的货币更多强调的是基于交易媒介功能的货币，剑桥方程式中的货币可以包括各类存款的更广义货币。无论是哪种货币数量论，在金融市场有了更广、更深的发展以后，货币与物价和产出的关系都变得更加模糊。在当今的货币政策实践中，货币数量论已经很少再用来指导货币政策。

举例而言，在一个直接融资更加发达的经济体，投资者更多通过发行债券或者股票融资，而不再通过银行贷款融资，这样一来，新增的存款和贷款并没有增加，但是投资者确实融到了更多资金，全社会的金融债券和股票类金融资产增加，购买力增加，广义货币与物价和产出的关系也会随之变化。

如果货币超发的观点成立，最直接的后果应该是通胀和货币贬值，这与现实显然不符。过去 20 年（2002—2021 年），中国通胀率平均为 2.4%，新兴经济体和发展中经济体通胀率平均为 5%，发达经济体通胀率平均为 1.9%；人民币对一篮子货币的名义有效汇率累计大幅升值 39.4%，剔除价格影响的人民币实际有效汇率升值 44.4%，人民币对美元升值 18.8%，人民币可谓强势货币。

M2 高速增长没有带来高通胀和人民币贬值，其中一个重要的理解角度是 M2 中包含了大量的存款，这部分存款成为中国金融资产积累最重要的组成部分。决定购买力的不仅仅是用于交易的高流动性货币，还有金融资产，它既包括高流动性货币，也包括银行存款、证券、养老和保险等各种金融资产。从世界各国的经验看，人均收入水平越高，人均金融资产/人均 GDP 越高，即人均金融资产的增速高于人均 GDP 增速。正如我们在前面章节中看到的，尽管中国的 M2 增速高于名义 GDP 增速，但是证券类金融资产、养老保险类金融资产增长相对较慢。从国际比较的角度看，总金融资产的增速没有显著超出合理区间，没有带来过度的购买力。

2. 宽松货币政策不等于房价泡沫和高杠杆

宽松货币政策主要通过两种渠道支持居民和企业增加支出：一种渠道是通过降低利率改变消费和储蓄的相对价格，降低投资成本，鼓励支出；另一种渠道是强化居民和企业的资产负债表，在更低的利率水平上，居民和企业的债务成本下降，所持有的资产估值上升，从而改善居民和企业的资产负债表，扩大支出。不仅如此，降低利率还会减少政府债务的利息成本，刺激货币贬值，对政府支出和出口也能发挥作用。在这个过程中，有可能出现资产价格过度上升并引起泡沫，但很多学者认为，通过审慎政策工具防止杠杆率过度上升而不是牺牲货币政策，是应对资产价格上涨更恰当的工具。

就中国的情况而言，宽松货币政策的主要担心之一是房价上涨，特别是一线城市房价上涨。与居民部门杠杆率相比，居民部门的利息保障倍数①从理论和经验上都更加适合评价房价泡沫风险。总体而言，中国居民部门的利息保障倍数在 5~6 之间，远高于 2 的国际预警线，中国房价虽然很高但是内嵌的杠杆率并不高，不能把中国的高房价定义为泡沫。一线城市房价过高确实存在，房价过高的原因并非过高的杠杆率和投机，而是有限新增住宅用

---

① 居民储蓄除以居民债务利息，这个指标综合考虑了居民债务率、利息率和储蓄率多方面的信息，比单纯的债务率更适合评价是否存在房价泡沫。

地控制下过高的土地价格。是土地垄断供应而非投机造成了中国的高房价。宽松或者不宽松的货币政策，难以真正应对一线城市的高房价困境。货币政策不能被少数城市的房价绑架，而更应该关注就业和整体经济的供求平衡。

对宽松货币政策的另一个担心是刺激投资者的杠杆率上升，加剧金融风险。以降低政策利率为代表的宽松货币政策会起到刺激私人部门加杠杆和增加支出的作用，这本身是宽松货币政策提高需求的作用机制之一。比较两种情景，为了提高总需求水平，一是通过降低政策利率刺激私人部门增加杠杆和支出水平，其中主要通过发挥市场自发的力量提高需求；二是通过政府增加杠杆和支出水平，在中国的具体情境下主要是增加地方平台公司的杠杆和基建投资，其中主要靠发挥政府的力量提高需求。相比较而言，在实现同样 GDP 增速的条件下，前一种情景的全社会杠杆率上升更少，且民营投资在全社会投资中的占比更高，这主要是因为民营资本有着更强的预算约束和更高的商业投资效率。

3. 地方平台公司的债务需要微观和宏观两个角度的评估

地方平台公司带动的基建投资是近十年来我国应对经济困境最突出的政策工具，地方政府隐性债务上升也主要源于此。看待地方政府隐性债务上升，有微观和宏观两个不同的角度。从微观角度看，很多地方平台公司的基建投资入不敷出，财务上难以持续，公司治理不完善，资源利用效率偏低。从宏观角度看，如果仅看私人部门的信贷扩张，我国过去十年的广义信贷扩张的平均增速可能连 6% 都不到，因为在全社会信贷增量中，中央政府和地方平台公司占据广义信贷增量的一半以上。这意味着如果仅靠私人部门带动的信贷扩张，中国经济在过去十年很可能会面临非常严重的通缩，失业率也会大幅增加。换言之，地方平台公司带动的基建投资对充分利用各种资源和就业稳定发挥了关键作用。

一种普遍的担心是地方平台公司的信贷挤出了其他企业的信贷。站在单个金融企业的角度看，确实存在把贷款给谁和不给谁的选择，但是站在整个金融体系看并非如此。从数据上看，地方平台公司信贷与其他企业信贷有很强的正相关关系，而非负相关，对地方平台公司发放更多贷款的时候，其他企业发放的贷款也更多；地方平台公司信贷与其他企业的债券溢价有较弱的负相关关系，对地方平台公司的贷款增加并不伴随着对其他企业更高的信贷成本。

这种相关关系未必代表因果关系，但是从因果关系链条上我们还是能看到下面的线索：地方平台公司的信贷增加→地方平台公司的支出增加→其他企业的收入增加，现金流和利润改善→其他企业的信贷增加。从整个金融体系看，地方平台公司的贷款改善了其他企业的现金流和信贷能力，更愿意做地方平台公司生意的金融机构更多地把贷款给了地方平台公司，没机会做地方平台公司生意的金融机构发现对其他企业的贷款更好做，也更多地贷款给其他企业。

地方平台公司入不敷出、效率低下，基建投资规划设计不合理和资源浪费，这些都是非常严重的问题，中国需要减少对地方平台公司的过度依赖，减少地方政府的隐性债务。然而做这个选择的前置条件是通过降低利率增加市场的自发信贷。如果利率政策用足以后还是不够，需要预算内债务或者政策性金融机构增加债务，用政府信用举债大幅降低债务成本和债务风险，让基建跟着人流和产业走，更好地发挥基建的功效。如果做不到充分的利率下行，做不到预算内政府债务大幅上升或者政策性金融机构债务大幅上升，收缩地方平台公司的债务会造成严重的需求不足，沉重打击经济增长、就业和企业预期。

4. 政府举债可持续，并非寅吃卯粮

通过政府举债增加支出，随之而来的疑问是政府债务负担和可持续性。我国目前中央政府和地方政府显性债务/GDP 是 46.8%，考虑到地方平台公司相关的隐性债务，广义的公共部门债务/GDP，即"（政府债务+政府负有偿还责任的地方平台公司债务）/GDP"达到 80.6%。我国广义政府债务率比发达国家低，比发展中国家高。对政府举债扩张支出的一种流行看法是寅吃卯粮。对于寅吃卯粮可以有两种理解：一种是站在政府的角度看，政府今天增加了支出和赤字，未来就要减少支出或增加税收；另一种是站在全社会的角度看，政府今天增加了债务和支出，未来全社会就会面临压力，减少产出。这两种说法都难以成立。

就第一种看法而言，反映政府债务负担的政府债务/GDP 变化路径取决于未来的利率、经济增速和基础赤字率，逆周期公共支出提高了当期的赤字率和政府债务/GDP，但并不要求未来政府必须通过削减基础赤字使得政府债务/GDP 重新回到初始水平。随着逆周期政策的实施，经济增速回升，在政府给定支出的情况下，政府收入上升，基础赤字率周期性下降，这会压低政府债务/GDP。如果在未来经济运行中经济增速高于利率，即便是在基础赤字率不变的情况下，政府债务/GDP 也会自然下降。

考虑到我国私人部门储蓄与投资的缺口持续放大，政府举债增加支出对抗需求不足压力，不会带来过高的通胀，政府债务有进一步的上升空间。拉长时间看，债务可持续性的关键并非债务规模或者债务率，而是保持合理的名义 GDP 增速和基础赤字率。我们最近的一个情景分析发现，如果把广义政府债务/GDP 目标定在 90%~100%，未来除了有 10%~20% 的债务提升空间，将基础赤字率控制在 4.5%~6% 能够将政府债务率稳定在这个目标区间（包含政府债务利息支出的赤字率为 6%~7%）。采取逆周期政策期间，基础赤字率可显著高于这个平均水平。

就第二种看法而言，逆周期支出政策增加了当前的支出，并不以减少未来支出为代价。恰恰相反，使当前支出趋近潜在产出水平，也有助于未来的经济运行。经济衰退不仅会导致当前的产出损失，也可能对未来产出带来持续的负面影响，这被称为磁滞效应。政府为逆周期公共支出举债的积极作用不只是减少短期产出损失，消除磁滞效应意味着还可以减少未来更长时期内面临的潜在效率损失。有研究发现，在考虑磁滞效应的情况下，衰退时期的财政刺激政策，无论是采取转移支付、增加政府消费还是扩张政府投资，都有很高的乘数效应，可以显著改善未来的产出水平（Tervala and Watson，2022）。[1]

结构改革与逆周期政策的选择

谈及如何应对经济困境，国内经济学家最热衷的建议是改革，对逆周期政策多有疑虑。然而当真正应对经济困境的时候，改革往往并非首选政策。美国经济在 2008 年陷入金融危机，危机的主

---

[1] Juha Tervala, Timothy Watson. Hysteresis and Fiscal Stimulus in a Recession [J]. Journal of International Money and Finance, 2022, vol. 124: 102614.

要原因被归咎于疏于监管的金融政策和宽松货币政策，走出危机困境的首选政策不是金融监管改革，不是收紧货币政策，而是大幅降低利率和财政刺激。日本经济在1992—2012年陷入"失去的二十年"，日本学界认为给"失去的二十年"画上句号的是安倍经济学。① 安倍经济学中发挥重要作用的不是结构改革和人口政策，而是超低利率。新冠疫情在全球范围暴发以后，各国经济断崖式下滑，各国政府的首选应对政策也不是改革，而是宽松货币和财政刺激政策。中国面临经济困境时的多数选择也是如此，中国在应对2008年全球金融危机和新冠疫情冲击时，首选的应对政策不是结构改革，而是放松货币政策和增加公共部门支出。

经济效率低下和经济结构扭曲是慢性病，改革是在用探索性的办法治疗慢性病，这是非常困难的，且结果有很大的不确定性，往往在时机、观念和外部环境等诸多要素机缘巧合下才会成功。从历史上看，成功的案例并不多见。总需求不足更像是发热，严重发热带来的是大萧条，发热不退带来的是持续经济低迷并伴有后遗症。发热的原因并非效率低下，因此改革不能解决发热。逆周期政策能有效解决发热问题，治疗并不困难且结果确定。当前我国对逆周期政策的很多疑虑，其中有误解，也有来自逆周期政策工具选择不当带来的后遗症。治疗慢性病的改革和治疗发热的逆周期政策并不矛盾，治疗慢性病可以等，治疗发热必须及时，否则持续发烧的身体会加剧慢性病症状，或者带来新的并发症。

无论是改革还是逆周期政策，我国都具备良好的条件。改革

---

① 伊藤隆敏，星岳雄. 繁荣与停滞：日本经济发展和转型[M]. 郭金兴 译. 北京：中信出版集团，2022.

方面，得益于其他国家处在类似发展阶段的历史经验教训和学术界认知的积累，决策层和学术界对未来改革的大方向有相对明确的认识，市场化改革和对外开放的大方向得到认同。在逆周期政策方面，无论是货币政策还是财政政策，我国都有充裕的政策空间。即便如此，改革和逆周期政策在实践中还会遇到诸多挑战。

改革面临的困难也不容小觑。从其他国家改革的经验看，一旦面临较大的经济困难，国家干预力量便会蠢蠢欲动。当市场遇到困难的时候，恰当运用逆周期政策来增加总需求水平有助于市场走出困境，但如果应对困难的办法不是逆周期政策，而是更多的产业政策、贸易保护政策、扩大国有经济范围，甚至是打压竞争对手，经济效率会进一步受损，改革在事实上就走了回头路。在社会观念不足以支撑改革的时候，保持政策环境不变，不走回头路也是智慧。

推动改革的务实做法是不断在局部行业和地区试验，局部试验的好处在于减少认知观念冲突，让改革可以发生；纠错成本低，可以不断探索更加兼容的改革措施，让改革可以持续。这也是过去中国改革开放的成功经验。即便是局部试验，也难以避免会挑战过去的观念、政策和利益分配格局，需要非常强有力的信念和政治领导才能真正实施。改革应该本着科学和务实的态度，做好不同类型问题的分类，明确目标，充分理解各种限制条件，力求边际上的突破。

比较而言，逆周期政策比改革更容易实施。逆周期政策较少受到价值观念和既得利益的影响，但如果诸如"放水""寅吃卯粮"的焦虑情绪填满了对逆周期政策的讨论，理性的逆周期政策也很难到位。我国在逆周期政策使用中留下了后遗症，产生后遗症的原因并非不应该采取逆周期政策,而是逆周期政策工具选择不恰当。在我国的逆周期政策实施中,占据主导作用的并非财政政策和总量货币政策,而是地方政府、地方平台公司和金融机构合作的地方基建投资。地方平台公司大量从商业金融机构进行高成本的融资,留下巨大的隐性债务。如果更多通过利率政策手段强化市场主体的资产负债表进而扩大其支出,如果更多使用预算内财政或者政策性金融机构支持基建投资,我国能够在实现逆周期政策目标的同时大幅减少债务、扩大民营经济占比。

结构改革和逆周期政策并不矛盾。若是改革时机不到、观念不支持,再多的改革呼吁和努力也无济于事,改革搞错了方向的也不在少数。好在没有改革也不会立刻让经济陷入深渊。逆周期政策相对容易,可以有效地把经济从深渊边上拉回来。不要低估逆周期政策的作用,持续的需求不足会让经济陷入持续低迷,慢性病也可能会转化为急性病,可能还会有超出预期的新并发症。做好逆周期政策,为观念改变赢得时间,也为改革创造更好的条件。